itō chiyū
伊藤痴遊

続 隠れたる事実
明治裏面史

Kodansha Bungei bunko

序文に代えて

明治裏面史を書いて、世に公けにしたのは、数前年の事であるが、存外に好評を博して、数十版を重ねたのは、私の光栄とするところである。

名は、明治裏面史と称しても、明治年間における、いっさいの事件を、この少冊子に悉《つく》すことは、もとより不能であるのみならず、私の寡聞浅学は、その任でない。しかしながら、その一端にだけは触れている、という自信はもっている。

明治九年までを限って、一冊にまとめたのであるから、その後の三十六年間を、無視していることはできぬ。したがって、続篇の起稿は、その当時から私の義務として、心にかけておったところであるが、公私の要務に逐《お》われて、執筆の余暇を得ず、空しく今日に及んだしだいである。

本年の四月、星文館の主人が訪ねてきて、続篇の起稿を嘱された。私は快諾して、すぐにも筆を執るべきはずであったが、あたかも市会議員の選挙に際して、私は、浅草区から候補者として、打って出ることになった。

戸別訪問の投票乞食はせずとも、演説や宣伝のことは、相当に忙しく、それがために、執筆の余暇を得なかった。その代わり、選挙の結果は、五七九一票という、空前の多数を以て、当選の栄に接した。

さアこれからと、気張った折柄、満韓の視察を、東京府知事に委嘱されて、旅の空行く身となった。それでまた停電の形、視察を終って帰ると、府会選挙の争いに没頭して、机に向うこともならず、その最中に起ったのが、渡米の計画であった。

アメリカは、古い友人が多く移り住んでいる。シャトル［シアトル］には、山岡音高氏が在り、テキサスには、西原清東氏がいる。その他、随処に多くの知己がいるので、一度は訪問してみたい、と思っていた。加之《しかのみならず》、近年に至って、ようやくはげしくなってきた、排日問題には、どうかして触れてみたい気もする。それは実地の視察を要するので、渡米の心は、ようやく急になってきた。

かつそれ、一般的にいえば、学者や役人の見たアメリカは、紹介しつくされているが、純な平民から視《み》たアメリカは、まだ紹介されておらぬ。私は、純な平民でしかも、一個の浪人であるから、学者や役人とは視察の立場が違う。したがって排日問題に対する、米人の真意を捉う上においても、すこぶる相違があろう、と思う。

最近に至って、日本人の帰化権が、まったく認められなくなったので、ますます私の渡米は、急ぐ必要を感じたのである。

そこで、渡米の手続きを始めた。このことが外間へ漏れたので、東京府と市の双方からも種々の調査を託されることになった。

そうなってみると、渡米の準備は急がるることになり、パスポートも、割合に早く下附されて、乗船の運びになったのである。

ここにおいて、原稿は、ますます遅滞するばかり、星文館の前田君は、苦い顔をして、膝詰めの催促をする。送別会だとか、留別会だとか、それぞれに人並の俗用も重ってくるので、速記者の手を借りてみたが、これでも逐付《おいつ》かず、原稿の一半は、船中の閑を得て、執筆することとなったのである。

ビクトリアまで、四千五百哩あり、渡航の日数は、約十五日間あれど、船に弱き私としては、その日数のすべてを、執筆に費すことは不能であろう。

しかし、私の責任としては、どうしても着米までに、いっさい原稿をまとめる必要がある。こういう忙がしい思いをして、取りまとめる原稿に、碌《ろく》なものはない。けれども、自信をもって書くのであるから、文章は拙《つた》なくとも。相当の読物にはなろう。

校正は、いっさいを前田君に任せ、装幀も、発刊も、すべて前田君の自由に任した。

この篇によって、明治史の裏面は、悉《ことごと》く書き終ったのでなく、さらに続々篇を書かねばならぬのである。

ビクトリアを距る二千五百哩の海上、布哇《ハワイ》丸の船室において

著者　伊藤痴遊

しるす

目次

続

隠れたる事実

明治裏面史

西郷隆盛の挙兵と最期

一

明治十年二月十五日、西郷が兵を挙げたので、全国の動揺は非常なものであった。西郷が、蓋世《がいせい》の偉人であっただけに、国民の信頼も厚かった。その人の挙兵と聞いては、どんな人でも驚く。

政府の大官にして、よく西郷を知るものほど、その挙兵については、深い疑いをもっていた。私学校の壮士が、軽卒に立ち騒ぐことはあろう。また篠原国幹《しのはらくにもと》、桐野利秋《きりのとしあき》の輩《やから》が、西郷の名によって、政府に反抗する事も、当然起るべきものと考えていた、けれども、西郷がみずから陣頭に立って、鎮台へ迫るようなことは、断じてないものと、定《き》めていたにもかかわらず、実際はそれを裏切って、西郷が立ったのであるから、その狼狽はひとおりではなかった。

明治六年の征韓論から、西郷が政府を退くと同時に、その後から続いて、辞職したものも少なくはなかったが、それでもなお政府に居残ったものも相当にあった。

しかしながら、退いたものも退かぬものも、多くは西郷の子分や友人で、西郷に対して敬意をもつ点において、いずれも軽重はなかったのであるから、一時の議論で泣く泣く西郷と手を分ち、政府へ居残っても、西郷を慕う情愛においては、誰れも同じことであった。ことに、川村純義《かわむらすみよし》、西郷従道《さいごうつぐみち》、黒田清隆《くろだきよたか》、樺山資紀《かばやますけのり》、高島鞆之助《たかしまとものすけ》、野津鎮雄《のづしずお》、同道貫《みちつら》、大山巌《おおやまいわお》、吉井友実《よしいともざね》、その他、多く残っている薩人《さつじん》、それはたいがい、西郷の味方たるべき人びとで、もしこの連中が、一時に騒ぎ立てたら、それだけで政府は、滅茶滅茶《めちゃめちゃ》になってしまう。

されば、西郷の挙兵について、大久保や木戸の心配は、西南の兵乱ではなく、かえって政府の内部が、うまく統一されうるかどうか、という点にあったのである。

もし、西郷に真の叛意《はんい》があって、おもむろに計画を建て、まず政府の内部から手を入れてかかったら、それこそ由々しき大事に及んだのであろうが、幸いにして西郷にその叛意がなく、私学校の壮士に担ぎ上げられて、わずかの犠牲に甘んじた、という程度のものであったから、あれくらいのことで済んだが、それにしても、半歳《はんとし》の長きに渉《わた》って、官軍を苦しめた力の強かったことは、じつに敬服に値する。

西郷の率いた壮士は、鹿児島を出るとき、わずかに八千余名であったが、途中から追々《おいおい》に加わって、熊本城を包囲したときには、二万に近いものになっている。

その大兵が、すべて招かずして集まってきたのであるから、じつに驚くべきではないか。時の政府を対手《あいて》にする以上、全国の兵を敵とする覚悟がなければならぬ。したがって勝敗の数は、あらかじめ知るべきである。

いかに薩人の自負心が強く、壮士の意気が盛んなりしにもせよ、わずかに二万弱の寡兵《かへい》を以て、眼に余る全国の大兵に、必勝を期したわけでもあるまいに、その勝敗を度外に置いて、西郷先生のためならば、あえて死も辞さぬ、という心で、自分から進んで集まってきたものが、これだけあったのは、けっして軽視することはできぬ。

軍用金はいうまでもなく、兵器弾薬のすべてが不充分であったにもかかわらず、ほとんど半歳の間、官軍を苦しめた一事は、最後の敗北は薩人にあったとしても、その強味は、たしかに認めうる。

徴兵令を布《し》いて、初めての戦闘《たたかい》であるから、町人百姓の兵士が、果して実戦のうえにどれだけの力をもつか、ということは、すこぶる興味ある問題として視《み》られた。

しかしながら、勝敗の決は、すでに開戦のときに極《き》まっていた。薩人のほうでも、万一の僥倖《ぎょうこう》を望んだにすぎないが、官軍のほうでは、必ず勝つものとして、進んで行ったに違いない。要するに勝敗は、時間の問題であった。どのくらいで、薩人の戦闘力が尽きるか、というのが、双方の一致した考察《かんがえ》であったろうと思う。

それには、熊本城の防守が、うまくできるかどうか、官軍の本隊が、その地へ着くまで、よく防守しうるか否か、というのが、勝敗の分れ目であった。

ここにおいて、熊本籠城の任に当った、将卒の労苦は、おおいに認めてやらねばならぬ。

鎮台の司令長官は、陸軍少将の谷干城《たにたてき》であった。参謀長は、中佐樺山資紀《かばやますけのり》、その次席が児玉《こだま》源太郎《げんたろう》であった。

戦陣に立つ将校には奥保鞏《おくやすかた》、小川又次《おがわまたじ》、大迫尚敏《おおさこなおとし》、東條英教《とうじょうひでのり》、摺沢静夫《すりざわしずお》、石原盧《いしはらいおり》がいた。おくれて駈けつけたものに、川上操六《かわかみそうろく》、乃木希典《のぎまれすけ》もいたが、畢竟《つまり》は、谷が、実戦の老功者であり、その部下に、これらの将校がいて、よく力を協《あわ》せ、必死にふん張ったから、城を敵手に委《まか》せず、二ヵ月の長きを保ち、官軍の本隊を迎え得たのである。

二

当時の政府は、その全権が、大久保《おおくぼ》［利通《としみち》］の手に握られて、木戸《きど》［孝允《たかよし》］は、ほんの蔭《かげ》の人たるにすぎなかった。

大久保が政治家として、すぐれた人物であったことは、すでに世の定評があるから、強《し》いていう必要もなかろうが、薩人の大久保に、政府の全権をもっぱらにされていたことは長人《ちょうじん》のはなはだ喜ばぬところであった。

大久保と木戸の性格は、まったく相異していたうえに、木戸は、内閣顧問という蔭の役で、大久保は、内務卿として総理大臣の役をしていたのであるから、木戸の不平は、事毎《ことごと》に起って、容易に大久保と、相和《あいわ》することはできなかった。

その隙《すき》に乗じて、離間中傷《りかんちゅうしょう》、あらゆる手段を以て、その感情に、油を注いだものがある。ことに大久保は、薩人のあいだにおいて、西郷のごとく喜ばれておられなかったのみならず、だいたいにおいて、反感を以ておられたから、それについての苦しみもひととおりではなかった。

陸奥宗光《むつむねみつ》を中心として、土佐人の一派が、しきりに暗中飛躍を試みて［陸奥本人は紀州藩の出身］、大久保と木戸の離間をおこない、その間隙《かんげき》に乗じて、なにごとをかなさんとするの風があって、これがために、二人のあいだに、争論のあったことは、ただに一再のみでなかった。

鹿児島県令の大山綱良《おおやまつなよし》が、不平士族の総代として、大久保を訪ねた。その用件は、「維新の際に、本国に居残った士族に対する、追償の請求が起って困るから、なんらかの名義を以て、これを与えることにしてくれ」というのであった。

これは、いずれの藩にもあったことで、ただに薩藩のみではなく、すでに明治九年の長州萩に起った騒ぎは、やはりこれが主なる原因のひとつであった。

そのときには、薩藩の士族も、おおいに騒ぐつもりであったが、西郷の慰撫によって、かろうじて事なきを得たのである。

「維持の変乱に際して、中央へ乗り出したものは、それぞれに功を建てたうえに、安身の位置を得ているが、国元へ取り残されたものは、ついに手を空しくして、なんらの功もなしえなかった。けれども、中央へ乗り出して、おおいに働きえたのは、国元へ残ってよく後顧《こうこ》の憂いなからしめたためでもあるから、居残りのものへもなんらかの御沙汰《ごさた》があってしかるべきだ」

と、いうのが、政府へ迫る理窟《りくつ》であった。こんなことを、言われるがままに引き受けたら、四方から同じ要求が起って、これがために、なんぼ金を積んでおいても、足りるはずがない。

けれども、そこに、大久保の弱身があって、これを峻拒《しゅんきょ》することができなかった。西郷を中心として集まる薩人のすべては、大久保に対して、非常な反感をもっておるから、なるべくその連中の機嫌をよくしておかねばならぬ。少しでも乗ずべき機会があれば、なにごとかなさんとする風の微視《ほのみ》える以上、これを上手に取り扱っておくことは、大久保としてもっとも必要な、対応策のひとつであった。

当時の状態からいえば、旧藩の士族は、まだ不平を抱いているに違いないが、これは少しも恐ろしいことはなく、ことにその一半は、板垣の国会運動に参加しているので、危険の恐れはなかった。残りの一半は、衣食に事足りて、安逸に世を送るほか、なんの考えもないものと、すでに政府へ入って、多少とも月給をもらう身分になっているものとであるから、なおその上に過激な計画を企てるようなことはない。

ただひとつ恐るべきは、全国を通じて、西郷を崇拝するものの多いので、薩人の大部分が、西郷を擁して、なにか起そうとしていることであった。

したがって、それらの人を、上手に取り扱ってゆけば、どうかこうか、天下は泰平でつづく。そのうちには人心も落ち付き、世態も追々に移り変って、その憂いはなくなってくるにきまっているから、当分のうちはそのわがままも通させるがよいというのが、大久保の考えで、西郷派に対する手段は、すこぶる寛大なものであった。

こういう事情があるので、大山県令の申しこんだことにも、大久保は強いて反対せず、ある程度までは、その要求を容れる覚悟《つもり》であったらしい。

陸奥は、その内情を疾《はや》く知って、これを木戸に耳打ちしたから、木戸が非常に立腹して、大久保の専横を責めることになった。

明治九年に起った萩の動乱は、その性質に多少の相違はあっても、要するところ、維新の論功行賞に不平があって、これが原因の主《おも》なるものであった。木戸は、鎮撫のため帰国して、一時は敵の包囲に陥り、かろうじて身を免《のが》れたというようなこともあって、なかなかに苦しんだものである。

不平士族の要求さえ容れたら、そんなこともなく済んだのに、政府の方針は、それを拒むことになったので、木戸はこの苦労をしたのであった。

しかるに大久保が、それと同じ事情から、薩人の求めてきたことに同意を与えるとなっては、自分の顔が立たなくなるのみならず、この動乱で死んだ郷友《きようゆう》や、長防《くに》［長門《ながと》と周防《すおう》。いわゆる長州藩］のものに対して、自分の無力を示すことになるから、どうしても大久保の処置には、反対しなければならぬとなって、木戸から故障を入れてきたので、さすがの大久保も、大山県令の要求を却《しりぞ》けるほかはなかった。

さなきだに大久保に対する、薩人の反感は、それからいっそう深くなってきた。それを利用して、桐野の一派が、しきりに大久保や木戸の専横を吹聴《ふいちょう》するので、ただわけもなく、この二人を憎むの情は、日ごとに増長するばかりであった。

大久保が、薩人の歓心を買うがために、それまでに手を尽したことは、むしろ同情に値いするくらいであった。

鹿児島県に限り、その県治の上に、中央政府からは無干渉の方針を取り、租税の出納《すいとう》に対してすら、大蔵省に立ち入って世話をやかずに、ほとんど放任しておいた。

海軍の造船所を、鹿児島に設けたのも、それがためであった。銃器や弾薬の製造所をつくり、それを貯蔵する倉庫まで置いて、薩人の取り扱いは、まるで腫れ物へ触るようにしていた。大久保ほどの人でさえ、西郷一派の薩人に対しては、それほど苦心したのであるから、その以下の連中は、ひとえに恐れをなして、ビクビクものでいたのは、じつに馬鹿らしいほどであった。

三

挙兵は、西郷の真意でないことは、いまさらいうまでもないが、大久保や木戸に対して、不平を抱いていたのは、掩《おお》うべからざる事実である。

いかに西郷が、偉い人だというても、そこは、人間の悲しさで、内に鬱屈した不平があれば、ときに言行の上にも、現われることもあって、それが子分の心に、強い響きを与える。これはやむをえざる結果であって、それが積もってゆくと、ついに爆発するときの来るのは、自然の考えで、まことにやむをえざるしだいであった。

明治六年に辞職して、鹿児島へ帰ってからは、もっぱら子弟の教育に力を入れて、ほとんど余念はなかった。城山のほとりをはじめ、郡部にまたがって、十二ヵ所の私学校へ、多くの子弟が集まってきて、その教えを受けていた。

しかし、西郷が教鞭を執って、章句の末にまで、立ち入って教えるというのではなく、たんに私学校の創立者として、一同が精神的に崇拝する、校長という格の人であった。

その人格に、崇敬の念をもって、集まり来る壮士は、その人に接近しているうちに、なんということなく、自然に深い感激を与えられ、これから受ける衝動によって、いつとはなしに、みずからの人格にも幾分の向上は起るものだ。

私学校は、一般の学校と違って、まったく型にはまった教育はしておらぬ。ただ西郷という大人物を取り巻いて、無形のなにものかを得んとして、修養していたものの集合と見ればよい。

しかしながら、ここにひとつの大きい欠点があった。それはほかのことでもないが、時勢の推移ということに、なんの理解もなく、世界の大勢と、日本の立場が、どういう関係になっているか、といったようなことには、少しも触れていなかったことである。

西郷先生は偉い、この偉い人のためには、なにものを犠牲に払っても惜しくない、というだけのことで、そのほかにはなんの考慮ももっていなかった。

封建の制度が破れて、府県の制度に移ってきたことにも、士族を中心とした、武家政治の破れたことにも、なんの理解ももたず、あるいはもう一度くらい、封建の昔に引き戻して、士族の威張れる世になりうるものと、思っていたものが、割合に多くあったのだから、じつに驚き入ったものである。

この点においては、西郷ほどの人物にも、多少の誤解があったようにも、認め得られることがある。まして、その配下の壮士が、その点について、はなはだしい誤解のあったのも、けっして無理ではない。

わずかに一万余の寡兵を以て、天下を奪《と》ることができると、思っていたのも、この誤解から起ってきたものと視るべきである。

明治六年の征韓論は、西郷が死所を得んとして、これを唱えたものであるから、その主張の破れたのは、すなわち死所を失ったことになる。

薩藩の微臣から身を起して、あれほどの大仕事をなし遂げ、人爵《じんしやく》の上にも第一流の位地を得た西郷は、この生涯を、いかにして果そうか、との懸念があって、しきりに死所を求めたのである。

　それには、朝鮮に行って殺されるのがもっとも上策と考えたに違いない。自分が殺されたら、政府もまさかに弱腰でもいられまいし、その結果は、兵を動かすことにもなろう。戦えば必ず勝つにきまっているから、そこで、行きがかりの朝鮮問題も片づくのみならず、維新の際に、国元へ居残りになった士族の働く場所もできるから、それでいっさいの不平も帳消しになり、万事は丸く治まるわけで、かつは自分の死も空《むだ》にならず、真に死に甲斐のあることになる、とこういう心と立場が、征韓論の起因《おこり》と考えるのが、少し皮肉のようではあるがもっとも適当な観察《みかた》であると思う。

　私学校の壮士に、そんなことの考えられるはずはなく、単純に、西郷先生を邪魔物扱いにした、大久保や木戸は、じつに怪《け》しからぬ奴《やつ》である、とのみ考え、政府に残ったものの多くは、みな同じ党《なかま》であるから、いっそ政府を叩き潰してしまえというのが、壮士連の決心した真相である。

　いったいに薩人は、自負心が強く、郷党互いに、相援《あいたす》くるの精神が堅かった。長いあいだ、他郷の人と遠ざかり、一種の士風を以て、藩を維持してきたので、どうしても他郷の人を伝統的に卑《ひく》く視るの風があった。

　政府の方針が、薩人を腫物扱いにしたのは、いっそうこの気風を増長させて、政府を侮《あなど》り軽んじたことは、わずかに一万の壮士で、政府を叩き潰しうるものと思った、一事に徴してもよくわかる。

四

薩人の強勇が、たとえどれほどの力をもっているにもせよ、眼《め》に余る全国の兵士を引き受けて、最後の勝利を得ることの難《かた》いのは、火を視るよりも明らかなことで、熊本の攻城戦にさえ失敗しているくらいだ。

昔からよくいう、騎虎《きこ》の勢いとでも称すべきか、乗りかかった船なら、どんな危ない瀬も渡る気になる、多数の壮士は、ただその強勇に誇って、最後の勝利を夢見ていたかもしれぬが、幾分の思慮あるものは、けっして左様《そう》とのみ、思ってはいなかったろう。

けれども、騎虎の勢いは、思慮ある人を駆って、思慮なきことにも進ませる。どうせやりかけたら行き詰まるまで、行くほかはないとの覚悟は、どういう人物でも、究余に起す焼糞《やけくそ》にすぎず、これを以て、万全の策ということはできぬから、やがて大きな破れはくるにきまっている。

官軍の本隊が、追々に押寄せてくるから、その戦闘《たたかい》は、日を逐うて激しくなった。けれども、薩軍は一戦を経《ふ》るごとに、その力は弱くなってゆくに引き換え、官軍の戦闘力は、いやが上にも強くなってくる。

薩軍の健児が、どれほどの奮闘したところで、その人数に限りがあって、兵器弾薬の補充も意のごとくならず、その他の軍費においても、すこぶる不充分の点があって、部分部分の戦闘《たたかい》には、勝つことを得ても、大局の捷利《しょうり》は、とうてい視ることができぬ。

植木《うえき》、田原坂《たばるざか》の白兵戦に、その武勇は示しえたが、けっきょくはそれも失敗におわった。吉次峠《きちじとうげ》の一戦には、勇将篠原国幹《しのはらくにもと》を亡《うしな》って、士気の沮喪《そそう》はなはだしく、ついに総退却のやむなきに至った。

ここにおいて、熊本城の包囲も破れ、潮《うしお》のごとく押し寄せ来る、官軍の猛勢に敵しかねて、日向《ひゅうが》の方面へ、無念を忍びつつ退いた。

戦争の大局は、これでまったく定《き》まった。どう焦《あせ》ったところで、この回復戦はできぬ。ただいたずらに殺傷を事とする、無意味の戦闘《たたかい》をつづくるにすぎなかった。

五

吉次峠に、篠原を亡《うしの》うても、桐野はなお健闘をつづけている。村田《むらた》［新八《しんぱち》］、別府《べっぷ》［晋《しん》介《すけ》］、池上《いけのうえ》［四郎《しろう》］、辺見《へんみ》［十郎太《じゅうろうた》］、貴島《きじま》［國彦《くにひこ》］、その他の俊傑は多く残っているので、残兵ははなはだ少なく、ことに疲憊《ひはい》をきわめているが、それでもよく闘って容易に降伏はしなかった。

けれども、勢いは刻々に不利、人は一秒ごとに減じてゆく。これに反して、官軍は、その全力を、この一小局地に集めて、ジリジリ攻めに、攻め寄せてくる。勝敗は、すでに決して、ただいたずらに時間の争いのみになった。

明治十年の八月に入って、薩軍は、日向の永井村《ながい》へ、逐いこまれてしまった。前方の峻嶺《しゅんれい》は、有名な可愛嶽《えのだけ》である。その他の三方もみな、高山を以て包まれ、あたかも鍋の底のごとき、低くかつ狭いところに、敗残の兵を集めて、最後の血戦をなすべく、その準備にかかった。

西郷は、初めから桐野らに一任して、策戦の上には、なんらの指図もしなかったが、永井村へ来てからは、しきりになにごとか思案している態《てい》であった。

「オイ、村田ッ」

新八は、声に応じて、前へ出た。

「なにか、御用ですか」

「うむ、少し考えたことがある」

「はア」

「これまで戦うてきたら、もうよいではないか、この敗残の兵をもって、いかに奮闘したところで前途は知れている。この上になお多くの壮士を殺すに忍びぬから、己《おい》どんや汝《おま》えらはこの場で死ぬとして、その代わり今までに捕えられたものと、これから捕えられるものの罪は、なるべく軽く取り扱ってもらうよう、官軍へかけあいをしたらどうかと思うが、汝《おまえ》の考えを聞きたいのじゃ」

今までにかつて西郷が、こういうことをいうた例《ためし》はない。村田も、西郷の胸中を察して、無量の感慨に打たれた。

「さ、そのことは、桐野の考えを聞いたのちにいたしましょう」

「うむ、そうじゃ、桐野を呼んでくれ」

村田は、それから桐野を迎いに行った。

桐野の意見も、ほぼ西郷と同じであった。百戦功なく、事ここに及んで、空しく自刃するのは、いかにも残念なことではあるがもはや仕方がない、豪勇無双の桐野も今はもうひと戦《いくさ》、という頑張ることができなかった。

しかるに、これを聞いた壮士は、悲憤の涙を流しながら、最後まで闘いたいというて、容易に承知しなかった。

それを西郷が、懇々と諭《さと》して、ついに承知させるまでの運びになると、ひとりの壮士が、

「先生が最期を遂げられるなら、ぜひともわれわれにも御供《おとも》をさせてもらいたい、どうせ死ぬるものならば、祖先の墓のあるところで死にたいから、鹿児島へ引き上げることを許してくれ」

と、いい出した。

これを聞くと、ほかの壮士も、同じことを主張して、こんどはなんと諭しても肯《き》かなかった。さすがの西郷も、これには困ったが、しかし、壮士のいうところも無理はない。

ここにおいて、相談はまたくりかえされて、ついに壮士の希望は容るることになったけれ

ども、眼に余る官軍は、谷から谷、山から山と、まるで人間の綱を引いてあるように四方から取り囲んでいる。これをどうして突破するか、というのが、一時は問題になって、はげしい論議もあったけれど、けっきょくは、傷病者を残して、そのほかの壮士が一団となり、西郷を擁護しながら、肉と血を武器に代えて、力戦するほかはないと決した。

それにしても、どの方面を突破するか、という相談になった。

「どうじゃ、最後の一戦と思うて、いちばんに強いところにしようか」

と、桐野が言うた。

議は、たちまちそれと決して、前面に聳《そび》ゆる可愛嶽の官軍を、突破することになった。

ここを堅めているものは、禁闕《きんけつ》守護の任ある近衛兵であった。こういう向う見ずの連中に、見こみをつけられたものは、じつに災難なわけで、近衛兵が、いかに精鋭をすぐってあるにもせよ、一蹴されたらたまるまい。

半歳《はんとし》の戦いに力尽き、いまや郷国《くに》へ帰って死のうという場合にも、いちばんに強いところを突破しよう、といい出した桐野は、たしかに薩南の健児を代表する猛者《もさ》というべく、ある人が、かつて桐野を評して、

「薩人の性格のすべてを具備しているものは、独り桐野あるのみ」

と、いうていたが、じつに至言というべきである。

かくて、可愛嶽の近衛兵は、さんざんに撃ち破られて、西郷を擁する一団の壮士は、つい

に鹿児島へ引き上げてきた。

長井村へ、薩軍を追いこみ、四方から包囲したときは、もうこの一戦で万事は決するものと、官軍の諸将は観ていたのである。

しかるに、敗残の兵に、脆くも突破されて、網中の大魚を逸したのであるから、官軍の山縣有朋《やまがたありとも》の口惜《くやし》がったことは、じつに非常なものであった。当時、山縣が、西郷従道と鳥尾《とりお》小弥太《こやた》へ贈った書面のうちに、こういうことが書いてある。

初メ渠《かれ》レ可愛嶽ニ上リ、我哨兵線《わがしょうへいせん》ヲ破ルヤ、長井ハ既ニ我有ニ帰シ、降《くだ》ル者、縛《ばく》ニ就ク者、累々数万ニ及ブ。是《ここ》ニ至テ賊巣《ぞくそう》全ク抜ケタリ、而《しか》シテ賊魁《ぞくかい》ハ則《すなわ》チ逸ス。砂礫万斤《しゃれきまんきん》、一銭ニ値《あた》ラズ、之《これ》ヲ聞ク、脱スル者ハ、則チ西郷、桐野以下ニテ前夜、死士四五百名ヲ提《ひっさ》ゲ、鎌ヲ携ヘ斧ヲ荷《にな》ヒ、道ヲ啓《ひら》クモノ三十人ヲシテ先導セシメ、断崖絶壁、路ナキ処ヲ攀援《はんえん》シ、可愛ノ絶頂ヲ望ミ潜行セリト。降衆ノ云フ所、皆同ジ。嗚呼《ああ》、半年ノ征戦、鮮血幾斛《いくこく》、以テ九仞《きゅうじん》ノ功ヲ奏シ、忽《たちま》チ一簣《いっき》ノ欠《けつ》ヲ生ゼシモノ、有朋与《あずか》ツテ罪アリ

六

可愛嶽を遁《のが》れて、鹿児島へ帰ると、西郷を崇拝するものは、また集まってきた。疲れ果てた敗残の壮士は、これに力を得て、あくまでも戦うべきことを決した。

官軍の全力は、鹿児島へ集中されて、西郷らは、まさに籠の鳥、どう踠《もが》いたところで、その前途は知れている。

このときに、西郷を官軍の包囲から脱出せしめて、これを助けようと謀《はか》ったものがあった。けれども、その計画は、西郷の拒むところとなって、ついに果しえなかった。

戦争の終局は近づき、死期は刻々に迫ってきた。そのうちにあって、よく奮闘をつづけ、最後のひとりになるまでもと、堅い覚悟の壮士は、必死の勇を揮《ふる》って、幾たびか官兵の突貫し来《きた》るを撃退して、十数日を送った。

佐土原《さどわら》の島津忠寛《しまづただひろ》の子、啓次郎《けいじろう》という人が、その窮境のうちへ飛びこんできて、疲れ果てた壮士を激励して、岩崎谷《いわざきだに》の陥落まで戦った。

啓次郎は、妾腹《めかけばら》の子で、町田《まちだ》家へ養子にやられ、十五歳のとき米国へ渡り、二十歳まで修学して、国へ帰ってくると、この戦いが起った。

平生から西郷を敬慕していたので、すぐその軍に投じて官兵と戦うた。西郷は、啓次郎の人となりをよく知り、少壮有為の傑物なることも知っていたので、しきりに戦闘に参加することを拒んだけれど、啓次郎の覚悟は、最初のときと異ならず、ついに岩崎谷の露と消ゆるまで、一歩も退《しりぞ》かなかった。

戦闘中、啓次郎を呼ぶに、小西郷《しょうさいごう》と称し、壮士の畏敬するところとなっていた。いまから想うも、じつに惜しいことをした。

十四歳ぐらいから、十七八歳までの青年にして、あの長いあいだ、西郷の左右を離れず、幾多の艱難《かんなん》を堪《た》え忍んで、戦争の最終までしたがい、西郷の死を視て、潔《いさぎ》よく自刃《じじん》したものは十数名の多きに及んでいる。偉人の感化は、かくまでに強い力をもっているかと思えば、ますます西郷の非凡なる性格に敬服するほかはない。

九月二十四日、西郷は、みずから陣頭に進んで、壮士の奮闘ぶりを視ていた。そのうちに流れ弾にあたって斃《たお》れた。

これに先だち、西郷は、山野田一輔《やまのだいちすけ》と、河野主一郎《こうのしゆいちろう》とを選んで、官軍へ使節として送った。その趣旨は、

「戦いはもうこれまでと思うが、いままでに捕われたものと、現に戦うているものと、そのすべての生命を助け、軽く処分してくれるなら、己《おい》どんは切腹してしまうが、どうであるか」

と、いうことであった。

山縣、河村、大山、その他の軍将は熟議の上、山野田を質として残し、河野のみを帰して、こういうことをいい寄越した。

「先生が死ぬ、ということには反対する。配下のものを助けることには、われら一同において、お引き受けもするが、先生にはぜひ降伏してもらいたい。したがって、先生の罪も、闕《けっ》下《か》に伏して、一同から嘆願するから、この際死することは思いとどまって、降伏の形式を執ってくれるよう頼む」

西郷は、河野からこれを聞いて、

「馬鹿なことをいう。これまで天下を騒がして、己《おい》どんの生命《いのち》を助けては、国法が立たぬじゃないか、また己どんとしても、なんの面目あって、いままで死んでくれた人びとに、地下で相逢《あいあ》うことができる。この上はいたしかたがないから、行きつまるまで進むほかはあるまい」

と、いうて、最後まで進んだのである。

西郷が斃《たお》れて、残党は多く自刃した。

長いあいだの西南役《せいなんえき》も、これで終局を告げたことになるが、浄光明寺《じょうこうみようじ》の山上には幾百の墓石が、西郷の墓石を囲《かこ》うて、当時の勇ましい状況を、明らかに語っている。

私《わたくし》は、これ以上のことを語らぬ。詳細の顚末《てんまつ》と、西郷の生涯は、私の著述した、南洲伝《なんしゆうでん》によって視てもらいたい。

木戸の死と大久保の死

一

西郷隆盛は、偉大な人物として、万民の崇敬は受けたが、政治家としての実質は、きわめて乏しい人であった。

これに反して、大久保利通と木戸孝允は、人物としての型は、遠く西郷に及ばなかったけれど、政治家としての実質は、西郷よりも充実していた。

木戸の頭脳《あたま》は、大久保に比べると、よほど進歩していたが、惜しいかな、狐疑心《こぎしん》が深くて、人を信じきれず、これがためによい子分を抱擁する力がなかった。伊藤博文《いとうひろぶみ》が木戸に離れて、大久保に走ったのも、この一例として視るべきである。

国会についても、いちばんに早く諒解していたのは、独り木戸であった。板垣《いたがき》〔退助《たいすけ》〕が、国会開設の建白をしたときには、すでにその制度の取り調べに手をつけていたくらいに、木戸の頭脳《あたま》は、よく働いていた。

台湾征討に反対して、ひとたび内閣〔いわゆる太政官政府における参議内閣。明治十八年以後の内閣制度とは別〕を退き、さらにまた明治八年になって、内閣へ入るときの条件として、大久保にその実行を誓わせたことのうちで、もっとも人の眼を引いたものは第一に元老院、それから大審院と府県会の設置であった。

いまもなお行なわれている、地方長官会議なるものは、木戸が入閣の条件として、大久保が実施したことのひとつである。

斎藤弥九郎《さいとうやくろう》の門弟として、剣道の達人ではあったが、維新の際に、武功の視るべきものがなく、かえって畳の上に坐して政治を談ずるの文治派であった。

この点においては、大久保と同列であって、西郷らの武断派に対抗していた大久保は、正面から西郷に反対しえない事情があって、いつも木戸を押し立て、西郷に対抗してゆく傾きがあった。

西郷の眼にもよくそれが見えるので、いつか大久保に対して不快の念をもつようになった。

西郷と大久保は、同じ鹿児島の城下に生まれ、しかも甲突川《こうつきがわ》の東岸なる鍛治屋町《かじやまち》で育った、二歳《ふたつ》違いの親友である。西郷は兄のごとく、大久保は弟として、ともに有馬一郎《ありまいちろう》の教えをうけて、人と成ったのであるが、両人《ふたり》の性格は、全然異なっていた。

西郷は、情の人として、温《あたた》か味があったけれども、大久保は、理性の勝った人で、事にあたって冷静なところがあり、謹厳に過ぎて、容易に人を近づけぬ風があった。

二

幕末の時局は、混沌として正邪を弁じがたく、勤王、佐幕、開国、攘夷、その帰着するところは凡人に窺《うかが》いえず、容易に前途を透視しえぬ状態にあった。

こういう時勢にあたって、撥乱反正《はつらんはんせい》の鴻業《こうぎょう》を建つることは、西郷のごとき、大きい人物の手に待つものが多かった。

けれども、天下が元の泰平に復《かえ》り、純な政治によって、国家の秩序を引きなおしてゆく時代には、西郷の手を要することは、ようやく少なくなって大久保や木戸のような人を要するのである。

あえて西郷を、疎外するというのではないが、どうしても大久保と木戸のあいだに、解決されることが多くなってきた。したがって西郷と大久保のあいだも、昔のようでなくなるのは、自然の勢いで、じつにやむをえぬことであった。

明治六年の征韓論が、西郷と大久保の特長を、遺憾なく発揮して、同時に両個《ふたり》の性格の相違を、すっかり暴露してしまった。

これに先だち、大久保は、岩倉《いわくら》〔具視《ともみ》〕大使の一行に、副使として加わり、欧米各国を巡視した。文明国の都市が、施設の上においても、すべて優れていることを、眼《ま》の当りに視た大久保は、わが邦《くに》の都市のあまりに、不整不備なるを感じて、この洋行中に、内治改良の腹案を考え、帰朝ののちは、ただちに内務省を新設してみずから内務卿となり、都市の改善に力を入れることに決心した。

当時は、都市改善なる辞《ことば》を用いず、内法改良と称していたが、いまの都市改善は、じつにこのときからの問題である。

こういう考えをもって、帰朝してくると、西郷が、朝鮮へ押し渡って、国交に関する談判をするという。その結果の戦争になることは、火を見るよりも明らかであるから、大久保は、西郷の主張に、正面から反対してかかった。

両個《ふたり》の感情は、極度に反撥して、ついに収拾しえざる程度にまで衝突してしまったのである。

西郷の主張は、ついに破れて政府を去った。板垣、副島《そえじま》〔種臣《たねおみ》〕、江藤《えとう》〔新平《しんぺい》〕、後藤《ごとう》〔象《しょう》二郎《じろう》」の四参議も辞職した。同時に多くの文官と軍将が、進退をともにしたので、政府の動揺はひととおりではなかった。

政府を去った西郷は、乾分《こぶん》に担ぎ上げられて、叛旗《はんき》を翻《ひるが》えした。この結果は、前章《まえ》に述べたとおりで、天下のことは、大久保の一身に懸かってきた。

当時の大久保は、政府の権勢をひとりで握っていたから、表面より視るものは、さぞ楽しいことであろうと思って、ほとんど羨望の的になっていたが、実際においては、それが大久保のもっとも苦しいときであった。

内には、木戸を中心とした、長州派の嫉視《しっし》を受け、外には、西郷の帰郷してから、薩人の事毎《ことごと》に、政府へ辛くあたることがあり、この上に、板垣、後藤、副島、江藤の民選議院論が始まった。自由民権の叫びが、ようやく高まってくる。内外に対して、応酬しゆく大久保の苦心は、じつにひととおりではなかった。

明治七年に、木戸は、征台軍を起すことに反対して、政府を退いた。これはひとつの議論として、筋道の立ったものではあったが、木戸の心には、抑えきれぬ不平があってその不平の積もり積もった果てが、非征台論になって、現われてきたのである。

三

木戸が、民間へ去って、いよいよ大久保の天下にはなったが、人の知らぬ苦労を抱いて、心寂しく日を送っていたのが、大久保であった。

子どものときから、ひとつに育って、兄弟のようにしていた西郷は、鹿児島へ帰って、遠くから大久保を睨んでいる。それは大久保の身にとって、少なからぬ脅威であった。

なおその上に、木戸が満腔の不平を抑えて、京都に雌伏している。いつどういう風にして、木戸の一派が、足元から躍り出すかわからぬ。

そのあいだに立って、政務はほとんどひとりで与《あず》かっている、大久保の苦しみの容易でないことは、察するにあまりがある。

しかるに、木戸は、幸いにして大阪会議の結果、政府へ立ち戻ってきたので、大久保も多少の安心を得たが、ただ困るのは、西郷の態度がどうなってゆくのかの一事であった。

七年二月には、佐賀《さが》に、江藤新平と島義勇《しまよしたけ》の挙兵があった。これは大久保が、みずから乗り出して一瞬のあいだに片づけてしまったが、九年になると、萩《はぎ》に、前原一誠《まえばらいっせい》の乱が起り、東京には、思案橋《しあんばし》事件があった。それに前後して、熊本の神風連《しんぷうれん》が、鎮台へ斬りこみ、秋月《あきづき》には、宮崎車之助《みやざきくるまのすけ》と今村百八郎《いまむらひゃくはちろう》［の兄弟］が、兵を起して、その禍乱は、どこへ飛び火するか知れないという状態にあった。

しかしその心配は、まことに杞憂に過ぎずして、思ったより禍乱の範囲は小さくてすんだが、それはひとえに、西郷の動かなかったためである。

しかるに、十年の春を迎えると、西郷は、鹿児島に兵を挙げた。よし西郷の心からでないにしても、西郷が乗り出した以上は、やはり西郷の挙兵であって、その信望と努力の及ぶところは、けっして軽視されぬ。

それであるから、国力を挙げて、その征討に尽した。けれども、西郷の力強くして容易に征伏しえず、約半歳の長きにわたって、戦争は続いた。

その間に、さらに大久保を苦しめたものは、陸奥宗光、林有造《はやしゆうぞう》、大江卓《おおえたく》を中心としての土佐派の陰謀と、木戸の病死と、この二つのできごとであった。

土佐派の陰謀は、後回《のち》に詳述して、ここには木戸のことを、少しく述べることにする。

四

木戸の前身は、毛利《もうり》の士籍になく、萩の城下に医者をしていた、和田昌景《わだまさかげ》という人の悴《せがれ》であった。

その時代には、人間の上に極端な階級制度が強いられていて、士籍の出身でないものは、ほとんど人間として認められなかったのであるから、医者の悴などは、どう踠《もが》いたところで、出世の見こみはなかったのである。

そこで、桂という貧乏士族の家へ、表面だけの養子に入って、まず身分をつくった。それには少なからぬ金も要したが、つまり金の力で、士籍に入ることを得たのだ。

当時の名は、桂小五郎《かつらこごろう》であった。

まず武芸の稽古を始め、江戸へ出てから、斎藤弥九郎の門に入った。元来が志の高く、前途に深い希望をもっての修業であるから、その進歩も著しく、たちまち斎藤塾［練兵館《れんぺいかん》］の代範を務めるようになった。

斎藤は、ふつうの剣客でなく、天下に志のあった人であるから、その交友は、かえって志士のうちに多くあった。江川太郎左衛門《えがわたろうざえもん》［英龍《ひでたつ》、坦庵《たんあん》］、武田耕雲斎《たけだこううんさい》のふたりは、もっとも深く交わっていた。桂も斎藤の門人である、という関係から、これらの人と往来して、ようやくその名を知らるるに至った。

毛利家が、桜田の本邸内へ、有備館《ゆうびかん》なるものを設けて、藩士の子弟に、文武の研修をさせることになった。

桂が剣道において、広く人に知られ、その術も非常にすぐれている、というところから、藩命は桂に下って、有備館の都講《とこう》［塾頭］に引き上げられた。

桂の斎藤塾を去るに臨んで、自分に代わるべきものとして、大村藩の渡辺昇《わたなべのぼり》を推薦した。渡辺が、大村藩の出身でありながら、長州藩閥の人のごとくなったのは、これが原因であった。

町医者の悴から身を起して、毛利の藩政を与かるようになったのは、これからのちのことであって、桂の出世は、そういうところから、芽が吹いている。

桂の配下として、そのころから働いていたのが、伊藤俊輔《いとうしゅんすけ》［博文］であった。元は、周防《すおう》の熊毛郡《くまげごおり》の百姓で、林信吉《はやししんきち》というものの忰で、父が伊藤直右衛門《いとうなおえもん》という足軽の養子になったので、毛利の家来ということになったのである。

妻を連れて、夫婦養子になったのであるから、足軽の血を受けたのでなく、百姓の血を受けて生まれたのが、俊輔である。

小早川家の旧臣、遠藤某が、周防に落ちこんで来て百姓になったのである、ということは、俊輔が博文となって、政権を与かるようになってから、しきりに主張しているが、それは要らざる詮議立てだと思う。

耕雲斎との関係から、桂は、水戸の志士に、多く知己をもっていた。俊輔は、いつもそのあいだの使役をしていたのである。

老中の安藤対馬守《あんどうつしまのかみ》［信行《のぶゆき》／信正《のぶまさ》］を、文久二年の正月十五日に、阪下見付《きりじに》で、水戸の浪士が襲うた。井伊大老のときのごとく、浪士は目的を果さずして、みな斬死してしまった。

浪士の背後《うしろ》には、桂が潜んでいたので、北の町奉行、黒川備中守《くろかわびっちゅうのかみ》［盛泰《もりやす》］の取り調べをうけることになった。

俊輔は、桂の附添として出頭した。このときに、俊輔の証言が、すこぶる巧みであったところから、急にその名を知られ、同志のあいだにおいて、幾分の重きをなすに至った。

桂が、罪を免《のが》れたのは、これがためのみでなく、長井雅楽《ながいうた》［時庸《ときつね》］や井上聞多《いのうえもんた》［馨《かおる》］の働きもあって、かろうじて見遁《みのが》されたのであるが、桂はまもなく、藩の政務座役に登用されて、京都の藩邸へ詰めることになり、それからしばらくは、桂の飛躍する舞台に移った。藩の勢力と、かつ金力のせいもあったが、桂の智と舌の力も、また認めざるをえない。僅少《わずか》のあいだに、朝廷の実権は、桂の思うままに、動かしうるようになった。

その結果は、勅使の関東下向となり、将来家茂《いえもち》の上洛となった。開国と攘夷の争いが漸々《だんだん》はげしくなって、朝廷と幕府のあいだは、日を逐うて疎隔してゆく。この機会を捉えて、幕府をただひと撃ちに叩き倒してしまおう、としたのが桂の仕事であった。

毛利が、終生の目的は、徳川幕府を倒すにあり、それがために、毛利は、忍びうる限りの苦しみを忍んだ。関ヶ原の戦いによって、領土を削られてその大半を失い、萩へ追いこまれて、長防二州の藩主として、わずかに三十六万石の中諸侯《ちゅうだいみょう》になって以来、ひたすらに努めたものは、財帑《ざいど》の充実であった。

ほとんど二百年のあいだ、あらゆる苦労をして、天保《てんぽう》のころには、財政もようやく充実して、士風の振興も行き届いたから、倒幕の目的に向って、そろそろ進んでゆくようになった。

嘉永《かえい》の歳になると、米使が浦賀《うらが》へ来て、開国条約を迫り、それがために、朝廷と幕府のあいだは、火を擦《す》るようになった。その機会を捉えて、巧く朝廷へ取り入り、勅命を笠に着て、徳川虐《いじ》めをはじめた。毛利を代表して、その役目を引き受けたのが、すなわち桂であった。

いかに才智にすぐれていても、まだ二十七歳という、若いころのことで、力の延びるにまかせて、どうしてもやりすぎる。

文久《ぶんきゅう》三年の八月十七日に起った、京都の政変は、桂のやりすぎによる、その反動と視るのが正当であろう〔一般に「八月十八日の政変」と呼ばれるもの〕。

一年のあいだに、前後二度も、勅使の関東下向、そんなことはほとんど例のないことである。しかもその用件は、徳川を苦しめることばかりであった。

その結果として、家茂は、上洛のやむなきに至った。家茂が、二条の城へはいるとまもなく、石清水八幡《いわしみずはちまん》へ行幸の御沙汰があり、家茂はその供奉《ぐぶ》を申しつけられた。

行幸の御趣意は、八幡の神前に攘夷の祈願をせられる、というのであるから、供奉に列《つら》なる家茂も、攘夷の誓いを立てることになるはもちろん、あるいは攘夷の節刀《せっとう》でも、授けられるようなことになれば絶体絶命、徳川の天下はこれがために倒れる、恐ろしいこととは思っても、容易に辞退はできぬ。家茂はじめ左右の人はひととおりならぬ苦心をした。

かくて行幸の日は来た。万策尽きて、その前夜、家茂は病気届を出した。しかるに、折り返しての御使があり、後見職《こうけんしょく》の慶喜《よしのぶ》に名代を務めろとある。それでは同じ結果になるのであるから、またひと苦労した末、慶喜は当日になって供奉の列には加わったが、神前の御祈願が始まるとき、仮病をつくって倒れ、かろうじて難場を切り抜けた。

桂が、蔭にひそんでいて、しかけた狂言は、みごとに裏をかかれて、なんの甲斐もなかった。せっかくの行幸も、本来の目的を失っては、骨折り損であった。

五

引き続き企てられたのは、大和《やまと》行幸の一事であった。その目的とするところは、前のときと同じことであったが、こういう風に逐っかけ引っかけ、徳川虐めにかかるので佐幕の人びとも、必死になって防ぎにかかるから、どこかに抜け道を考え、そのうちにはひどくはね返す力も出て、反対に押し倒すことにもなる。

会津《あいづ》中将《ちゆうじよう》〔松平容保《まつだいらかたもり》〕が、秋月悌次郎《あきづきていじろう》と広沢安任《ひろさわやすとう》の進言を聞いて、中川宮《なかがわのみや》〔朝彦親王《あさひこしんのう》〕に愁謝した結果、八月十七日の夜〔十八日の未明〕、にわかに政変が起って、毛利の勢力は京都から駆逐され、毛利派の公卿はすべて処罰された。

三条実美《さんじようさねとみ》以下の七卿は、毛利藩士に擁護されて、長州に落ちてゆく。京都の内外には、佐幕派の横行が、人の視聴を引くほどであった。

桂は、雲助や乞食にまでなって、京都にかくれていたが、そのあいだに、幾たびか生死の境を出入りして、よく艱難《かんなん》に堪えたけれど、けっきょくはなんの甲斐もなく、かろうじて但馬《たじま》の出石《いずし》へ身を以て遁《のが》れたというにすぎなかった。

佐幕派の動静を窺《うかが》い、もし乗ずべき隙を見出したら、なにごとかを策せんとしたのが、その隙を見出しえず、かえって自分の身が危うくなったから出石へ遁れたのである。

桂が、こういう無駄働きをしているあいだに、国元では幕軍を迎えて戦いを開くことになった。ひとたびは西郷の調停で、三家老の死を以て事を治めたが、高杉晋作《たかすぎしんさく》の暗中飛躍が功を奏して、俗論派が倒れ、正義派の主張がおこなわれることになった。

毛利の態度が、あくまでも幕府に反抗することにきまったから、ふたたび征長軍をくり出すことになり、慶応元年から二年へかけて、幕府の大軍は、長防の国境に迫った。

高杉は、海陸の総督になって、村田蔵六《むらたぞうろく》［大村益次郎《おおむらますじろう》］は、参謀長の格で、みごとに幕軍を打ち敗った。山田顕義《やまだあきよし》、前原一誠、伊藤博文、井上馨、山縣有朋その他の傑物が、腕揃いで戦ったから、毛利の面目は、これによって保つことを得た。

幕府が、征長軍を起したのは、まったく幕府の運命を縮める因《もと》になって、幕府の力の弱いことを、広く人に知らせたにすぎなかった。

同時に、毛利藩士の腰も据わって、一気に幕府を倒す運動は、急に進められた。大勢は刻々に幕府のために不利となってゆく。

土州の坂本龍馬《さかもとりょうま》が、薩長の聯合《れんごう》を策して、まず長州へ乗りこんできた。高杉を説いているうちに、この戦争が開かれて、その相談は、一時うち切りになっていた。そこへ、帰ってきたのが桂であった。

桂は、但馬の出石へ遁れて、非常に苦労をしているところへ、のちの正妻、そのころは、京都三本木《さんぼんぎ》の芸妓であった幾松《いくまつ》が、伊藤の援けを得て迎いのためにやってきた。

それから桂は、長州へ帰ってくるとこのときには戦争も休止されて、その前途は、和睦という見こみもついて、すこぶる都合のよい際であった。

坂本は、高杉を相手にするよりか、かえって桂のほうが前からの交際もあり、相談の運びをつけるにも好都合であった。

大勢を視ることに早い桂は、坂本の相談を容れて、薩藩との聯合は、スラスラと運びをつけた。高杉も、いっさいを桂に任せて、自分は、藩論の統一にかかった。

毛利父子も、これに同意したので、桂は、京都へ上ることになった。それは、西郷吉之助《さいごうきちのすけ》［隆盛］と面会のためで、会見の場所は、相国寺《しょうこくじ》畔の藩邸ということになった。

西郷を薩藩から引き出し、久光を説きつけたのは、坂本でなく、中岡慎太郎《なかおかしんたろう》であった。そのころには、石川誠之助《いしかわせいのすけ》と偽名していたが、坂本の海援隊長たるに対して、中岡は、陸援隊長であった。ともに土州派の傑物として広く知られていた。

桂は、但馬から帰国したときに、木戸準一郎《きどじゅんいちろう》と改めた。

薩長の聯合は、ただ一枚の覚書で定まった。その裏書は、坂本がしている。これで倒幕の基礎が固まったわけである。

要するに、征長軍を出したために、幕府の実力は、侮られることになり、同事に薩長の聯合は促進されたのであるから、幕府を倒したものは、幕府それ自身であったともいえる。

伏見《ふしみ》、鳥羽《とば》の戦いから、大勢は急転直下、もう幕府倒壊の運命は、いかんともすることができなかった。

官軍の東下とともに、江戸城の明け渡しもすんで一瞬のあいだに王政復古となり、明治政府は樹立せられた。

木戸は、西郷、大久保と並び称されて、維新の三傑といわれた。はじめは参議で、のちには、内閣顧問に任ぜられ、長州派を代表する唯一の政治家として、世間からも重く視られるようになった。

六

徳川慶喜の処分論から、西郷と衝突して、それからというものは、なんとなく西郷の態度に不満を抱くようになった。ただに西郷ばかりでなく、薩派《さつぱ》の政治家が、賞罰の上に専横のふるまいがあるというので、幾たびか感情を悪くして、それ以来は、木戸の神経も尖《とが》りがちで、薩派との衝突には、いつも矢面に立って争うようになっていたから、薩派の木戸に対する反感は、日を逐うて酷くなるのみであった。

大久保は保守主義といわれながら、その割合に保守的でなく、かえって西郷が去ってからは、思いきった改革もすれば、進歩的な政治も布《し》くので、木戸の領分に、切りこんでくることが多い。

内閣顧問という、日藤役に就いているので、木戸の立場は、すこぶる不利であった。それに引き代えて、大久保の権力は、ほとんど太政大臣に等しく、政府の施設は、大小となくその意を迎えるにあらざれば、手がつけられぬというありさまで、これに対する木戸の不平は、さらに強いものがあった。

そのころから、木戸は病いがちになって、ようやく医薬に親しむようになった。維新前《ぜん》の風雲に乗じて、無理な働きをしたのも、病因のひとつではあったろうが、西郷と大久保に対立して、長州派の代表という意味から、人知れぬ苦労があって、それが病因をつくったものとも見られる。

明治十年の二月いよいよ西郷の挙兵があり、その響きは全国へ広くわたって、朝野の人、みな恐怖するの情状《ありさま》であった。

旧藩の士族にして、政府に不平あるものは、ひそかに腕を撫《ぶ》して、西郷の馬関海峡に出ずるを待ち、自由民権派も、また心待ちにそれを待った。武力を以て、政府の改革をなす、ということは、自由民権派の厭《いと》うところではあるが、とにかく、当時の政府を倒す、という点において、西郷の勝利を期待したのである。

一般の国民は、西郷に対する信頼の深くあっただけに、これまた官軍の敗北を祈る、というがごときありさまで、政府の官吏中にも、志を得ざるものは、多く同じ希望をもっていたのであるから、いまから思えばじつに奇怪な事情であった。

大久保と木戸の憂慮は、ほとんど視るも気の毒なほどであって、ことに木戸は、これがため、肉も痩せ、骨も細るの想いをした。

陛下に扈従《こじゅう》して、京都へ行くころから、自分から病気の進むを覚えるくらいであった。熊本城の包囲が、存外に強く、官軍の本隊は途中に支えられて、容易に前進しえざるの情報に接し、さすがの大久保も、やや昂奮の態となった。

そのころから、木戸の病はようやく重くなって、主治医の診断によれば、はなはだ寒心に堪《た》えずとある。

病気は肝臓肥大というのであるが、維新前に東奔西走して、無理に体を使っていたのが、その病気を重からしめ、ことに、昨今の事態に心神を労することのはなはだしく、これが因《もと》をなして、いまは快復も覚束《おぼつか》なしというので、ついに、大阪の病院へ入れることになった。

明治十年五月二十六日、木戸の容態が急に危篤に迫ったと聞いて、大久保は、とりあえず病院へ駈けつけた。

視れば、眼は窪み肉は落ちて顔に生色なく、呼吸も絶え絶えであった。斎藤弥九郎の門に、勇名をうたわれた昔の面影はさらにない。

「オイ、しっかりしてくれ」

と、いいながら、痩せ細った右の手を堅く握った。木戸は昏々《こんこん》として眠るがごとく、なんの答えもせぬ。

大久保は、失望の溜息《ためいき》を吐《つ》きながら、なお木戸の手をじっと握りしめて、二三度ふり動かした。

「大久保じゃ、オイわかるか」

眠っていた眼をぱっと開いて、大久保の顔を、じっと見つめている。

「わかったか、大久保じゃよ、しっかりしてくれ」

「うむ、西郷か、よく来たのう」

「イヤ、大久保じゃ」

「西郷か、オイ西郷、もうたいがいにしてくれたらどうじゃ」

「えッ……わが輩は、大久保じゃよ」

「うむ、西郷か、わかっている」

同じことをくりかえしているうちに、大久保は無限の感慨にうたれて、あとの言葉は出なかった。

西郷の挙兵が、どれほど木戸の頭脳《あたま》を悩ましたかということは、死の刹那《せつな》まで、悶《もだ》え悶えていたのでもわかる。

木戸の歳、いまだ四十余に過ぎず、まことに惜しむべきの至りであるが、逝《さ》ってゆく木戸は、それでいっさいの苦悩からまったく遁れることを得て、独り生き残った大久保は、それからがさらに一段の苦痛であったろう。

七

人が、人を殺すのは絶対に善くない、としてある。ただ戦争の場合には、それが公けに許されてあるのみならず、多く殺したものは、勇者として尊敬を受ける。したがって、人を殺すのは、悪いということにもなるが、また善いということにもなる。他《ひと》のために、人を殺すのが悪いというならば、国のために、人を殺すのも善くないということになるわけだ。もしそれ、多くの人のために、戦いをすることが、よいというならば、多くの人のために、個々の人の幸福を維持するために、戦いをすることが、よいも、善いとせねばなるまい。

しかしながら、いまの社会においては、個々の了見で人を殺すことを以てするも、許さないというのである。その代り、人の集団である、国の名を以てすれば、それは善良なることとして、喝采をうけることになっている。

考えてみれば、馬鹿らしいことだ。

暗殺の善いことでないのは、もとよりいうまでもないが、言論の自由なく、人の公徳心の衰えたるとき、暗殺の是認された場合もある。

たんに、そういう場合のあったばかりでなく、かえって非常に激賞された時代もあるのだから、すこぶる奇とすべきである。

九段《くだん》の靖国神社《やすくにじんじゃ》には、水戸の浪士十七人が併祀《へいし》された上に、贈位の栄典に浴しているではないか。井伊大老を斬ったということは、あえて功労ともいえまいが、その志は国家の上に繋《かか》っていたのでかく相成ったものとすれば、目的が善ければ、暗殺も可なり、ということになるではないか。道理は古今を一貫してただひと筋でなければならぬ。昔のことは、歴史上のたんなる事実として、これはよろしいという理窟がとおるとすれば、今日《きょう》は明日《あす》から視て、過去に属するから、今日《こんにち》に悪いということは、明後日《みょうごにち》から視て、あるいは善いとなるやも知れぬ。

この理窟から推してゆけば、暗殺も悪いとのみはいえぬ。道理を尽くして争うても、道理にしたがわぬものがあれば、道理の力も存外に弱い。さてそうなったとき、その争いは、なんによって決するか。そこに、面倒な筋もあると思う。

いかに言論が自由で、代議政治の世のなかでも、道理に背く多数が、道理を履《ふ》んでゆく少数を、一も二もなく頭から抑えつけてかかったら、その対応策をどうしてよいか、ということになる。

けれども、腕力によって争いを決することは、文明の意義に反《そむ》くから、それはよろしくない。したがって、暗殺のごとき、人の不意を襲うてこれを倒すのは、けっして公明な手段とはいえぬ。

封建制度の昔に、もし暗殺を以て絶対の権力を有する治者に対して、被治者の執るべき、やむをえざる手段のひとつとするなれば、代議政治の下にただわけもなく、多数の力で抑えてゆく、専制に対する復報手段として、暗殺を認めらるべきはずであるが、それは絶対に許されておらぬ。

ここにおいて、弱者は強者に虐げられ、道理を有する少数者は、専制横暴なる多数者に圧せられることになる。それではどうしたらよいか、ということに理窟は押し詰まってゆく。著者《わたくし》にも、それから先きは、どうしてよいか考えが決《つ》かぬ。

木戸の死んだのちは、まったく大久保の独天下《ひとりてんか》であった。いかなるものも、大久保の頭に手を加えるものはなく、西郷の死によって、いよいよ大久保の権力は、無限に延びてゆくばかりであった。

西郷は、執るべき道を誤って悲痛な死を遂げたけれど、国民の多数は、なおその死を疑っていたほどに、天下の信頼は続《つな》がっていたのである。

政治家としての大久保は、重厚寡黙《じゅうこうかもく》、沈思断行《ちんしだんこう》の人であった。その配下には、大隈《おおくま》［重信《しげのぶ》］があり、伊藤も早く木戸を離れて、大久保のために、よく働いていた。

明治政府の施政方針は、だいたいにおいて大久保の力によりて定まり、政府の基礎もまたその力で築き上げられたというも、あえて過言ではないと思う。

しかしながら、西郷を崇拝する人の眼から視れば、大久保の力の延びるほど、憎悪の念は高まるのみであった。西郷を離れたのも憎いが、西郷を殺したのは、なおさら憎い。そののちの政府が、ますます基礎の鞏固《きょうこ》になり、施政の方針の新たになるを見るにつけても、大久保に対する反感は、日に増し強くなって、ついには大久保を斃《たお》してしまおうとするものが、各所に頭を擡《もた》げてきた。

八

薩人のあいだに、大久保の重く視られなかったことは、じつにははなはだしいものがある。西郷は偉いに違いないが、大久保も、偉い人である以上、それ相当に多くの味方がなければならぬにもかかわらず、大久保には、西郷のように熱烈な味方がなくて、かえって反対の多くあった、ということはすこぶる疑わしい。

それについての一説として、こういうことがある。

嘉永年間に起った島津家の内訌《ないこう》［お由良《ゆら》騒動］に際し、西郷と大久保は、父が斉彬《なりあきら》の味方であったから、久光《ひさみつ》とは正反対の立場にあった。ことに、大久保は父の治右衛門が、流罪《るざい》に処せられたので、久光の一派とは、仇敵の関係になっていたのである。

西郷の父は、その事件に直接の関係はなかったけれど、恩人の赤山靱負《あかやまゆきえ》が、君命によって切腹したために、久光とは、死ぬまで折れ合わなかった。

しかるに大久保は、斉彬の亡きのちは、久光の意を迎えるほか、立身の道がないと視て、その久光を取り入る手段として、鹿児島から二里も離れている重富《しげとみ》というところへ、囲碁の稽古に通いはじめた。

久光がまだ普之進《かねのしん》というたころ、妾腹の次男であるというために、重富の一門へ養子にやられた。菩提寺の和尚に囲碁を学び、鹿児島へ移ってからも、和尚はしばしば囲碁の相手として招かれていた。その事情を知っていたので、大久保は重富まで和尚の教えをうけにゆき、その因縁をたどって久光へ紹介され、それから御側《おそば》へ召されることになった。

これがために、出世の径路は求め得たけれど、仇敵にひとしき久光へ接近するために、こういう手段を取ったということが、一般の士人にすこぶる悪い感じをもたせたのである。

いまの人情からいえば、別に不思議なことでもなく、かえって悧巧《りこう》なやりかたとして、人の賞讃を受けるであろうが、昔の武士道から視れば、はなはだ卑劣にして節操なき行為といわれても、弁疏《べんそ》の辞はないのである。

まして薩藩の武士教育は、他の藩と異なって、いちだんと厳格なものであったから、大久保が旧怨を忘れて、久光に近づかんがために、こういう手段まで取ったのは、武士としてははなはだ怪《け》しからぬという見解から、大久保に対する感情は、すこぶる悪かったのである。

それからもうひとつは、大久保の性質が、果断に富んでいたために、どうかするとその態度に冷酷なところがあって、人に対する同情が薄かったという点が、ややもすれば人の反感を引くことになり、なんとなく人気のよくなかったのは、かえすがえすも惜しむべきことである。

世間からは、保守的の人のごとくいい囃《はや》されているが、かえって、進取的な政治を施《し》いていたので、一部の守旧派からは、ひどく憎まれて悪魔のごとくいわれていた。

明治になってまだ十年あまり、幕府時代の夢を視ているものが多く、ランプ亡国論の起るころとて、いやしくも西洋のことといえばなんでもかんでも忌み嫌うものがあって、それらの連中は、政府の新政に対していずれも反対の立場にあり、議論としては三文の価値もないが、感情の上から闇雲に政府を非難し、その中心勢力になっている大久保に、無限の反感をもっていたことは、非常なものであった。

ことに西郷を神のごとく崇拝していた人は、なんということなく、大久保が憎くてならぬ。施政の上にも反対であるが、とにかく西郷を死地に逐いこんだのは、大久保のなした業《わざ》であるから、その復讐をしたいということは、到るところに考えていたものがあって、それが寄々《よりより》に相談していたのも真の事実であった。

九

石川県の金沢に、忠告社なるものがあって、前田家の旧臣が多く集まっていた。そのうちに島田一郎《しまだいちろう》という快男子があった。

かつて東京へ出たとき、桐野利秋と近づきになり、その紹介で、西郷は一二度逢うたことがある。

桐野は薩人中の奇傑《きけつ》であった。はじめ中村半次郎《なかむらはんじろう》と称し、西郷の配下になって、長州へ密偵に入りこんだこともあり、胆玉《きもったま》の太い、抜き打の早技に長じていた。学問はあまり深くなかったが、識見の高い人であった。

島田は桐野の人となりに服し、かつ西郷に逢うてみると、さらに人格の偉大なのに感じ、すっかり西郷の崇拝者になってしまった。豪快な桐野の風格に服して、しばしばその教えをうけたので、島田の人物も、わずかな滞京中にすこぶる上進した。

島田が俥夫《しやふ》をしていて、西郷を乗せたまま、湯島切通しの坂を駈け下りて、俥《くるま》を引っくり返して西郷に知られたという浪花節《なにわぶし》を聞いたが、出鱈目《でたらめ》もはなはだしい。明治五年ごろの切通し坂を、俥でかけ下りうると思っているのも奇抜だが、そのために西郷と対等の交際をしたごとく、口から出まかせに演《や》ってのける、その無鉄砲には驚き入る。

島田がなんのために俥夫になっているのか、それも明らかでない。俥を引っくり返されて、西郷が感心するのも妙なわけで、そんなことから両者の関係が結ばれたものとして、平気で唸《うな》るものの度胸はじつに豪《えら》いものである。

東京から帰ってきて、島田は幾たびか桐野と書面の往復はしているから、西郷らの辞職についても、その内情にはよく通じていた。

もし西郷が、朝鮮へ使節として乗りこむようなことがあれば、自分もついてゆくくらいの考えはもっていた。万一にも開戦するような場合になれば、同志の士族を率いて従軍する覚悟ももっていた。維新の際に、前田藩は立ち遅れたため、思わしい功労も遂げておらぬ。この一事は、士族のあいだにおいても常にくりかえされていたくらいで、征韓のことが決すれば真っ先きに、従軍したいという希望はなかなかに熾《さか》んであった。

それだけに西郷の辞職は、この連中のもっとも憤慨するところで、島田は同志を代表して鹿児島へ行き、桐野を訪《と》うてその説を聞いてきた。

こういう関係のあるだけ、西郷を思うの情は、ほかの人に比べていちだんと深いものがあった。したがって大久保に対する反感と、政府に対する不平は、日に増長するのであった。

西郷の辞職したのちの政府は、大久保の独天下《ひとりてんか》で、新らしい施設はどしどしおこなわれる、その反面には、古い施設が遠慮なく打毀《うちこわ》されてゆくので、それに対する不平は存外に高まるから、憎いと思うのはただに大久保ばかりでなく、三条、岩倉、伊藤、大隈、井上らの参議に対しても、同様の考えをもつようになったが、とくに大久保は、西郷との関係から、いっそうの憤慨を以て、この連中の憎むところとなった。

明治十年の戦いで、西郷が討死して賊名を残すことになったのは、西郷を思う人の側から視れば、千載の恨事《こんじ》である、と同時に、どうしても大久保を斃さねばこの怨みは晴らしえぬものとして、暗殺の計画は追々に進んでゆく。

そのうちでは、島田一郎を首領にいただき、忠告社の壮士は、非常な決心を以て、東京へ出かけてきた。

しかしながら、この連中の決心が、こういう風に悪化してきた内容には、きわめて複雑した事情があって、暗殺の理由とするところにも、種々《いろいろ》の区別があったのである。

一、西郷を殺したものは、要するに大久保であるから、復讐をせねばならぬが、その方法としては、暗殺のほかなし、とのこと

一、土木、教育、司法、その他、一般の施政について、国民の迷惑を考慮せず、いたずらに西洋に心酔して、夷狄《いてき》の風俗を賞美し、日本の国粋を破るがごとき所為《しょい》を取るは国家を賊するものなり、とのこと

一、無用の施設を為し、不急の土木を起して、莫大の冗費を厭わず、国民の負担の苛重を思わざること

一、人のために、官を設け、妄《みだ》りに閥《ばつ》をつくりて、官金を私《わたくし》する等の非行をなすこと

その他にも、種々《いろいろ》の理由はあったが、まずだいたいにおいて、こういう箇条を数え立てて暗殺の理由にしているが、しかし、真の理由はたんに西郷の復讐、というにすぎなかったらしい。

暗殺の実行者は島田のほかに、杉本乙菊《すぎもとおとぎく》、浅井寿篤《あさいひさあつ》、長連豪《ちょうつらひで》、杉村文一《すぎむらぶんいち》、脇田巧一《わきたこういち》の五人であったが、その背後《うしろ》にはなお多くの同志が控えていて、万一にも失敗したときは、第二の実行者として押し出すべく、充分の用意ができていたのである。

斬奸状、すなわち暗殺の趣意書は、陸義猶《くがよしなお》の筆に成ったもので、すこぶる名文である。議論の要点は、前に掲げた箇条を引き延したものに過ぎぬが、要するに、時代に反抗して、政府の新施設を非難し、すべての責任を大久保の一身に帰せしめ、まずこれを斃して君側《くんそく》の奸《かん》を除き、国政を清《きよ》うするがために、あえてこの挙に出ずるものである、というのであった。

明治十一年五月十四日、今日は閣議の日であるというので、大久保は、朝はやくから仕度してこれから出かけようとしたところへ、訪ねてきたのは、福島県令の山吉盛典《やまよしもりすけ》という人であった。

たんに内務卿と地方長官との関係ばかりでなく、山吉は大久保の乾分《こぶん》であった。地方長官を召集して、その会議はすでに終ったが、山吉は、まだ帰県せずにいたので、今日は暇乞《いとまご》いをかねて、県政上について、大久保の了解を得ておく必要があって、訪ねてきたのだ。

「おお、まだ帰らなかったか」

「ハイ」

「今日は、なにか用事か」

「チト県政に関して、うかがっておきたいことがございますので……」

「うむ、そうか、それでは今夜にしてくれ、いまは出かけるところじゃから、話をしている暇がないのじゃ」

「ハイ、仰せにしたがいまして、今晩おうかがいいたします」

「うむ」

山吉は、じっと大久保の顔を見つめていたが、

「閣下は、どこかお悪いのではございませぬか」

「イヤ、どこも悪くはない」

「しかし、お顔色が酷《ひど》く悪いようでありますが、ご自分にお気づきなく、どこかに悪いところがあるのではありますまいか」

「昨今は、健康もいちだんとよく、風邪を引いたこともない」

「けれども、お顔色から察しますのに、どこかお悪いに違いないと存じますから、とにかく、医師にお見せあそばしたらいかがでございますか」

「ハッハハハハハ、君もなかなか神経持ちじゃな」

「閣下は、ご大切なご身分でございますから、充分にご自重下さるよう願い上げまする」

「ありがとう、それでは今夜待つことにする」

山吉が、いろいろにいうても、大久保はさらに受けつけなかった。時刻がきたので、大久保は邸を出かけた。

大久保の顔色がひどく悪かったのも無理はない。邸を出てから、一時間ののちには反対党の凶手に斃れるという、恐ろしい運命が迫っていたのである。

いまの清水谷《しみずだに》公園は、このころ一面の茶畑であった。附近に人家はほとんどなく、平生《つね》は

子どもの遊び場所となっていて、紀尾井坂《きおいざか》を登れば相当に人通りもあるが、坂下から赤坂へ抜けるほうはほとんど往来のないくらいで、茶畑のあいだを通ずる一筋の道があるばかりであった。

大久保の乗った馬車が通りかかると、茶畑のあいだをうろついている四五人の壮士が、それと視てずっと進んできた。ひとりの壮士が抜き打ちに馬丁《ばてい》に斬りつけた、馭者《ぎょしゃ》は驚いて飛び下りるや「人殺し人殺し」と叫びながら坂をかけあがる。

それらのものには眼もかけず、真っ先に進んだ壮士、これが島田一郎であった。馬車の戸を開くと、すぐと片足ふみこみながら、気合とともに斬りつけた。

大久保の右の手が、ばたりと落ちた。

「待てッ」

この一喝に、さすがの島田も、刀を引いてじっと視た。

「願いの趣きは……」

「この期に及んでなにをいうか」

突いた刀は、大久保の胸を深く刺した。急所の痛手にぐったりとなる。

馬車から引き出すとズタズタに斬った上、首をとって、一同はいずれかへ立ち去った。変を聞いてかけつけたものは、みな跡の祭りで、足摺りして口惜しがったが、もういたしかたはなかった。

島田らは大久保の首を携えてみずから名乗って出た。これはみな死刑に処せられたが、このうちの浅井は島根県人で、長は東京府士族であった。その他のものは石川県士族である。陸茂猶《くがよしなお》、松田克之《まつだかつゆき》、広瀬千麿《ひろせちまろ》、そのほかの同志も縛に就いて、それぞれ処罰された。斬奸状《ざんかんじょう》は目的を達すると同時に、各新聞社へ投げこんだから、広く一般に知れ渡った。

大久保の殺されたことは、国家の損失として識者のあいだに惜しまれたが、西郷に対する同情と、大久保の人気が一般的でなかったために、その死に対しては、あまり追惜するものはなかった。

木戸が病死して引きつづき西郷が斃れた。その上に、また大久保を失うたのは、いかにも残念なしだいである。

大久保が洋行から帰って、内治改良を唱えたのが、のちの市区改正となり、さらに一転して、今日の都市改善となっている。また紀念のものとしては、富岡の製糸所であるが、わが邦における、器械製糸の元祖がこれである。

そのほかにも多くの新政を施《し》いて、権力を一世に圧したが、末路はじつに惨をきわめた。三傑の死によって、いちばんに利益を得たものは、伊藤博文であった。大久保の跡を襲うて、内務卿に任ぜられ、それからのちは鰻登《うなぎのぼ》りにグングン昇っていった。

いまの宮相牧野伸顕《まきののぶあき》は、大久保の遺子であるが、乃父《おやじ》ほどの実力は乏しいようである。その他の側からも、大久保に亜《つ》ぐべき政治家は出てこない。著者《わたくし》は、ひとえにこれを恨みとするものである。

土佐派の陰謀

薩長二藩の政治家が、あまりに権をもっぱらにするために、その以外の人たちは、みな不平を懐《いだ》いていた。ことに土州藩の人に至っては、維新の際に相当の功労もあり、また国柄《くにがら》としても、理窟の強い人が多くいるために、薩長出身の政治家が、人もなげなる挙動《ふるまい》をすることに向っては、はなはだしく反感を懐いていた、ということは掩《おお》うべからざる事実である。

慶応四年正月に起った伏見、鳥羽の戦いまでは、薩長二藩の聯合は成立していたが、その他の藩はひとつとして、それに参加していなかった。戦争のなかばから土佐の兵が、三四百名これに加わって、ここに薩長土三藩の同盟なるものが成立したのである。たんにこれだけの事情から見ても、維新の鴻業をなしたについては、独り薩長二藩の力ばかりでなく、土州藩にも相当の功労があったことは認められる。しかるにもかかわらず、ひとたび新政府が成立すると、薩長出身の人のみが独り勢力を逞《たくま》しくして、土州人にすら思うような働きをさせなかったという一事は、土州人のあいだにも、非常な議論と不平があって、なんらかの機会において、この不平は爆発するのが当然の事態であった。

陸奥宗光《むつむねみつ》は紀州藩の出身で、土佐人とは郷国を異にしていたけれど、天下のことはひとりの力で成るものでないから、いずれかに結びつける必要があった。薩長二藩の人は、陸奥の人物と力量は、よく認めていたけれど、元来が議論の多い、陰謀性に富んだ人であるがために、なんとなく陸奥を毛嫌いするの風があって、新政府成立の当時から、あまりこれを重く用ゆることをなさなかった。それがために陸奥は、しばしば不平を起して、職を辞したことがある。けれども陸奥の親友として当時の俊輔、のちの伊藤博文が、陸奥の背後に廻って、しきりに慰撫しては、政府へ引き戻したことはただに一度や二度でなかった。したがって陸奥は伊藤に対してこそ、多少の親誼《しんぎ》を感じていたが、薩長二藩そのものに対しては、少しも有難味《ありがたみ》を感じていなかったのである。

明治四年に横浜の権令《けんれい》になって、そののちに大蔵省へ引き上げられ租税権頭《そぜいごんのかみ》になった。いま現におこなわれている地租に関する法規の起算は、このときの陸奥の手に成ったものであるが、まもなく陸奥は元老院のできると同時に、大蔵省からそのほうへ廻されて、議官兼副幹事という高職に就いたのである。

一般的に考えれば、大蔵省の一局長から元老院の副幹事になったのであるから、それに満足をすべきはずであるが、かえって陸奥はこれに対して深い不平を抱くようになった。それはどういうわけかというに、当時は陸奥の歳いまだ三十を越えず、これから真に働こうという場合に、元老院に左遷された傾きがあるので、官位こそ租税頭よりは上位にあるけれども、実際においては、隠居役に廻されたのであるから、陸奥の身として考えれば、それに不平をもつのが当然のことであった。

土佐出身の人が、板垣の辞職とともに、多くは民間に下って、これも薩長二藩に対して、深い不平をもっていたから、いずれかに味方を求めて、その不平を漏らすべき機会を作らねばならぬという関係にあった。その点において陸奥とはきわめて近接しやすき状態にあったのである。

陸奥と深い関係にあった中島信行《なかじまのぶゆき》は土佐人であって、夙《はや》く坂本龍馬の門下となった。陸奥が伊達小次郎《だてこじろう》と称して、龍馬のために重く用いられていた当時から、中島とはきわめて親密に交わった。のちには自分の妹を中島の妻として与えたというがごとき、情縁も結ばれたくらいで、陸奥と中島の関係は、他人に窺い知ることのできない程度に深いものであった。

この二人の関係が自然と陸奥に、土佐人の知己が多くあった因《もと》で、林有造《はやしゆうぞう》をはじめ多くの不平連は、陸奥の周囲に集まってきた。その多くが土州人であったために、陸奥の出身は紀州であるけれど、これらの連中がなしたる陰謀に対して、歴史家は称してこれを土佐派の陰謀というたのも無理のないしだいである。

当時、陸奥の周囲に集まった土佐人は多くあったけれど、まず林有造と大江卓《おおえたく》が主なる者であって、そのほかに谷重喜《たにしげき》、岩神昂《いわかみのぼる》、西山志澄《にしやまゆきずみ》、池田応助《いけだおうすけ》、片岡健吉《かたおかけんきち》、竹内綱《たけうちつな》［吉田茂の実父］らの人もいた。土佐人が陸奥を中心として起した反政府の運動がこれであった。

これらの人のほかに小室信夫《こむろしのぶ》という人があった。これは主として、金策のほうを引き受けていたが、この人は土州出身でなく、丹波《たんば》の片田舎から出てきた百姓である。しかし百姓と言うてもなかなかの旧家で、土地も多く持って、いわゆる一地方における豪族と見るのが相当であろう。

この人についてはおもしろい歴史がある。文久三年二月二十一日に、洛西の等持院《とうじいん》に忍びこんで、足利尊氏《あしかがたかうじ》［と義詮《よしあきら》・義満《よしみつ》の］三代の木像の頸《くび》を取ってきて、三条の河原へ晒《さら》し物にかけたことがある。それは三輪田綱一郎《みわだつないちろう》、中島錫胤《なかじまますたね》らのやったことであるが、彼もそのなかの一人《いちにん》であった。そのときには徳川家茂が上洛していたので、それを威嚇する目的で、こういう乱暴なことをしたのである。二両日経つと、その連中はすべて縛に就いたが、小室ひとりだけはかろうじて難を遁れ、阿波《あわ》の徳島に渡って、明治になるまで隠れていたために、どうかすると土州人なるがごとく言う人もあるが、実際は前《ぜん》に言ったとおり丹波の生まれである。

小室は明治になるとまもなく、イギリスへ行ってしばらく留学することになった。六年に帰朝して板垣らにイギリスの政体に関する講釈をして聴かした。それによって板垣らは、はじめて民選議院設立の建白書なるものを政府へ提出したのである。小室が帰る時分に、土州人の古沢滋《ふるさわしげる》が同行してきたので、つまりはこの二人が板垣らを説いたのではあるが、いずれにしてもわが国における国会論の最初の主唱者であったということだけはいえる。こういう新進の人材ではあったけれど、その生まれが丹波の百姓であるというために、藩閥の人からは喜ばれないで、多く疎外されていたかたちであった。それに対する不平が嵩《こう》じて、陰謀の渦中にも投じたものと想像される。

政府を転覆して薩長二藩の勢力を覆《くつがえ》し、それに取って代わろうというのがこの連中の計画であったが、それにしても、とにかく政府を倒すというのであるから、容易な力を以てなしうべきものではない。相当に大がかりなことは考えていたが、なにぶんにも議論は大きくても、実際においての金力はすこぶる乏しかったのであるから、計画の大なる割合に、実行の上にはさしつかえが多くあって、せっかくの陰謀も遅々として進まなかった。

かれこれしているうちに、明治十年の西南戦争が起った。これは言うまでもなく西郷を中心として、薩南の健児一万人が先を争うて起ち、新政厚徳《しんせいこうとく》の旗を翻えして、政府の罪を問わんとしたのであって、その勢いの盛んなことは、じつに驚くべきものがあって、熊本城はたちまち包囲されて、前途すこぶる危いものがあった。

東京に集ってしきりに陰謀を企んでいた、陸奥、林、大江らの一派は、この好期を逸してはならぬというので、急ぎ挙兵の準備に手をつけたが、前にも言うたとおり、金なしでする仕事であるから、いたずらに大言壮語はしても、実際の運びは、その割合に進まなかったのが、この事件の真相であった。

林が土佐国の白髪山《しらがやま》を政府へ売りつけて、その代金十五万両が下附されたら、すぐにも挙兵はできたであろうが、元来林という人は、政府から危険人物視されて、もっとも注意をされていたのであるから、西南戦争が起った場合に、この代金を林の手へすぐに引き渡すというような、迂闊《うかつ》なことをするはずもなく、一日一日と引っ張られて、林は空しくその金の下附されるのを待っていた。

西南の戦いはだんだん進んで、熊本籠城は長くなるし、いつ陥落するか、それさえも知ることができないような状態になってきたから、この連中もすこぶる焦り気味になって、林は帰国の上、屈強な壮士を率いて、とにかく旗を挙げてしまおうということにまで事情は迫ってきた。

同志の谷重喜は陸軍少将で、大阪鎮台の司令長官をしていた関係から、大阪城内の事情にはもっとも精通していた。そこでだんだんようすを探ってみると、戦争の劇《はげ》しいために、全国の鎮台兵はすべて繰り出したのであるが、ことに大阪は九州に近い関係から、わずかに一箇中隊の兵を留守居番として、その他はすべて九州に出征したということがわかってきた。わずかの人数でも谷がみずから指揮してかかれば、大阪城を乗っ取るぐらいは朝飯前のことであるから、まず大阪城乗っ取りを策して、これが巧くいったならば、天下を二分にして争うことになるのだ、こう考えて林は壮士を集めるために、大急ぎで帰国することになった。

しかるに問題がここに進んで行ったころは、もう熊本城は陥落に近づいてきて、戦争の前途にも見こみが着いていたのみならず、政府のほうへは陰謀の内容が、筒抜けに知れていたので、熊本の包囲が解けて、戦争の大局が決すると同時に、捕縛しようということになっていたのである。

昔から謀叛《むほん》をする者に金力の充実していたのは、ひとつもないように思われる。およそ世間に不平をもち、時の権力者に反抗するというのは、実際の力がそれに対抗しうるだけのものでなく、したがってその力の及ばぬところから起ってくるのが不平である。多くは金のない、理窟の多い人物がそれにあたることになる。由比正雪《ゆいしょうせつ》が、あれだけの学問と見識と計画とをもっておりながら、事を挙げえずに倒れたのも、詮じ詰めれば、金力の欠乏が原因になっているのだ。もし正雪にして充分の金力があったならば、とっくに兵を起していたに違いない。惜しいかな、その一事において欠けるところがあったから、計画も長引きそのうちには秘密も漏れるというようなしだいで、万事は蹉跌《さてつ》してしまったのである。金が充分にあって、計画の熟しているものならば、副将の丸橋忠弥《まるばしちゅうや》が江戸城の御濠端《おほりばた》に行って、煙管《きせる》の雁首《がんくび》を眺めているがごとき馬鹿なことをするはずもない。こういうようなわけで、昔から不平があったり、議論を多くするものは、たいがい貧乏人に限っている。岩崎や三井の主人は、まず永久に謀叛をせぬものと見るのが当然だろう。

現在の政治家にして、もっとも理窟に巧みで、演説に民衆の心を惹きつける者は、たいがい金のほうになったら、ほとんどお話にならない者が多い。家に帰れば、米櫃《こめびつ》に蜘蛛《くも》の巣が張って、子どもの学費にもさしつかえるというような苦しみをしていても、ひとたび民衆を前に演壇に立って「諸君よ」と叫んだとき、ワッと起ってくる鬨《とき》の声は、この生活の境遇から免《のが》れて、なんとも言えぬ快い心持《よ》ちになって、わずかにその寿命が伸びるというのありさまであることは、少し政治家の内情に通じた者は、みな肯《うなず》く事実であろうと思う。

まずそうした内情で、陸奥や林の謀叛も事を挙げるまでに到らなかった。熊本城の包囲が解けて、戦争の大局が決すると、政府はただちに林を捕えて獄に下した。それと前後して、大江卓、鷲尾隆聚《わしのおたかつむ》、片岡健吉、谷重喜、藤好晴、林直庸《はやしなおつね》、池田応助、西山志澄、その他の者も縛に就いて、裁判所の取り調べを受けることになった。

これらの人を押えるまでには、相当の証拠が挙っていたのであるから、ほとんど無罪になる人がないというまでに取り調べは進行した。

しかるに独り陸奥だけは捕縛を免れて、明治十一年の春を迎えても、政府はさらに捕えようとしなかった。また陸奥もきわめて平静を装うて、同志はすべて入獄の憂き目に遭っているにもかかわらず、自分は毎日のように、元老院へ出て執務していたのであるから、その横着さかげんが思われる。

どういうわけで、政府が独り陸奥を捕えずにおいたかというと、当時の元老院は、非常に権威あるものであったのみならず、議官の幹事でも勤めていようという陸奥を押えた以上は、どうしても無罪放免にもできぬ。なんでもかでも、有罪にしてしまわなければ世間に非難が起る。ことに外国政府との関係を思えば、これほどの大官が、政府に謀叛を企てたというようなことは聞かしたくない。これは政府の信用にも関することであるから、まず免《のが》れるものならば、陸奥だけは押えずになんらかの方法で、これを戒飭《かいちょく》することにしたいくらいの考えでいたために、陸奥は捕えられずにいたというのが真相である。

ところがだんだん取り調べが進んでゆくと、どうしても免《のが》れえぬ罪跡がひとつ挙がった。それは豊前中津《ぶぜんなかつ》の士族、川村矯一郎《かわむらきょういちろう》という壮士に自分の刀を与えて、木戸孝允を襲わした一事である。

木戸は内閣顧問として維新の三傑であり、かたがた長州藩閥の政治家中、もっとも重きをなした人であるから、こういう人を暗殺しようとした事件に、陸奥が深い関係のあったのみならず、自分の刀を渡してやったというような証拠が挙がって来れば、どうしても恕《ゆる》すことはできない。

木戸が京都におったとき、川村が途中にこれを要撃しようとしたのだが、木戸は斎藤弥九郎の門人で剣術においては屈指の傑物であったから、川村は反対に叩きつけられて、その持っていた刀を取り上げられてしまった。自分は身を以て免《のが》れたけれども、肝心の凶器は、木戸の手に残っていたというのが、裁判の案件のひとつになってきたから、いかにしても陸奥を免《のが》れさせることはできぬ。

明治十一年の四月になって、いよいよ陸奥を捕縛するということが決定した。その前晩に、有栖川宮家《ありすがわのみや》から陸奥へ御使いが来て「すぐに参れ」ということであったから、陸奥はただちに宮家へ伺候《しこう》した。

有栖川宮〔熾仁《たるひと》親王〕は、大西郷と陸奥をことに御寵愛になって、平生から国事についてはその意見を求められることがしばしばであった。こういう関係から、陸奥はいつものとおり、なんらかの国事について御下問のあるものと考えて出かけていったが、意外にも事は自分の陰謀事件に関係していたのである。判然《はっきり》それを仰せられるようなことのないのは、言うまでもないが、ただこういう御沙汰であった。

「事、今日に到っては、もはやなにごとも申さぬが、おまえはすみやかに職を辞して、御沙汰を待つことにしたらどうであるか」

ふつうの者ならば、こういう御言葉を受けた以上、ひとえに恐縮して、ただちに辞職を誓うにきまっているが、陸奥は謹んでこう申し上げた。

「御言葉にはしたがうべきでございまするが、いやしくも男子の出処進退でありますから、いちおう帰宅の上、熟考いたしたるのち、さらに奉答いたしまする」

こう言われてはいかんともいたしかたがない「さようか」とおっしゃって、陸奥は御暇《おいとま》が出て屋敷へ帰ってきた。その翌朝食事をしているところへ、警視庁の捕吏が踏みこんで、陸奥は拘引されて裁判所へ廻されることになった。

当時の係官は玉乃《たまの》判事とほか二名であったが、主として玉乃が調べたのである。この人は、のちに大審院長になって死んだ世履《せいり》のことであって、明治の大岡越前守《おおおかえちぜんのかみ》と綽名《あだな》をされた名判官《めいはんがん》であった。陸奥が頑固に事実を否認しても、すでに押えられた証拠は免《のが》るるに途《みち》なく、ことに巧みな玉乃の訊問ではいかんともするを得ず、ついに服罪していっさいの事実を白状に及んだから、陸奥の罪跡はここにおいて決まったわけである。

西南戦争は済んで、この事件も結審することになった。大江卓、林有造、陸奥宗光の三人は禁獄十年、その他の者はそれぞれ軽重の別はあったが、すべて五年以下で、数十名の被告人が禁獄されることになった。

この際におもしろいことがあった。それはほかのことでもないが、まだ司法権が独立をしていない当時であったから、国事犯に関する刑罰は、係りの裁判官がだいたいにおいてその量定をした上、その見込書を内閣へ廻して、それから勢力ある大官が、これを認めるか否かということによって判決が下るのである。この法式は、旧幕時代の習慣がそのままに継続されていたのであった。幕末には国事犯の取り調べは、すべて龍《たつ》の口《くち》の評 定所《ひょうじょうしょ》でしたのであるが、訊問が終り、判決が内定すると、老中の御用部屋へその判決見込書なるものが廻ってくる。それに対して大老以下の老中が調印する。これを御用部屋の加判と称して初めて公然の判決書ができるわけになっていたのだ。それをそのままに承継《うけつ》いで、明治政府の初めには、国事犯に対しての刑の量定は、すべて内閣へ廻わしてから決したのである。

このときに例の井上馨が、陸奥の姓名の上に禁獄十年と書いてあったのを朱筆で線を引いて、その傍《かたわら》へ五年と改めて書いた。他の大官がこれを視ても強いて反対しなかったから、主謀者の三人中、陸奥は五年の刑で済んだのである。

井上と陸奥は大蔵省以来、はなはだその関係はよくなかったのであるが、独り陸奥の刑罰を軽くしたというところに、井上の善い性質の一部が現われていると思う。井上という人は、元来が片贔屓《かたひいき》のわがまま者であって、それがためにとかくの批評を惹き起して井上を憎む者は、あたかも国賊のごとく言い触らし、また井上を崇拝する者は、日本唯一の政治家なるがごとくに言い、善悪両面の批評をもっていた人である。賞《ほ》めて言うことが、必ずしもよいとは言えないが、というて悪く言う批評をすべて正当とも言えない。要するにいずれにしても公平を欠いた判断であろうと思う。陸奥に対する減刑の一事のごときは、明らかに井上の性格の善い半面を現わしたというてよかろう。

こういうしだいでいよいよ事件は決定して、有名な土佐派の陰謀なるものは、落着を告げたわけである。次に起ってきたものが、竹橋《たけばし》暴動事件であるから、まずそれについて概説することにしよう。

竹橋暴動

維新前後に紀州藩から出た人物のなかで、特長を有《も》った傑物がふたりあった。ひとりは北畠道龍《きたばたけどうりゅう》で、他のひとりは岡本柳之助《おかもとりゅうのすけ》であった。北畠が僧侶として、一種の怪物であったことは何人《なんぴと》も知るところである。インドから仏骨を携えて帰った当時の北畠は、日本の僧界を圧するのありさまであったが、あまりに覇気満々であったために、その末路はかえって振わなかったが、とにかく、謀叛気《むほんぎ》があって、なにごとかなさねばやまぬという気風のあった一事は、ふつうの僧侶とだいぶその趣を異にしていた。

それを岡本に比較するのはちと非倫ではあるが、一種の奇物であったという点において異なるところがない。彼にどれほどふつうの人物と異なった点があったかは、年いまだ二十歳を出でずして、紀州藩の隊長、いまでいえば大隊長と同じ位地を得たということだけでも、その人となりの一斑が窺われる。

維新前後にこういう経歴をもった人は、桑名《くわな》藩の立見鑑三郎《たつみかんざぶろう》〔尚文《なおふみ》〕と、この人よりほかにはない。

立見は桑名藩の立場からやむをえず薩長の二軍に対抗して、朝敵の名は取ったけれども、当時の勤王佐幕なる意味は、議論の相違から来たものであって、勤王派であるがゆえに、そのなしたことのすべてがよいとは言われないと同時に、佐幕派のなしたことも悪いとのみは断ずることはできない。勝てば官軍負ければ賊という譬《たと》えのごとく、薩長は戦いに勝って、天下の権を握ったから正しいものとなり、佐幕派は戦いに負けたから、いっさいのことが悪いとされてしまったのである。

あたかも徳川家康《とくがわいえやす》が天下を統一したために、石田三成《いしだみつなり》がけっきょくつまらない人間にされたのと同じことであって、世間のことは成敗のみによって、視ることのできないとは、こういう場合をいうのであろうと思う。されば桑名藩が、佐幕の立場にあったからというて、その藩士のすべてが国賊なりということもできぬわけだ。

立見は藩の方針にしたがって、三百の兵を率い越後路に向って落ち延びたのち、河井継之助《かわいつぐのすけ》と組み未成年の身を以て、官軍を駈け悩ましたことは、その幾度《いくたび》なるかを知らない。

現に先ごろ死んだ山縣有朋のごときは、長州の騎兵隊長と称して、すこぶる名声を馳せ、北越征討の参軍を勤めていたほどであったが、長岡附近の一戦に、立見のためにひどく打ち破られて、肝腎の刀を置いてほうほうの体で逃げたこともある。その刀は立見の手に入って、長く山縣を嘲弄《ちょうろう》する証拠となったというくらいで、さすがの山縣もこの一事にはまことに恐縮していたものである。

この人と岡本のふたりが、未成年者でありながら、一隊の兵士を率いたという特殊の経歴をもっていたことは、多く世間に伝えられていないが、じつに驚くべき天才肌の人であった。

明治十年の西南戦争について、論功行賞の上に、非常な争いのあったことは隠れもなき事実であるが、ことに近衛兵のなかには、その不平がはなはだしく、寄ると触るとその話ばかりであった。

岡本は当時砲兵中佐として、年もいまだ二十七という若盛りであり、元来が覇気に富んでいた上に、なかなか、議論家であったため、いつも不平派の急先鋒であった。

薩長二藩の出身者が、非常に勢力を占めている陸軍部内にありて、自分は紀州出身なるがために、思うように出世ができない。これについての不平も加わり、かたがた以てなにごとかなそうという考えがあった。近衛兵内の動揺に乗じて、事を起そうと謀《はか》ったのが、そもそも竹橋暴動の原因である。

明治初年に兵部省《ひょうぶしょう》ができた当時は、海軍と陸軍は分立しておらず、たんに兵部省の名によって、両省の軍務は取り扱われていた。最初の兵部大輔大村益次郎が暗殺され、二代目の兵部大輔前原一誠が辞職したのちに兵部省は二個《ふたつ》にわかれ、海軍、陸軍の両省になったのである。

その前後に陸軍部内でもっとも勢力のあったものは、いうまでもなく西郷隆盛であるが、その西郷が心服していたのは、紀州出身の津田出《つだいずる》であった。

今日の軍制の基礎は、その一半は大村が築き、他の一半は津田の力で成ったというくらいで、非常にすぐれた人物であった。西郷が、いつも自分で決しかねる事柄は、すべて津田に相談してから決めるというくらいに、深い信頼をもっていたのである。この一時においても、津田の人となりの一斑は想像ができる。

岡本も津田が長く陸軍にいたならば、おそらく不平を起すようなことはなかったろうが、津田が早く官を退いて隠遁《いんとん》し、西郷が乱を起して戦死したのちの陸軍は、頭《かしら》を失い、手足ばかりの陸軍であったから、おのずからそのなすところにも不徹底のところがあり、また偏重していた点もあって、それらの関係から、岡本も不平を懐くようになった。

近衛兵は元来西郷が編成したものであって、その以前には、禁闕《きんけつ》守護の兵はなかった。明治二年に西郷が辞職して、いったん鹿児島へ帰ったことがある。六年の征韓論で、西郷の辞職したことは何人《なんぴと》も知っているが、その前の辞職は、ほとんど知る人が少ない。いかなる理由によって、西郷は辞職したかというに、彼はじつによく己を知っていた。維新の鴻業をなし遂げた以上、もはや自分のなすべきことはここに尽きたのであるから、強いて官職に甘んじていることは、己を誤る所以《ゆえん》であるというので断然職を辞してしまったのであった。

ところが西郷のいなくなったために、政府部内が動揺しはじめた。大久保と木戸がいたけれども、これはいずれも政治家の偉材であって、一国の経営をしてゆく上に、非常な力はもっていたが、人心を収攬《しゅうらん》して、その当時の政府を無事に抑えてゆくという点になると、いささか欠くるところがあった。西郷はどことなく大きい型の人で、たいがいの事柄は、西郷の顔を見ただけで納まるという傾きがあって、西郷に去られたのちの政府部内に、動揺を起したのは当然の事態である。

ここにおいて、大久保と木戸は、岩倉に相談して、西郷を喚《よ》び返すことになった。これがすなわち、西郷をふたたび迎うるための勅使に、岩倉が御沙汰を受けた事情である。大久保と木戸は、その副使として鹿児島へ下った。

岩倉が西郷に逢うて、その意見を聞くと、

「維新の鴻業は、幕府を倒して天子親政の実《じつ》を挙ぐることが、その目的であったにかかわらず、明治政府が成立して以来、その力が薩長に偏重して、公議輿論《こうぎよろん》を無視する風のあるは、はなはだよろしくないことである。この状態では幕府は倒したが、さらにまた変体の幕府を起したと同一であるから、自分はかくのごとき政府に留まることはできない。ことに自分のなすべきことは、なしつくしたのであるから、職を辞したのであって、別に深い意味はないのである」

これを聞いた岩倉は、

「しからばその意にかなうとおり、政府を改造するから、もう一度帰ってくれ」

というて、しきりに政府へ復帰を促がしたので、西郷もついにふたたび政府へ復帰することを諾した。

このときに土州藩からは、板垣、後藤の二人が参議に登用され、肥前藩からは、大隈、大《おお》木《き》［喬任《たかとう》］、江藤、副島の四人が参議に引き上げられ、薩長土肥の称は、これからのち起ったのである。

わずか四藩から人物を引き出して、公議輿論の実を挙げるというのも、おかしなわけであるが、そのころの事情としては、まずこのくらいのものであったかもしれない。

前に述べた事情で、西郷が国から出てくるときには、七十余名の壮士を率いてきた。これを市《いち》ヶ谷《や》の尾州邸に置き、天子みずから政を纔《みそな》わせらるるという今日に相成《あいな》って、禁闕守護の兵なしとは、はなはだもって怪しからぬことであるとて、これを御親兵《ごしんぺい》と名づけた。

このことを聞いた長州藩の連中は驚いて、これまた御親兵を組織し、土州も肥前もその他の藩も、それぞれ御親兵を組織した。それがのちにおいて一団となり、近衛兵なる称が起ったのである。

これをもって観ると、近衛兵の編成は、西郷がその主たるものであって、最初の近衛兵営には、薩人の将校が多くいたというのも、まったくこれが原因である。

近衛兵の縁起は、以上のとおりであるが、西郷の心がすでに公議輿論を重んずるところから、薩長土肥以外の人物でも、相当のものはこれに加わって、禁闕守護の任に当っていた。

岡本のごときもそのひとりで、そのころにおいてはなんらの不平もなかったのであるが、西郷の去ったのちの陸軍は、その主力が山縣の身に集まり、まったく長州の陸軍たらんとする徴《ちょう》が現われてきたために、その他の藩から出た者の不平はようやく激しくなってきた。

西郷去り、薩人また多く去ったのちは、長州派にその勢力の偏重することは、やむをえぬ事態とはいうものの、それではとうてい満足に治まってゆく道理がない。いわんや西南戦争には、山縣が監軍の職にあり、その乱の終ってのちの陸軍は、ほとんど山縣の頤《あご》ひとつで、どうにでもなるという状態になったので、山縣系以外の軍人が、不平を懐《いだ》くのも当然のことであろう。

ことに論功行賞の上に不公平があったところから、近衛兵が動揺したというのはありうべき事柄であって、この点については、山縣系の人がいかに弁解に努めても、その統轄のしかたが悪かったということはいいうるのである。

岡本はたんなる軍人ではない。幾分か政治家風のところもあり、相当に学問もあって、智略にも富んでいたので、近衛兵の不平を利用して政府を覆すべく、その計画はかなり進捗《しんちょく》していたのであった。しかるに事を発する少し前になって、同志中の二三者が臆病風《おくびょうかぜ》に誘われて、政府へ事件の内容を密告に及んだため、政府部内にてもおおいに驚き、とにかく事の発せざる以前において、はやく鎮圧してしまわなければならぬとなったのが、竹橋暴動なるものの起った事情である。

当時は西南戦争はかろうじて終局したとはいえ、いまだ陸奥、林、大江らの疑獄は、審理中であったのみならず、国内の人心が、なんとなく落ちつかなかった。かかる場合に、近衛兵が暴動を起したとすれば、その勢いの赴くところ、いかになるか測り知ることができぬ。ここにおいて、政府は事の起らざる以前に逆襲して、事を小さく治めるほかはなかったのである。

この戦いはわずか二三時間にして終ったけれども、近衛兵営から宮城《きゅうじょう》へ向って、大砲を打ちこんだという奇怪なるできごとは、いっさい秘密に附せられてしまったが、その当時東京市中の騒擾《そうじょう》は、なかなか豪《えら》いものであった。

ちょうどそのときに岡本は、部下の兵士を率いて滝《たき》ノ川《がわ》方面へ、遠足に出ていたのである。だいぶ時間を費して、日が暮れてから帰途についた。折柄、近衛兵営の方面に当って砲声がしきりに聞えてくる。岡本は思わず鞍壺《くらつぼ》を打って、

「失敗《しま》った」

と叫んだが、もはやいかんともすることはできなかった。

けれども岡本はすこぶる落ち着いたもので、部下の兵士を随意に兵営へ帰らせ、自分はただ一人《いちにん》、悠然として帰ってきたところを取り押えられて獄に投ぜられた。

この暴動に参加したものは、深川《ふかがわ》の越中島《えつちゆうじま》へ送られ、銃殺されたものは数十名の多きに及んだ。しかるに岡本は、入獄取り調べ中、遽《にわ》かに発狂して暴れ廻るので、いかんともすることができない。やむをえず狂人は法律によって、羈束《きそく》することができないという意味にて放免の言い渡しを受けた。不思議なことには、その翌日から発狂は全快して平気な顔で市中を歩いていたということである。

その代わり「終身文武の官に就く事を禁ず」という申し渡しがあった。それがため岡本は、生涯官途に就くことを得なかったのである。

かれこれするうちに、陸奥が出獄したので、たんに同郷の関係があったのみならず、さすがに岡本も、陸奥には深く私淑していたので、陸奥の世話になっていた。

その後陸奥が外務大臣となり、朝鮮の独立問題を決すべく日清戦争を起した。その前に、

岡本と林の二人を密かに朝鮮へ送り、この戦争の起るように、種々のことをやらせていた。

かくて日清戦争は起り、すべてが陸奥の意のごとくなって、朝鮮に対する発言権のすべてを支那から奪った。日本は朝鮮問題に対しては、すこぶる好都合な立場となった。岡本は、このときに「終身文武の官に就くことを禁ず」という申し渡しは解禁されたが、しかし彼は、役人になれなかったのだから、やはりその禁令のあったも同様であった。陸奥の骨折で朝鮮政府の陸海軍顧問となり、すこぶる勢力を得ることになったけれども、それもわずか一瞬の夢で、ロシアの勢力が漸次朝鮮に伸びてくるとともに、王妃閔氏《びんし》が親露派に早替りをなし、同時に岡本はその職を解かれて、ふたたび浪人生活に入ることになった。

戦後に井上馨が公使として朝鮮に赴任した。いかに井上が強情でも、ロシアの潜勢力には打ち克つことができなかった。半年経つか経たないうちに、職を辞めて帰ってきた。その後任に据えられたのが、例の三浦梧楼《みうらごろう》であった。これも井上と同じく、ロシアの外交に打ち克つことができず、進退ほとんど谷《きわ》まってしまったが、井上のように疳癪《かんしやく》を起して帰ることはしない。なにしろ三浦のことであるから、捨鉢《すてばち》的の仕事を始めた。それがすなわち王妃刺殺事件である。

三浦は王妃を刺殺して、親露派の殲滅《せんめつ》を図り、ロシアの勢力を駆逐して、朝鮮政府の権力をわが政府において握らんと考えた。王妃刺殺のことは目的を果したが、けっきょくは滅茶《めちゃ》滅茶《めちゃ》にしてしまった傾きがあり、対韓政策はこれよりまったく新たに立てなおすのほかはなかった。この王妃刺殺について、四十余名の壮士を率いて王城に斬りこんだのが、すなわち岡本であった。

岡本一代の行事としては、曩《さき》に竹橋暴動事件あり、のちに王妃刺殺事件がある。一種の蛮《ばん》骨《こつ》は世間から認められていたが、晩年ははなはだ不遇にして、支那、朝鮮のあいだを往来し、酒を飲んでは気焔《きえん》を吐き人を驚かしていた。ついに豪酒が病因をなして、数年前《ぜん》、上海《シャンハイ》の客舎で吐血して死んだ。その晩年はかくのごとくであったが、しかしその背後に相当な人物があって、彼の癖を呑みこみ、巧みに利用したならばたしかに相当の仕事はしたのであろう。陸奥が去ってのちは、岡本を利用しうる政治家なく、かかる豪傑肌の男を空しく異域の土と化せしめたことは、いかにも遺憾千万である。

三菱会社の勃興

三菱《みつびし》は現今、日本の財界において、三井《みつい》に拮抗《きっこう》しうる大富豪になっているが、岩崎《いわさき》家の先代たる弥太郎《やたろう》の出身はきわめて低いものであった。土佐国安芸郡《あきごおり》井口村《いぐちむら》の、きわめて貧しい農民から出たものであって、一代のうちに三井と肩を並ぶるまでの仕事をなしたのであるから、たんにこの点から観《み》ても傑物であったに違いない。

三井は藤原道長《ふじわらのみちなが》から出て、まったく民間の人となったのであるが、二代目の人に子なく近江《おうみ》源氏の佐々木から養子を迎えた。したがって系図は藤原家となっているが、血族の上からは、佐々木の続きになっている。いまでも三井本家の主人は、高という字を必ずつけることに決まっており、定紋《じょうもん》としては、四ツ目を用いているのは、すなわちこの事情からである。

三井家はかくのごとく長い歴史をもっている富豪であって、岩崎のような一代の紳商《しんしょう》ではないが、いずれにしても日本においては、この二者が富豪の横綱であるといわれている。五百年もしくは六百年の久しきにわたり、なんらの蹉跌もなく経過してきた三井が、今日のごとき地位を贏《か》ち得たこともじつに珍らしいことではあるが、また一代にしてわずか二三十年間に、幾億円の産を興《おこ》し三井に拮抗して、日本の財界を代表する岩崎も、また偉なるものがあると思う。

したがって岩崎のことを少しく述べておく必要がある。同時に三菱会社を起して、岩崎家が大富豪となるべき原因を作った関係上、同会社についてひととおり述ぶれば、おのずから岩崎家の事情も、判明することと思う。

土州藩は幕末において、山内容堂《やまのうちようどう》という英主が出たため、各種の事業をしていた。容堂の名は豊信《とよしげ》といい、大名には珍らしいほど常識に富み、かつ学問も深く、その文字は山陽[頼山陽《らいさんよう》]に学んで、ほとんどその塁《るい》を摩《ま》している。詩、文章のごときもまったく大名の道楽としてはできすぎたほどである。その気性も非常に優れ、覇気が多かったため、親戚および老臣たちはおおいに心配して、早く隠居をさせてしまった。

徳川時代の大名は、あまり賢明なるものは喜ばれず、藩主が賢明に過ぐるときは直《じき》に幕府が注目し、なんらかの機会《おり》において、取り潰してしまうというような、悪辣《あくらつ》なる手段を取ったので、各藩ではなるべくそれを避けようとし、藩主になるべき人は、教育する時分に、親しく側近《そば》にあって教養すべき傅役《ふやく》の人物は、藩中においても非常に勝《すぐ》れたる人を選ぶ傾きがあった。勝れたる人物を選み傅役の任に当らしむるのは、勝れたる英主を作り上げるというのではなく、勝れたる人と、愚かなる人との中間人物を作るというのが本来の目的で、このために各藩では、なかなか苦心したものである。

しかるに容堂は、非常に勝れたる英主であったため、早く隠居させられたのである。現代の事情から推して観ればはなはだおかしなことであるが、当時の事情としては、ふつうのことにしてただに容堂のみに限らず、その他にもこれに類したことは、たくさん見られたのであった。

容堂が隠居したのは二十八歳のときで、隠居してからのちにおいて、多くの仕事をおこない、人にも知られるに至った。土佐の隠居と言えば、日本の隅から隅まで鳴り響いていたものである。容堂の号は、いかなる動機からつけたかというに、藤田東湖《ふじたとうこ》の書いたものに原因しているのである。先ごろ、東湖の七十年祭がおこなわれ、朝野の名士が盛んにその逸事について講演した。東湖の勝れたる人物たることは、いまさらいうまでもなく、水戸烈公《みとれっこう》［徳《とく》川斉昭」に深く愛されて、ほとんどその左右を離れたことのないくらいで、東湖が去ってのち、烈公の評判がはなはだ悪くなったという一事に徴しても、いかに補佐の力が深くあったかが想像される。

ある日東湖が、烈公の前に出ていたとき、

烈「おまえは、どうも酒が過ぎるようであるから、少し慎んではどうであるか」

こういう御言葉が下った。東湖はこれに対して、

東「酒を飲んでは悪いのでございますか」

と、東湖は尋ねた。

烈「イヤ、飲んで悪いとはいわぬが、あまりに過ぎると、そのほうの健康に障《さわ》る。予はそのほうをもっとも大切のものと思うておればこそ注意するのであるから、少し節酒したらどうであるか」

東「恐れ入りました御言葉で、御意《ぎょい》に基づいて、本日より断然禁酒いたしまする」

烈「禁酒するまでには及ぶまい」

東「しかし、私《わたくし》は節酒などという女々しいことはできません、いっそ飲まぬものとするならば、一滴も飲まぬのがかえってよろしいように思いますから、禁酒いたします」

烈公は非常に喜んだ。

烈「そういうことに相成《あいな》れば、なおさらのことである、本日限り禁酒したがよかろう」

東「それにつきまして、御願いのしだいがございます」

烈「なにごとじゃ」

東「私も禁酒いたしまする代わり、わが君におかせられても、お慎《つつし》みを願いたきことがございまする」

烈「それはなにごとじゃ」

東「恐れながら、女色をお慎みくださるように、願い上げまする」

遠慮もなく、東湖が一本、ギュッと突っこんだ。烈公は周章《あわ》て、

烈「おまえの禁酒は、いずれのことにして、少しは飲んだらよかろう」

烈公はきわめて女の癖の悪かった人である。それを東湖が、よく知っていて逆襲したので、とうとう禁酒せずにすんだという逸話がある。君臣のあいだもかくまでに隔てがなくなれば、すでに友人の関係に等しいものだ。

豊信はある日小石川《こいしかわ》の御館《おんやかた》へ招かれて、烈公から馳走になった。いまの砲兵工廠《ほうへいこうしょう》のあるところ［現在の東京ドーム周辺］が、昔の水戸の屋敷で、昔はこれを小石川の御館と称していた。例によって東湖は烈公の側《そば》にあって、豊信の接伴《せっぱん》にあたっていた。豊信は東湖に向い、なにかひとつ揮毫《きごう》をしてくれと乞うた。東湖はただちに筆を執りすらすらと書いて豊信に渡した。それには「容衆言者名君也《しゅうげんをいるるものはめいくんなり》」と書いてあった。これを見た豊信は、その翌日から容堂と号するに至った。書いて渡した東湖も偉いが、その意を体して、すぐに容堂と号

をつけた豊信もふつうの大名と、おおいに異なるところがあったと思う。かくのごとき人物なるがゆえに、隠居してのちも藩主以上に権力を有し、種々《いろいろ》なる仕事をした。現に坂本龍馬が編成した海援隊なるものも、容堂の了解を得てやったことであり、その資金の一部は、容堂の手許金《てもときん》から支出されたと聞いている。

容堂は藩の仕事として、土佐商会なるものを起した。これは藩の財政が、非常に窮乏せる結果、これを救済する意味において起した商会であった。要するに、土佐の産物を他国へ輸出し、これを売り捌いて、その純益を以て、財政の整理に充当してゆこうとの考えからであった。

藩の仕事として商売をするのであって、今日から思えば、ずいぶん圧制なやりかたではあるが、土佐の国産を生産者が直接に、他国へ輸出することを禁じ、藩庁が幾分の利益を与えて、いっさいこれを生産者から買い取り、大阪および長崎に、出張所を設けて、盛んに他国へ売り捌くというやりかたで、その監督の任にあたっていたのが後藤象二郎であった。

これがために財政の幾分は補うことはできたが、しかし藩の財政は依然として苦しかった。土佐は二十四万石と称するが実際の収獲高は、三十二万石以上に達したと伝えられているほどにて、きわめて内福の大名ではあったが、容堂があまりに仕事をなしすぎ、同時に交際上にも、多額の金を使ったので、これらの関係から、自然と財政の窮迫をきたしたのである。

徳川幕府が倒れて明治の代となるや、土佐商会はまもなく閉鎖してしまった。しかし商会が、使っていた船があるので、これを利用して海運業を創始することとなり、新たに組織されたものが九十九《つくも》商会である。そのころから弥太郎は、藩吏《はんり》としてこれに関係することとなったが、それも廃藩置県の当時、藩の貸借整理の上から、九十九商会も手離すこととなった。そのときここに、後藤が容堂に説き、弥太郎へわずかの金で、譲り渡すことになった。ここに弥太郎は藩吏を辞め、海運業者として世に立つことになった。

はじめ弥太郎が土佐商会へ関係していたとき、大阪、長崎両所において、弥太郎があまりに豪遊をきわむるのみならず、商会の収入がはなはだ不明なりとの非難の声が高まり、ついに藩から石川七財《いしかわしちざい》という人がその調査に大阪へ出向した。

しかるに岩崎は、七財をわざわざ島之内の料亭に迎えて盛んなる歓待をなし、かつ熱弁を揮って、おおいに説くところがあったため、七財も弥太郎の人物に心服し、弥太郎の素行やら、出張所の内容を取り調べのため出張せるにもかかわらず、自分の用向きを曖昧にして、帰国してしまったのみならず、かえって弥太郎を庇護した。

これぞ岩崎および三菱会社の勃興に際し、創業第一の功臣として、のちに七左衛門《しちざえもん》と名を改めた人である。同時に川田小一郎《かわだこいちろう》、荘田平五郎《しょうだへいごろう》、豊川良平《とよかわりょうへい》の三人が、藩の関係を離れて、弥太郎のために働くことになった。弥太郎の人となりも、善かったには相違なかろうが、第一に石川を得、次に川田、荘田、豊川の三人が左右にありて、帷幄《いあく》に参したために、一大富豪となるを得たのである。

九十九商会の時分には、船も十艘を越えず、あまり大きなものでもなかったが、台湾征伐のとき、その運送御用を引き受けたときから、そろそろ頭を擡《もた》げてきた。弥太郎が大隈を介して、時の権力家大久保を説きつけ、政府から金を出させて、数艘の汽船を買い入れさせ、これを利用して、台湾征伐の御用を無事に果し、その役《えき》の終るや、その船はいつのまにか、九十九商会の所有に帰してしまったのである。

その後、三菱会社と名称を改めて、東京、大阪、長崎のあいだに、手広く海運業を営むようになった。ところが、福運はしきりに岩崎の家に廻って、明治十年には西南戦争が起った。

西郷隆盛がただひとりの力で集めたものは、わずか二万を出でざる小人数《こにんずう》ではあったが、その戦闘力の強いこと、じつに驚嘆すべきものがあった。全国の鎮台兵が総がかりで戦ったけれども、まったくこれを討滅するには、半歳以上も要したくらいで、一時は勝敗の決いずれにありやと、それさえ疑われるくらいであった。したがって、軍隊や兵糧《ひょうろう》の輸送について、政府は非常に苦しんだ末、岩崎にそのいっさいを託することになった。

このときに岩崎は政府へ建白して、五百七十万ドルの金を支出させ、自分がこれに三十万ドルの金を加え、十隻の汽船を外国から買い求めて、御用に応じて、西南戦争が終ってのち政府から出させた五百七十万ドルで買った船は、もらったのでもなく払い下げたのでもなく、なんだかわけのわからぬうちに、岩崎の手に帰してしまったのである。

表面において、陸軍省から支払われた運賃だけでも四百万円以上に上っている。こういう事情から、三菱会社の基礎は堅固になり、岩崎家の資産は、遽《にわ》かに増してきたのである。その他細事にわたって述ぶれば、これに類せる事柄はたくさんあるが、ともかく、国家が戦争のために、いかなる結果となるやわからぬという安危の破目に陥っている、その機会に乗じて、この手段を以て攻めつけていったのだから、岩崎の力の強いことも確かであるが、しかし一面からは、あまり悪辣なる彼のやりかたに対して、なかなかに非難も多かったのである。その仲介を勤めたのが大隈であったから、いまでも大隈家と岩崎とは因縁があり、重信の生存せるあいだは、年々岩崎家から少なからぬ台所《だいどころ》料《りよう》なるものが支出されていたということは、公然の秘密であった。前年大隈邸が焼失した時分にも、岩崎家はただちに見舞金として十万円を贈っている。焼け太りとは、こういうところからいうのであろうが、三年に一遍ずつ家を焼いて十万円ずつになるとすれば、保険料を払っておく必要はなかったという蔭口をなすものもあったが、それはまんざら悪口とのみ聞くわけにはいかない。

この西南戦争のあいだに、太平洋汽船会社と、PO汽船会社との競争があり、太平洋汽船会社は、米国人の経営にかかり、横浜に支店を設け、日本沿岸の海運業を壟断《ろうだん》しようとかかったのであるが、これについて大久保内務卿は、非常に心配して外国人のために、沿岸の海運権を握られては、それこそ一大事であるという意味から、岩崎家に内命を下して、政府から少なからぬ補助金を与え彼と競争をさせた。その結果、競争は永く続いたのであるが、いつまでも競争していては、岩崎家の基礎にも亀裂《ひび》が入るわけであるが、岩崎は大久保を説いて、太平洋汽船会社の権利を七十万円にて買収し、船舶も相当の代価を以て買い取り、これによって競争は打ち切りとなって、太平洋汽船会社は、日本の沿岸から引き揚げてしまった。その代わり同会社に属せる権利の船は、岩崎家の手に帰してしまった。

ＰＯ汽船会社との競争は、かなり激烈をきわめたが、これも政府の後援があるために、岩崎家の勝利に帰して、さすがの米国人も旗を捲《ま》いて、本国へ引き揚げたのである。

こういう種々《いろいろ》の事情から三菱会社の力は、非常に大なるものになり、岩崎家の富も、驚くべき増殖を致したのである。その後における三菱会社の商売ぶりというものは、はなはだしき専横ぶりを発揮し、乗客はあたかも豚のごとく取り扱われ、貨物の賃金などは、荷主の懐を考えず、ボリ放題に取り上げたものである。そのために、世間の非難がようやく起ってきたのみならず、沿岸の海運業者との軋轢がはなはだしくなり、三菱会社専横の声が非常な勢いで勃発した。

同時に政府部内においても、あまりに岩崎家の富が増殖してゆくのと、三菱会社の事業が、拡張されてゆく、この二つの事情から考えて、なんとか牽制策を講じなければならぬという議論が日を逐うて高くなってきた。民間においては田口卯吉《たぐちうきち》が、東京経済雑誌紙上において、盛んにその横暴を痛撃するというようなありさまで、政府部内の岩崎征伐論は、勢いを占めてきたのであるが、その指導者は農商務大臣の品川弥二郎であった。品川の背後には、西郷従道が控えていた。

この二人が政府部内の意見を取りまとめて、ここに民間の実業家を煽《おだ》て上げ、三菱征伐を始めたのである。沿岸の小さい海運業者はすべて発起人となり、その他の実業家を加えて、表面には名を現わさなかったが、渋沢栄一《しぶさわえいいち》が音頭取りとなって、ここに共同運輸会社なるものが、創設されたのである。

その資本金の一半は政府が負担し、盛んに競争を始めた。当時岩崎の弟、弥之助《やのすけ》は米国から帰朝して、この競争会社の創設に対し、盛んに反対運動を試みたがその甲斐なく、ついに競争しなければならぬ破目に陥ったのである。その競争がいかに激烈であったか、一例としてこういうことがあった。

横浜から神戸へ行く船賃は、乗客一人について、三菱会社の独占時代には、金五円五十銭であった。それが共同運輸会社の起って、いよいよ競争開始を見るや、遽《にわ》かに一円五十銭に低減され、果てはただの五十銭になって、弁当まで出すということになったのであるから、ずいぶんはなはだしいものであった。岩崎独占の時代においては、五円五十銭であった船賃は、すべてメキシコドルで計算したのであるから、実際においては、十一円に該当する賃銭を取っていたわけで、したがってこの競争によって失うところは、不当なる利得を吐き出すにすぎなかったのである。

しかしながら三菱会社は、岩崎一人の経営であって、なにごとをおこなうにも岩崎の独断専行によって決することができるのであるが、一方は株式会社であり、たくさんの人間が利欲のために集まっていたということのために、競争が永く続いて損害が多くなるほど、内部の動揺が始まり、役員の軋轢《あつれき》も多くなってきた。

こうなっては競争の前途は、もはや見え透いている。したがって株券のごときも、非常に安いものとなってしまった。それを見て、岩崎は遠くから手を廻わし、過半数以上の株を買い占めてしまった。同時に三十万円の運動費を支出して、岡本健三郎《おかもとけんざぶろう》が政府部内に運動を始めた。それは西郷、品川のやりかたに反対しているものを、突っつきはじめたのである。

「それまでにして岩崎を苦しめるには及ぶまい、三菱会社も、前後二回の戦争には、相当の功労があったものである。したがって戒むべき点は、戒めておくことに悪いことはないが、これを潰してしまうことは、ちょっと穏やかでない」

という説が起ってきた。

同時に過半数以上の株券を持っている岩崎家が、共同運輸会社の解散説を主張しはじめたから、ついにこれに敵対すること能《あた》わず、紛擾《ふんじょう》は日一日と高まってきた。そのうちに仲裁者が現われ、ついに両社合併という説がおこなわるることになり、その結果として成立したのが、いまの日本郵船株式会社なるものである。したがって、今日でも郵船会社の勢力は岩崎家の手に帰しているのは、もとより当然のことであって、近藤廉平《こんどうれんぺい》の去ったのちの郵船会社は、だいぶ形勢が変ってきたが、その以前においては、あたかも岩崎家の出張所たるがごとき観があったのは、無理もなきことである。

弥太郎は早く死去し、そののちを堅く守っていたのが弥之助である。その左右には、前に述べたるごとき、いずれも傑出せる番頭が多くいたために、岩崎の富は、今日のごとく豪《えら》いものになったのである。米国辺の成金富豪に比較すれば小さいものではあろうが、すべての規模の小なる、日本における成金富豪として、岩崎のごときはとくに注意すべきもののひとつであると考える。そのほかに、岩崎家よりか小さいが、西南戦争を中心として、大きくなったものがいまひとつある。それは大阪の藤田伝三郎《ふじたでんざぶろう》であった。これはのちに贋札《がんさつ》事件のことを述ぶる場合に、くわしく説明することにする。とにかくこの際は、岩崎家および三菱会社の勃興沿革を述べておくにとどめる。

国会開設の請願運動

西南戦争が済んで、にわかに起ってきたものは、国会開設の請願運動であった。

国会開設に関する建白は、明治六年に板垣、後藤、副島、江藤の諸参議から、これを政府に提出した。それ以来の問題ではあったが、しかし一時、その運動は休息しているようなかたちになっていた。

ところが、西南戦争によって与えられた印象は、どうしても武力によって政府に対抗したり、もしくは政府を倒すということは不可能である、というの一事であって、これがために国会開設請願の継続運動となって現われたのである。

元来、国会開設の運動とは言っても、真に国会そのものの性質を委《くわ》しく知っていたか、どうかということは、はなはだ疑わしい点もあって、いまだ政治学も普及されず、海外の事情に委《くわ》しいものも少なかった時代であるから、国会や憲法のことについて、徹底的に心得ていたものの少ないのは当然のことで、別に不思議とするには足らないが、それにしても少数の先輩は、多少西洋の書物も読んでいるし、また洋行して帰った人もあって、かたがた各国の国会が、どんな状態であるというくらいのことは、心得ていたのである。それでつまり多数の人は、それらの少数な先輩に率いられて起《た》ったのであるから、学術的に国会要求の理由なるものを、高唱しうる程度の智識ある人ははなはだ少なかったのである。

要するに、板垣が明治六年以来、自由民権四民平等の旗印によって、全国を漫遊し、広く同志を集めることに努めた、その旗印の下に集まってきたものが、どういう部類の人であるかというに、一は旧藩の士族であって、いわゆる時代の落伍者《らくごしや》、言い換えれば、薩長二藩に先手を打たれて、維新の際に立ち遅れになったため、いたずらに士族という肩書のみ得て、その実権を奪われてしまったというような連中が、武士は食わねど高楊子《たかようじ》という諺《ことわざ》のとおり、あまりひどい労働につくこともできず、さればとてなんの職業につくという考えも起らず、わずかに残る家産をあてに、日を送っていた閑散な身分の人たちで、多少の読書力をもっているという、そういう人たちが、薩長に対する反抗の意味で、この旗印の下に集まってきたのである。

またその他の人はというと、これは地方の農民が多く、それも中農以下の人が多くて、大農に属する部類の人は、ほとんどなかったといってよい。もともと日本の農民が、租税の負担に苦しんでおったことは、開闢《かいびやく》以来のことであって、一般の商工業者は、租税の負担をしていなかったのであるから、つまり国費の大部分は、農民が負うていたというてもよい状況にあった。であるから納租《のうそ》の苦労は、農民以外に、商工業者はさらに知らなかったのである。ただこういうことはあった、藩主が、城の普請《ふしん》をするとか、庭園をつくるとか、あるいは隣藩の諸侯と戦いを開くというような場合に、多くの金を要すると、そういうときには、臨時に徴発されて、冥加金《みようがきん》とかなんとかいう名義で一時の出金をする。それはあったけれど、彼らは平生において、納租の義務は負うていなかったものである。書いた物の上から言えば、農は国の大本《たいほん》なりとあるが、実際においては農民ほど卑《いや》しめられ苦しめられた者はないのだ。一方においては納租の義務を負わされ、他の一方においては、非常な軽蔑を受けていた。その永いあいだの苦痛というものは農民として忘れえないことであったろう。それらの人たちが四民平等の旗印の下に集まってきて、前に言った士族とひとつになって、時代の造りかえにかかったのが、国会開設の運動と見てさしつかえなかろう。

そういうわけであるから、国会開設の運動というものは、要するに、時の権力者を押えつけて、そしてある権利を得たいということから起った、いままで虐《しいた》げられていたものたちの運動であって、具体的に国会を、どういうふうにして開いたらよいかとか、あるいは憲法というものはいかなる法式によって、つくったらよいかというような高遠な理想をもって起《た》った人は、ほとんどなかったくらいであるし、それらのことを克《よ》く理解していた先輩とても、進んでその説を唱えたところが、一般の人には多く通じないことであるから、なるべくそれには触れないで、時の政府を攻撃するということを主としていた。俗に言う「大声《たいせい》は俚耳《りじ》に入《い》らず」で、学術的な議論や、高遠な理想などは一般的には通用しないから、官吏の非行を発《あば》き、政府の不都合を詰《なじ》って、盛んにこれを攻撃したものである。これもあらかじめそう計ってした運動の方法ではなかろうが、偶然にも多くの国民に、これが歓迎されて、自由民権派なる一種の集まりは、ここにその基礎を築いたのであった。

こうして板垣はながいあいだ、全国遊説に力《つと》めて、その財嚢《ざいのう》をほとんどはたき尽してしまって、もはや遊説を続けるの実力を欠いたから土佐へ帰って、しばらく休息の態《てい》であった。西南戦争が済むと、いままで板垣一派によって、刺戟を与えられた、士族や農民が、一時に競い興って、猛然たる勢いで国会開設の運動を始めてきたから、そこで板垣もふたたび起って、全国に遊説を試みることになった。そして明治十三年に、大阪において愛国社の大会というものが催された。これは前に言った部類の人たちが数十名の総代を選んで、その総代が会議を開いたのである。前後二回、その愛国社の総会なるものが催されたがその結果、綱領をつくり規則を設けて、ここに大日本国会開設期成同盟会なるものが起った。すでに国会開設運動というものが、ひとつの団体となっておこなわれる以上は、大阪にその本部を置いたのでは、万事にさしつかえが生ずるから、東京へこれを移すということになって、まもなく京橋の北紺屋町《きたこうやちょう》に、その本部を設けたのであった。

この愛国社なるものが、二度目の集会をなした時分には約十三万人の総代として、五十名あまりの人が集まった。集会の席には、五十幾名の人が連なったにすぎぬとは言え、実際においては、十三万人の委任状を携えてきたのであるからして、国会開設の要求は、十三万人の国民から起ってきたということになるのだ。

昨今盛んにおこなわれる、普通選挙の運動なるものの法式もやはりこれと同じことであって、中央の政界へ普通選挙を唱える人は、きわめて少数であるが、その背後《うしろ》にはたくさんの要求者があって、議会の開けるたびごとに、請願書なるものを幾万人となく出しているのであるが、ただ昔の国会開設運動のごとき、真剣味を欠いているようであるし、その熱の度合においても違うところがあるようだ。すべてある権利を得んとする請願の法式は、まずこういうようなものであって、将来もまたおそらくこの法式によるのほかはあるまいと思う。もしこの法式によらないことになれば、どうしても暴力によってしなければならぬのであるから、暴力を排斥するという以上、けっきょくはこの法式によるのほかはないということになるのである。

　総代と称する人たちは、一人《いちにん》で少なくも五百名以上、多くは幾千人の代表者であって、その地方においては相当に勢力のある人であったから、この運動は、政府者にとっては、尠《すく》なからぬ苦痛を感じたに違いない。それであるから一時は、国会開設を要求する連中を目するに、危険思想でも抱懐しているがごとくに思って警察の取り締まりなどは、じつに峻厳《しゅんげん》をきわめたものである。その状《さま》は、あたかも昨今の社会主義者に対するのと同様であって、ある点においては、それよりもさらに峻酷《しゅんこく》な取り締まりを受けたものである。その一例としてあげてみれば、板垣が地方遊説のついでに、神戸へ行ったとき、そのときに全市の宿屋は警察署の内訓をうけて、板垣の宿泊を拒絶したというような事実もある。

　いかに板垣がりきんだところで、泊めないというものを、無理に泊まるということはできないから、これにはさすがの板垣も非常に弱って、遊説はそっちのけに、なによりもまず宿《とま》る家を探さなくてはならぬという馬鹿なこともあったのだ。その際に、ある富豪がいかにも板垣に対して気の毒であるという同情から、自分の別荘に板垣を迎えた。これがために板垣は、かろうじて一夜の宿を得たわけである。しかるにいまは貴族院議員になっているが、そのころ、福井県に杉田定一《すぎたていいち》というものがあった。杉田は、その地方では相当名をなしている男であるが、これが板垣を崇拝すること神のごとく、いやしくも板垣のこととあれば、どんな苦労でも厭《いと》わぬというくらいに、板垣信者であったのだが、はるかに板垣の神戸に来ることを聞いて、福井県からわざわざ乗り出してきたものの、板垣の泊まっているところが、どうしてもわからぬ。いまのように有志家の連絡が十分についていないころのことではあるし、ことに神戸などでは、ごく低いところには板垣派があっても、中産階級以上の人に板垣の味方はなかったのであるから、どこに泊まっているのか、どう尋ねてみてもわからない。警察署に行って聴いてみたが、いいかげんなことを言うて教えてくれない。板垣は名のある人であったけれども、杉田は一地方の有志家にすぎない者で、誰一人《たれいちにん》として名を知るものもない。したがって、杉田を救おうというような、義侠家も出てこなかったので、よんどころなく宿屋に泊まろうとすると、ただに板垣ばかりでなく、その派に属する者は、いっさい泊めない方針になっていたから、とうとう杉田は宿屋に入ることを得ずして、ある家の軒先で、赤毛布《あかゲット》にくるまって、夜を明かしたというようなこともあった。

その他、示威行列によってこの運動をやるとか、あるいは激しい議論を以て、時の政府を攻撃するものがあれば片ッ端からひっ捕えて、ことごとく獄に投じたもので、明治十四年に施行された刑法なるもののうちに、官吏侮辱罪なるものがあって、たいがいの者は、これにひっかけられて、入獄の憂き目を見たのであった。

全体この法律ほど恐ろしい力をもったものはなかった。言語もしくは形容を以て官吏を侮辱したるものは、重禁錮一ヵ月以上一年以下、罰金五円以上五十円以下に処す、というのであったから、たいがいの者はこれに当てはめて、獄に投げこんだのであって、巡査の顔を見て、冷笑したために罪を得たものもあるし、つまらぬ俗謡を唄《うと》うたために、重禁錮に処せられたものもあったというありさまで、なかにも、

いやだおッ母さん、巡査の女房
　　できたその子は雨ざらし

という都々逸《どどいつ》を唄って、重禁錮四ヵ月に処せられた左官屋の職人があった。警察へ引かれてゆくまではなんの罪もなかったのだが、訊問所に入ってから、係りの警部と争って、これを罵詈《ばり》したということのために、あらためて官吏侮辱罪を構成したというような事実もあった。この一ヵ条のあったために、いわゆる志士とか有志者とか言われるものが苦しめられたことはひとどおりではなかった。いまおこなわれている新刑法に改まってこの一ヵ条が除かれただけでも、民権の保障はされた意味になるが、そのころでは、監獄へ行ってからの苦痛もひとどおりではなかった。いまの社会主義者が、どんな激しい議論をして巡査と衝突のち、監獄へ行くとしても、昔のことに比べれば、まことに楽なものであって、同じく狭い室《しつ》ではあるが、昔にくらべて掃除も行き届いているし、いっさいの器具もはるかに綺麗で、夜になれば電灯がつく、栓をひねれば水道の水が出るというような贅沢なものになってしまったが、昔は使用する水には制限を加えられ、日が暮れればまったく暗黒の裏《うち》に、黙座していなければならぬというような状態であって、しかも獄吏の権力が非常に強く、ややもすれば引き出して、打つ蹴るというようなこともあえて珍しいことではなかった。そういう時代に

くらべて、いまの監獄を見ると、まるで別荘のごとき感があって、社会主義者が、なんぼ監獄に送られてもさらに苦しかったという感じを起さないのは、当然のことである。これに引きかえ、国会運動時代の監獄内は、真に地獄の感があって、もし一度獄吏に睨まれたら必ず片輪にされるか、殺されるか、それにそういう取り扱いを受けたからといって、いずれの方面に向っても、訴えるという方法すら与えられてなかったのであるから、じつにひどいものであった。

政府がかくのごとく、その取り扱いを惨酷《ざんこく》にしても、当時の有志家は、さらに臆せず怖れずに進んでいった。昔の有志家なるものは、じつに心の強いものであった。これがために、刑場の露と消えたものもあるし、あるいは産を倒して、妻子別離の苦しみに泣くといったような場合も、たびたび演出されたのであるけれども、それでもさらに屈せずして、国会開設の運びのつくまで、運動を続けていたのであるから、著者《わたくし》のようにその当時の事情も知り、自分もその仲間の一人《いちにん》であったものが、昨今のごとく、議会のだらしない状態を見ると、ただ涙のほかはなく、故人となった同志や友人に対しても、はなはだ申しわけのないような心が起るのである。

議会が開けてから、はや三十年になるが、だんだんその椅子につくものの低下してゆくということを、認めずにはいられない。少しばかりの金があって、上手に運動すれば人物のいかんにかかわらず、代議士の肩書が得られるというような時代になったのだから、代議士の堕落もはなはだしいが、それを選出した国民の政治的知識の、きわめて低級であるということも思われる。

いよいよ議会が開けるというまでに漕ぎつけるあいだの、有士者の苦心はひととおりではなかったが、いまはそういうことは世間から忘れられてしまった。ついこのごろも、大井《おおい》憲太郎《けんたろう》という人が死んだけれども〔一九二二年／大正十一年〕、これについての新聞記事を見てさえもわかる。いかに大井が、過去の人になったとは言いながら、その死に際してもう少し記事の書きようもあったろうと思われる。三文の価値《かち》もない実業家が死んでも、十行や二十行の雑報は書く。一文の価値《ねうち》もない、府市会の議員が死んでも、黒枠付五十行ぐらいの記事は出るのだ。その新聞紙が大井の死んだについて、たんに昔の有志であって、自由民権時代には、多少の名を得たというぐらいの記事にとどめて、その人に関する徹底した記事のひとつも出ていなかったということは、たとえ晩年は落魄《らくはく》をきわめて世間から忘れられていた結果とは言いながら、あまりに悲惨無情なことであると思って、私はその記事を見て、非常に嘆惜《たんせき》したしだいであるが、大井の国会開設に対して、力《つと》めた努力というものはひととおりでなく、板垣が、国会開設の請願書を出して、これが朝野の問題になったときに、例の加藤《かとう》弘之《ひろゆき》が政府の内命を受けて、国会尚早論を唱えた。これは堂々たる論文であって、さすがに国会論者たちも、いささか持てあましの気味であった。そのときに馬城《ばじょう》台次郎《だいじろう》という匿名を以て、この加藤の論文に弁駁《べんばく》を加えたものがあった。この駁文は、行文雄大、論旨徹底、いやしくもこの問題に触れているものは、一人《いちにん》として感心しないものはないというほどの大論文であった。これには加藤もだいぶ弱らせられたが、この馬城なる匿名を以て、戦いを挑んだ者こそ、じつに大井その人であって、これがために民権論者は非常に力を得て、とうとう加藤を叩きふせてしまって、加藤は沈黙するのやむなきに至ったのであるが、たんにこれだけのことを言うても、大井の功績はじつに偉大なもので、それから議会が開かれるまで、引きつづいて運動は止めなかったのである。一時は、関八州の壮士を率い、大井の一挙手一投足によって、その壮士が政治の巷《ちまた》に出入《しゅつにゅう》するというほどに勢力を得ていたのであるが、議会が開かれるころから、だんだん勢力を喪《うしな》ってきて、晩年は人に忘れられるくらいになったのであるけれども、それはその人の不徳であって、これがためにいっさいの功績まで湮滅《いんめつ》するということはできない。このほかにもこれに類した人はたくさんあるが、そういうふうに、最初の功労者をも忘れるという冷酷な人情が、議会の上に現われてきて、ついに昨今のごとく、はなはだしい醜態を演ずることにもなったのであると思う。

さて国会開設の運動は、だんだん猛烈になってきて、地方から代表的の人物が、盛んに上京してくる、太政官もしくは元老院の門前に迫って、ぜひ国会を開いてくれよという請求がなかなかに猛烈をきわめたものだ。そこで政府は、ついにその煩《はん》に堪えずして、これらの有志家を、中央から追い払おうという窮策を案出した。それが有名な太政官十二号の布告というものであって「およそ人民にして、立法に関する意見を提出するものは、建白請願、なんの名義を以てするにかかわらず、すべて地方庁の手を経由して提出すべし」という意味のことを書いて発布した。

これがために有志総代なるものは、太政官あるいは元老院へ、直接に迫るという便宜を失ったのである。その請願や建白をするものは、所属の地方庁へ書面を出して、その地方庁から中央政府へ取り次ぐというのであるから、代表者が太政官や元老院へ直接に出かけても、みんな玄関払いを食わせて面会を拒絶するということになってしまった。そのくせ地方庁から移されてきた書面は、すべて屑籠《くずかご》のなかに入れられて、政府の大官は、有志家に攻めたてられる苦しみを免《まぬか》れえたのである。

こういうことをして、国会開設の請願を拒まんとした、政府の卑劣は言うまでもないが、それがために有力家の憤慨はひととおりならず、この布告の解釈について、太政官や元老院へ押しかけて盛んなる談判を開き、ついには上奏の手続きに及ぶということまでも言った。ところが「官位勲等なき者は、いっさい上奏の権利なきものである」ということを示して、それすらも拒んでしまったので、河野広中《こうのひろなか》、片岡健吉の二人は、全国の有志を代表して、右大臣の岩倉にまで会って談判をしたが、そのことはついに採用されなかった。

それを憤慨のあまり、新潟県人の赤沢常容《あかざわつねかた》という人は自殺した。その他にも自殺の形式をとって、同志を激励したものがたくさんあった。なにしろその時分の有志家は、真剣に戦ったのであるから、こういうことまでしたのであるが、けっきょくは、この布告のために、中央の運動だけは休止するのやむなきに至ったのである。けれどもそののち、とうとう国会開設の詔勅が下ったのであるからして、いかに政府といえども、国民の要求を絶対に拒絶することのできないという例は、ここに開けたようなわけになる。国会開設の詔勅が下ってから、政党の勃興してきたしだいは、後章に述べることとして、いまはただ国会開設運動の概要だけにとどめておく。

官有物払下事件

明治十四年に、北海道の官有物払下事件《かんゆうぶつはらいさげじけん》が起った。これは朝野を震駭《しんがい》させた非常な事件であった。また一面から言えば、これがために国会開設の詔勅が出たのであるから、この事件は、容易ならぬ問題として取り扱うのが当然である。

はじめ、政府が成立するとまもなく、北海道の札幌に、北海道開拓使庁という役所が置かれた。表面の理由は、北海全道の開拓というのであったが、内実は、宗谷《そうや》の海峡を距て、ロシアの領地に接しているということのために万一の場合には、これを以てロシアの侵略を防ごうという意味であった。しかしこれは表面に言えないことであって、どこまでも旧蝦夷《えぞ》、すなわち北海道の開拓ということを理由にして、役所を置くことにしたのである。

そこで、その長官を一人《いちにん》置かなければならぬ。これについては政府でも相当に苦心したものであって、とにかく開拓の必要もあるが、それよりもさらに必要と認められたのは、ロシアに対する国防であるから、その長官なるものには、どうしても軍人を送らなくてはならぬというので、その人選について相当苦心したというのは当然である。その結果、選ばれたのが黒田清隆《くろだきよたか》であった。

黒田は薩摩の軽輩から身を起して、大西郷の乾児《こぶん》の一人《いちにん》となり、維新前《ぜん》には薩長の聯合運動に奔走して相当に功労もあり、深い智慧こそないけれど、人物が昔の豪傑肌で、陸軍部内には相当に勢力をもっていた。ことに大西郷の去ってからのちは、まず黒田が薩摩軍閥の頭目であったから、時の陸軍中将として、なかなか偉い勢力をもっていたに違いない。これに相対して長州軍閥では山縣有朋を押し立てていたのだが、どうも黒田には山縣も押えつけられたるような気味があるので、長派はすこぶる困っておった。たんにこういう事情から、黒田を北海道に、送ることにしたのではあるまいが、これもたしかに、北海送りの一原因と見てさしつかえなかろう。

黒田は開拓のことなどには、少しも念はなかったが、とにかくロシアを相手に、時と場合によっては一戦しなければならぬということであったから、自分も進んでこの任につくことになったのである。

幕末から明治にかけて、榎本釜次郎《えのもとかまじろう》［武揚《たけあき》］が幕府の残党を率いて、函館の五稜廓に立て籠ったことがあった。この際、征討総督として五稜廓を陥れたものが、黒田であったから、そういう事情よりして、北海道には黒田も多少の因縁《いんえん》があるので、進んでこの任を受けたという事情もあるのだ。

北海道の開拓は十年を一期間として、明治三年から十三年までに、ひととおりの施設が終って、それからさらに継続すべきか否かということが内閣の問題となったときに、あたかも黒田は上京中であって、しきりになお十年間の継続をしてもらいたいということを、政府に要求していたのである。内閣の役人にしておけば、どうしても内閣の椅子ひとつは分かたなければならぬというほどの位置にいた黒田を北海道に送って、熊とひとつにして取り扱っていたのであるから、なお十年ということになってくると、政府もあたまからそれを不可《いかん》というて、排斥のできない事情もあったので、これには政府のものも、相当首を捻《ひね》って、相談を続けたのであった。

ところが当時、大蔵卿をしていたのが佐野常民《さのつねたみ》であった。この人は佐賀の鍋島の家来で、大隈、江藤、副島などとともに出てきた人であるが、ごく地味な性質で、計算のことにも明るい政治家であったから、容易に十年継続の議論に賛成しなかった。前の十年間に費やした金が千四百万円ほどに上っている、さらにまたこれを十年続けるとなると、こんどはそれ以上の金を費やさなければならぬことになるのであるし、明治の初年とは違って、そのころにはだいぶ日本の国家としてなさねばならぬ事業もたくさんにあったのであるから、これらに要する金は、容易ならぬものであるということを大積《おおつも》りに考えてみても、大蔵卿としての佐野が、北海道の開拓をなお十年間継続して多額の金をつかうということに、容易《たやす》く承知のできなかったのは当然である。そこで黒田と佐野の立場の違うところからこの争いは、ようやく内閣を騒がせるというようになった。

黒田は非常な勢いで内閣に迫ってくる。その背後《うしろ》には薩摩軍閥の連中が尻押しをしているというわけで、薩州派の政治家はもちろん黒田に同情するが、長州派の政治家とても、情誼の上からこれに反対することもならないといって、黒田を自分たちの上に据えることを厭う連中もあって、これを幸いになお十年間、黒田を北海道に送ったほうがよかろうという説が多くなって、ほぼ閣議は、十年間継続ということに決しそうであったにもかかわらず、佐野は頑として、その説に同意を表さなかった。

内閣の人が、いかに多数で問題を決しても、一人《いちにん》の大臣が、調印を拒んだら、奏請の運びには相成らぬ、これは昔も今も相違のないことで、またそうなくてはならぬ。議会と違って、内閣会議などを多数決で、双方の議論を奏請して、その御裁断を仰ぐというようなことになれば、政治の責任を皇室に嫁するの所以《ゆえん》であって、大臣を輔弼《ほひつ》の責《せめ》に任ずるの意味は、まったくわからぬことになるから、どうしても内閣会議というものは、一人《いちにん》の反対もないという形式をとらなければならぬ。したがって佐野が大蔵卿として、北海開拓の十年継続案に調印をしなければ、閣議はまとまらぬことになって、奏請の運びにならぬのである。

そんなわけで、内閣から佐野へ対して、非常な圧迫を加えてきたけれども、佐野は平然として「自分には先祖がある、また子孫もある、他日になって非難されるようなことは、いやしくも大蔵卿としてなしえないところだ」というばかりで、さらに同意しようというようすが見えなかった。あるときのごときは、黒田がピストルを提《ひっさ》げて、佐野の屋敷へ踏みこんだというようなこともあったが、佐野はついにその脅迫にも恐れず、断乎として「北海の開拓は、民間の力ある者に依托《いたく》して、政府はこれに相当の補助を与えればよろしい」という意見を固執して動かなかった。これがために内閣では黒田と佐野の板挟みになって、すこぶる弱ったというようなおもしろいことになってきた。

ちょうどその時分に、大阪から五代友厚《ごだいともあつ》が、中野梧一《なかのごいち》を連れて上京してきた。その目的がなんであったかと言えば、すなわちこの紛擾に乗じて、北海全道の官有物を、自分の手に移そうという企てであった。

五代は初め才助《さいすけ》と称して、薩摩出身の先覚者である。慶応の初めに洋行して、すでに世界の文物にも触れてきて、なかなか力のあった人であるが、晩年ははなはだ振わず、脳充血でにわかにこの世を去ってしまった。ことに五代には、これという乾児《こぶん》もなく、その遺族もすこぶる苦しんでおるようであるが、この人の履歴はなかなかよいことが多くあった。

明治政府ができると同時に、彼は外交事務係判事となり、伊藤俊輔［博文］、後藤象二郎、陸奥陽之助《ようのすけ》［宗光］、中井弘蔵《なかいこうぞう》［弘《ひろむ》］、吉井幸輔《こうすけ》［友実］などの連中と外交当面の役人として、相当に活躍したものである。泉州堺浦《せんしゅうさかいうら》で、土州藩士がフランスの水兵と衝突して、殺傷事件があった。その裁きをつけたのがすなわち五代であって、いまもなお妙国寺の蘇鉄とともにその伝説は残っているが、箕浦《みのうら》猪《い》之《の》吉《きち》ほか九名の切腹事件というのがこれである。

その後五代は、官途を辞して民間の人となり、まったく実業家として、立つことになったのである。いまの大阪中之島《なかのしま》に日本銀行の支店がある、そこが五代のいた屋敷跡だ。

いまでこそ成金や実業家が、大きい邸宅をもつことが流行ってきたけれども、昔は実力のある人ほど、家の構えが小さく、少し大きな家へ入ると、あれは山師であるといって、真の実業家から排斥されたものである。その時代に五代は、中之島の一角に、二町四方の広壮な邸宅を構えて、海外貿易と政府の御用を引き受けて、大阪の実業界に、非常な勢力をもっていたものだ。泉州堺の紡績会社は、その規模においては鐘淵《かねがふち》紡績会社に劣っているけれど、紡績業に先鞭をつけた会社として有名なもので、これは五代の力によって成ったものである。また大阪の築港は、昨今になって成功したが、その当時、すでに五代の唱えていたのがこの問題であった。東京に馬車鉄道なるものが起った。これがいまの電気鉄道の初めであるが、その馬車鉄道なるものは、多くの実業家が集まって計画したにかかわらず、どうしてもできなかった。その発起人のなかに、谷元道之《たにもとみちゆき》というものがあって、これは五代の後輩であったが、谷元は苦しまぎれに五代の許《もと》にこの問題を担ぎこんだ。五代は快くこれを承諾して「俺が上京するまで運動を控えておれ」といって、まもなく上京すると、五代は馬車に乗って一日か二日、駈け歩いた結果、ついに成立したのが、品川から雷門に行く馬車鉄道であった。少なくとも五代にはこれだけの実力があったのである。大阪の商業会議所を創立したのもこの人であって、この創立にあたっては、実業家のあいだに、一人《いちにん》も同意したものがなかったので、五代はみずからその頭取となって、ひとりで威張っていた。天下広しといえども、商業会議所の楼上にひとりで会議を開いたのは、五代のほかにはなかろう。そののち、他の実業家も、会議所の必要を認めて、先に反対したことを打ち消して、五代の下に初めて降伏してきたのが、今日の大阪商業会議所の起りである。

こういった風の人であったから、物事についての着眼も早かったし、なかなか胆も太く、仕事を大仕組《おおしく》みにかかってゆくという性質《たち》の人であったから、黒田がどれほど威張っても、五代の前には頭が上らないのであった。要するに、西郷、大久保を除けばまず五代と数えてこなければなるまい。ことに黒田は、はじめが軽輩であったからということのために、五代からは昔の名前をそのままに、了介《りようすけ》了介と呼ばれていたものである。その五代が、東京に出てきて、まず黒田を呼びつけ、

「おまえなどが北海道を開拓をするといったところで、それはできるものでない、俺が、そのあとの仕事を引き受けてやるから、北海道の仕事を俺に委《まか》せてしまえ」

と、いわれて黒田も、相手が五代では否《いな》むこともならず、また五代ならば、委せておいてもやりとげるという信用はできるのであった。

「あんたがやってくださることなら、おいどんも、けっして異議は言わないが、どういう形

式でやってくださるか」

「とにかく、北海全道の官有物を俺にいっさい払い下げてしまえ、その官有物を基礎として、開拓の実績は必ず挙げてみせる。その代わり、おまえの銅像を札幌の中央に建てて日本のあらんかぎり、おまえの名誉を表彰してやることにするから、なんでもかまわぬ俺のために、おまえが同意さえしておればよろしいのじゃ」

と言って、黒田の前に突きつけたのが、官有物払い下げの願書であった。

むろんその表面には、五代の名を現わさず、関西貿易商会という名義であったが、黒田がこれを見ると、官有物全体を、三十万円の価格と見積もり、これを三十ヵ年賦《ねんぷ》の無利息で払い下げろというのである。いかに無計算な黒田でも、これにはさすがに驚いた。そのころの相場からしても、北海全道の官有物は、約三千万円以上の値打ちはあったのだ。それをただの三十万円で、それも三十ヵ年賦の無利息で払い下げろというのであるから、これは払い下げというよりも、むしろ貰い下げといったほうが適切である。しかし五代の言うことであるから、黒田は、頭からこれに反対することができぬ。

「おいどんな、これでも可《よ》か思うが、書記官どもがどう言うかわからん」

「よし、それならば書記官をこれへ呼べ」

そこで安田定則《やすださだのり》、鈴木大亮《すずきだいすけ》、折田平内《おりたへいない》などという書記官が呼ばれて、五代にこの願書の裏《うら》書《がき》を求められた。黒田でさえ頭の上らぬものを、これら書記官どもが、かれこれ言えるはずもなく、相談はたちまち決して、開拓使庁長官としての黒田清隆の払い下げてさしつかえないという同意の裏書がついて、この願書は内閣へ廻ってきた。

その官有物というのは、およそどういうものを言うかというに、函館を初め、各港にあった倉庫、船舶、敷地、いやしくも政府の所有に属する、開拓のことに関係のある物件のすべて、札幌の麦酒《ビール》醸造所、葡萄園、葡萄酒製造所、牧畜場いっさい、鰊《にしん》、鱈《たら》、臘虎《ラッコ》、膃肭臍《オットセイ》の漁場権、その他官有物という名のつくものはすべてであるから、その価格は、じつに尠《すくな》からぬものであった。いま東京の永代橋の際《きわ》に、税務署になっている煉瓦《れんが》家屋があるが、あれはそのころの開拓使庁の東京出張所であって、わが国における煉瓦家屋の模範建造物である。その敷地も家屋もすべて、この官有物という名目の下に加えられることになっているのだ。まず大略を見ても、これくらいであるから、細かに算盤《そろばん》をとってみたら、おそらく三千万円以上のものであったろう。

これまで政府が、これに費やした金でさえも、一千四百万円というのであるから、それを三十万円で払い下げよ、しかも年賦償還というに至っては、その不当なることは言うまでもない。五代ほどの人物で、わが実業界に貢献し、いろいろなよい仕事を遺した人であったにかかわらず、たったひとつこのことのあったために、生涯の歴史に傷がついたのは、まことに惜しむべきことである。

五代が中野を連れてきたのは、どういうわけかというと、中野は藤田伝三郎の顧問をしていた人で、その前身は幕臣であったが、長州人に知己の多いところから幕府と所信を異にして、長州藩のために働いた関係上、井上ともっとも仲がよく、藤田組に入る前には、山口県の県令を務めていた人であった。撃剣の非常に強い、かつ学問もあり、才気の煥発《かんぱつ》するといった体の人であったので、井上が見立てて、藤田組へ顧問として入れたのであるが、その事情については、いずれ藤田組贋札《がんさつ》事件の条《くだり》において、委《くわ》しく述べることにする。

政府の内部は、当時薩長の聯合になっておったのであるからして、薩摩の政治家を説くには、五代の力を以てしてあまりあるのであるが、長州派の政治家を説くためには、どうしても何人《なんぴと》かの力を要する。そこで井上ともっとも親善な、藤田の顧問をしている中野を連れてきたのである。つまり薩長二派に属する実業家の代表的の人物が、二人揃ってやってきたということになるわけで、五代の手で行かないところは中野をさし向ける。中野に向きの悪い方面は五代が出かけるという調子にして、内部の協調をしていたのであるから、この問題が閣議に上《のぼ》ったときには、ほとんどだいたいにおいて異論なしという状態であった。ところがたった一人《いちにん》、これに異論を唱えたのは、参議の大隈重信であった。

しかしながら、大隈の勢力はどうかというに、まず無勢力と見てよかろう。薩長の政治家が、権をもっぱらにしているなかに、大隈がただひとり加わっていたところで、なんの要もないのは当然である。幸いなことには、大蔵卿の佐野が、自分と同郷の者であり、またこの問題に反対しておったので、大隈は佐野の背後《うしろ》に廻って、盛んにこれを煽りたてたのである。

佐野のほうでは、自分ひとりの力でも払い下げに反対しようと考えていた折柄《おりから》、大隈の味方を得たから、この上もないことというので、ますます頑強にこの払い下げに反対をすることになった。十年継続して開拓をするということすら、計算上割に合わぬといって反対をする人が、三千万円以上の実価あるものを、三十年賦三十万円、しかも無利息で払い下げるということに同意するはずはない。佐野は猛烈に反対して、内閣でも戦い、またその調印も断然拒んだ。

これがために非常な紛訌《ふんこう》を惹き起して、毎日のように黒田は酒を呷《あお》って内閣に怒鳴りこむ。薩摩派の連中は、長州派の政治家に肉薄するというような事情もあって、内閣の人たちは板挟みの態で、すこぶる困惑の状態に陥ったのである。

大隈はすべて締まりはなかったが、なんとなくその言うことを聞いても、またすることを見ても、気分のよい人であった。それでいて尻の結びのいっこうにつかぬ人であった。これが大隈の大なる欠点であったが、その代わりに、まさに調《ととの》わんとすることを、打ち壊すという点においてはかえってその力が強く、多くの人の歓心を求めるという上においても、きわめて好都合な人で、そういう点においての才智がすこぶる伸びていたということは、大隈の長所でもあり、また短所でもあったのだ。長崎遊学の書生時代でも、鍋島から命ぜられて、蘭学の修業に行っていながら、自分だけがこっそり英学の修業をしたというような、ちょっと目先の見える偉いところもあったが、薩長の政治家に押えられて、内閣の参議という閑職に等しく、なんらの実権も与えられておらぬ役目にあっても、眼のつけどころが早かったから、そのころから新聞記者にも接見して、新聞の力の偉大なることを夙《つと》に見抜いて、この新聞の力を利用しようということを考えていた。たとえ内閣においては自分の意見がおこなわれないでも、その意見が新聞の上に伝えられて、やがてはそれが自分の勢力になるということを、明らかに考えていた人である。

当時の新聞といえば、今日のごとくに強い勢力のあったものではないけれども、それでも智識階級の人にはなかなかの威力をもっていた。第一に東京日日新聞は、例の福地《ふくち》源一郎《げんいちろう》［桜痴《おうち》］が、みずから論説に筆を染めていたし、これに次いで郵便報知新聞は、栗本鋤雲《くりもとじょううん》が表面の社長で、その下に矢野文雄《やのふみお》［龍渓《りゅうけい》］、藤田茂吉《ふじたもきち》の二人がいて、相当に勢力もあった。また横浜毎日新聞に、沼間守一《ぬまもりかず》があり、その下に肥塚龍《こいづかりゅう》、波多野伝三郎《はたのでんざぶろう》などの連中が筆を執っていた。この三新聞は大隈がもっとも頼みにしたもので、密かに金を贈り、記者を引見して、つねに接触を保っていたのであった。

内閣で佐野と共同して、どれほど払い下げ問題に反対をしても、けっきょくはふたりしかない力であるから、多くの人には抑えられるにきまっている。そこで大隈は、この問題を世間に暴露して、堂々たる政治問題にしてしまわなければならぬということに考えをつけて、福地と沼間の二人を招き、すっかりこの秘密を打ちあけて、攻撃の方針をも示し、その運動費までも渡してやったのであった。これがこの問題の世間に暴露された内部の事情である。大隈の背後《うしろ》には、なおひとり見逃すことのできぬ勢力家があった。それがすなわち、慶応義塾の福沢諭吉《ふくざわゆきち》である。毎日新聞には深い縁故とてなかったが、報知新聞記者は多く福沢の門人であった関係上、福沢と大隈とのあいだは割合に親密になっていたのだ、犬養《いぬかい》［毅《つよし》］や尾崎《おざき》［行雄《ゆきお》］のような人が、大隈の配下に馳せ集まったのも、じつは福沢の関係からである。

ここにおいてまず東京日日新聞が火蓋を切った。続いて報知、毎日の両新聞が呼応して、盛んに官有物払下事件の内容を暴露し、薩長藩閥の政治家が国家の財を私《わたくし》するという論鋒《ろんぽう》で、手厳しく非難攻撃を加えはじめた。すると各地方の新聞も、これに響応《きょうおう》して猛烈なる反対論を掲げる、福沢はひそかに陰に廻って、自分の門人を地方の新聞社に送って、しきりにこれを煽動したから、まずだいたいにおいて新聞の力は払い下げに反対するということに傾いてきた。これがために輿論《よろん》がようやく頭をもち上げてきたから、この機会を逃してはならぬというので、明治十四年の八月下旬に新富座《しんとみざ》において、政談大演説会を開くということに相成《あいな》った。

そのときの弁士は沼間守一、福地源一郎、益田克徳《ますだかつのり》、高梨哲四郎《たかなしてつしろう》、肥塚龍、この五人であったが、なにしろ官有物払下事件が問題となっている矢先きに、その当時では第一流の雄弁家が集まるというところから、この新富座の演説会なるものは、じつに盛んなものであった。約三千の聴衆が集ってきたなかで、弁士は交《かわ》るがわる払い下げ問題の不都合なる点を指摘して、かつかようなる藩閥の弊害を一掃するには、国会開設を急務とするという所以《ゆえん》を叫んだのであった。この演説会には、元老院の議員が二三人覆面して窃《ひそ》かに聴きにきていた。多少はこの問題のことも耳にしていたろうが、この演説会に動かされて、これは容易ならぬ事態になったと看《み》たから、次の定例会議において、初めてこのことが問題に上るに至ったのである。

そこで一言しておきたいことは、演説の力である。昨今では演説の必要なことは、ほとんど何人《なんぴと》でも知っているであろうが、およそ民衆的政治をおこなわんとするものにして、演説を否定する者があったら、その人は真に民衆的政治を解せざるものである。演説の大切なることは、一般に深く思わなければならぬ。しかしながら、演説と言っても、ただ高いところに立って、大勢の前で言葉数を多く連ねるということが演説ではない。演説の真諦《しんたい》は感動を与えて、聴いているものに、なんらかの印象を起させるということが主になっている。ただたんに言葉数を多く並べるのが、演説の大切なる条件であるというならば、蔵前《くらまえ》の豆蔵《まめぞう》［大道芸人のこと］を呼んできても間に合うわけである。言うところは一分間もしくは一秒間でもよい。ただ聴いているものの頭に、強い印象が起れば、やがてその強い印象がなんらかの機会において、現われてくるのだから、そこで演説の効力というものは、偉大なるものとして認められることになるのだ。パーネル［チャールズ・スチュワート・パーネル］が、アイルランドの自治問題に破れて故郷に帰ってきたときに、郷党は彼を囲んで、その報告を聴こうとした。そのときパーネルは「諸君！」と叫んだのみで、半巾《ハンケチ》を出して双眼の涙を拭うて壇を下ったが、これがために与えられた感激というものはひとどおりでなかった。無言の雄弁とも言うべきはすなわちこれである。当時パーネルとしては涙よりほかに言うべきことは、なかったのかもしれぬが、その涙がすなわち一大雄弁であったのだ。そうかと思えばこの問題について、グラッドストーンは、十二時間の演説を、二日にわたってやったというようなことも、雄弁の例として遺っているが、これもまたそれだけの長い時間を言わなければならぬ必要があったに違いない。そこでパーネルの無言の雄弁と、グラッドストーンの雄弁の雄弁とが対照されていまもなお雄弁術を研究する人の上に、尠《すく》なからず参考になっているのであるが、昨今の日本における雄弁家なるものを見ると、ただ言わんがために言うだけのこと、演説をせんがために演説をするだけのことであって、雀の囀《さえず》るのとなんの異なるところもない。それでは演説が真に価値のあるものなるや否やということを示すことができない。というのは要するに熱誠を欠き、真剣味がないからである。あるいは名を売らんがために演説し、あるいはなにものかを得んがために演説し、その目的とするところは、民衆を救済するというのでもなければ、国家に貢献するというのでもなく、ただ自己の立場を考えての演説であるから、いかに言葉数を多く饒舌《しゃべ》ったところで、なんの効力をも得能《えあた》わぬのが当然である。これはいまの青年や政治家の、おおいに考えなければならぬところであろうと思う。

もうひとつ言うておきたいことがある。昔の演説会には傍聴料を必ず徴収したものである。昨今に至って、演説会に傍聴料をとるということがなくなってしまい、演説会といえば、必ず無料でなすべきもの、ただで聴くべきものという習慣になってきたが、これはよいことでないと著者《わたくし》は断ずるのである。六百年も武家政治が続いた結果として、日本人には一種の潔癖性がある。金のことを言うと、すぐ顔を赤くするというごく悪い気風がある。武士は食わねど高楊枝の諺《ことわざ》どおり、金のことを言わぬものが高潔であり、金に手を触れぬものが廉潔であるというがごとく考えているのは大間違いであって、いやしくも取るべきものであるならば、公然取るがよし、与えられるものがあって、それに悪い意味がなかったら、大威張りで受けるがよい。心から金に手を触れるということが、汚ないという考えをもっていて取らぬのならともかく、心の裡《うち》では欲しくてたまらないが、実際にはなんとなく、人を憚《はばか》って手出しができないというような、一種のいじいじした気分を、国民の頭から一掃してしまわなくてはいかん。したがって演説会には、相当に要する費用もかさむのであるから、その費用に相当するだけのものを徴収し、また弁士も頭を働かすものであるから、それに相当しただけの代価を求めることはできないとしても、ある程度までの代価を求めるということは、一般の労働者が、労働に対する賃銀をとり、大学の博士《はかせ》が学問の切り売りをして、報酬を得るのと、少しの相違もないのである。議会が開けて選挙競争の激しくなるために、一票でも多く投票を得たい心から、有権者に媚《こ》びる意味で、演説会に傍聴料をとらぬことになり、それが習慣となって、今日では傍聴料をとる演説会を卑しむような考えをもってきたが、これは一種の悪風であると著者《わたくし》は思う。

演説会の傍聴料を取ることが悪いという人は、試みに彼らが、議会でどんなことをしているのか、いやしくも政治家として、どういう生活をしているかということを観察するがよい。政治家が性《しょう》が悪い金をとって、そして淫楽《いんらく》に耽《ふけ》っているというような実例がたくさんあるのだ。なんでもかんでも、公明正大にやるということが、立憲的なのであるから、取るのも公明正大に取って、出すものも公明正大に出すという意味から考えて、演説会に傍聴料を徴収するということはけっしてさしつかえないものである。ただし演説を売らんがために、料金を取るということはよくないことで、この点はちょっとの相違ではあるが、深く考えなければならぬ。新富座の演説会には、十銭の傍聴料を徴収した。いまから見ればわずかなものであるが、その時分には金の位が違うから一晩に三百円の傍聴料が入ったということは、そのころとしては、まことに異例として数えられたものである。この演説会によって、元老院を動かしたとすれば、たった三百円のはした金で、天下の問題を解決する端緒を摑《つか》みえたのであるから、その値はじつに安いものであると考えられる。

当時元老院の議長をつとめておられたのが、有栖川宮殿下であった。この問題について、盛んなる議論の起っていることをお聴きあそばして、その夜窃《ひそ》かに佐野常民を招《よ》び、この問題の詳細なる報告を求められた。ここにおいて佐野は、自分の知るかぎりの事情を申し上げ、かつこれに反対をしている意見の大要も言上《ごんじょう》に及んだ。そしてその翌日には、大隈が招かれて、これに対する意見を聴かれたのであるが、大隈はこの場合であるぞと考えて、例の長広舌《ちょうこうぜつ》を振るって、盛んに薩長の政治家を非難し、事件のすべてを暴露してしまったのである。そこで有栖川宮殿下には、当時天皇陛下が、東北御巡幸で御不在中であったために、いっさいの政務を取り扱いになっておられた関係から、この事件に関しては、陛下の御還幸まで、いっさい善悪の批評をすることを差し止められ、払下問題の解決は、御還幸を待ってのこととし、それまでは自分がこれを預り置くと仰せられて、ついに本問題は保留されたのであった。

五代はこのことを聞くや、もう駄目だと看てとったから、中野を連れて大阪に立ち帰ってしまったが、要するに官有物払下事件の蹉跌は、まったくこういう事情であったとともに、端《はし》なくも内閣でこれが問題となって、いよいよ国会開設の詔勅を下さなければならぬような、機会をつくるに至ったということは、わが帝国議会の歴史の上に、見逃すべからざる一大事実であった。

国会の詔勅と政党創立時代

官有物事件が原因となって、人心が追々険悪な状態になってゆく。それは新富座の演説会へ、二三の元老院議官が、傍聴に行って見てきただけで、充分に想像のできる程度のものであった。同時に全国の新聞紙が筆を揃えてその不法を非難するというようなわけであるから、ますます人心の帰嚮《きこう》がわかってきたので、元老院の問題となってからも、ずいぶん強い議論があったようだ。

時に陛下は、東北の御巡幸を終られて、いよいよ御帰京の途に就かせられ、十月上旬になって、御帰京の日もわかったので、右大臣の岩倉具視は微服潜行して、南千住《みなみせんじゅ》まで出かけた。これは龍駕《りゅうが》の南千住へ、御着になるのを待ち受けて、密かに時局に関する意見を申し述べ、またこの事件のなりゆきも、叡聞《えいぶん》に達するの考えからであった。

南千住までお出でになれば、皇居へ御帰還に相成るも一時間か二時間の相違であるから、それをお待ち申してもさしつかえないのであるが、岩倉はわざわざ南千住に龍駕を迎えて、伏奏するという態度に出た。そこに岩倉のふつうの公卿でないという証拠も現われている。秘かに聞くところによれば、御巡幸御不在中の政務の概略を申し述べたのちに、官有物事件の顛末を奏聞に達し、人心の険悪に赴いた状態もくわしく申し述べて、この際においては非常の御英断を以て、人心緩和の途を開くのほかはないという意味のことを、詳細に奏上したということである。つまりいえば国会開設論が切迫してきたから、これによって人心の緩和を図るほかはないという意味を申し上げたものと想像しうる。

前に述べた、国会開設運動のひとつとして、官有物事件を板垣がしきりに論じて、こういう弊害が生ずるというのも要するに国民が、政治に責任を負わぬ結果であって、これを外国におこなわれている国会のごとき制度を設けて、参政権の一部を割《さ》いて与えたならば、その代表者が政府のなすところを監視するから、自然とこの弊害は防ぎうるものであるという意味のことを、盛んに唱えて歩いたので、多年のあいだ国会開設運動をしている連中が、みなこれに相和《あいわ》して益《さか》んに国会運動を始めたので、それが政府のほうへもひどく響いてきているから、さすがに機を視ることに敏なる岩倉は、こういう態度に出でて、まず陛下のお耳へそういう事情を申し上げたのに違いない。

そこで、陛下は岩倉に対して「今晩ただちに会議を開く用意をいたせ」と仰せられ、これを承った岩倉は、ただちに皇居に立ち帰り、それぞれの手続きを経て御前会議開催の運びとなったのである。

このときの薩長その他の大官が、必死の議論で国会論および、非国会論の両派のあいだには、烈《はげ》しい議論も戦わせられたが、けっきょくは国会開設のことは、今日の時代においてやむをえぬということに決まった。また官有物事件については、有栖川宮殿下より親しく奏言《そうごん》に及んだから、これは即時に願書を却下する手続きを取るべく御沙汰が下った。この事件のほうはこれでいよいよ終末を告げたことになる。

さて残るひとつは、国会開設をいつのころからにするかという問題で、それが決すれば、ただちに開設の詔勅が下るまでの、運びになったのである。

しかるにこれに関して、こういうおもしろいことが起ってきた。それは伊藤の一派が唱える説によると「いやしくも国会を開設するとせば、それに対するいっさいの準備を整えるに少なくも十年の日子を要するから、国会を開くと決めてそれから十年の期間を置こう」というのであった。

ところが、大隈の一派は「二年か三年あれば、その準備期間は充分である」ということをしきりに唱えて、伊藤に反対した。これが原因となってその議論は、長く戦わせられていたのであるが、容易に決するところがなかった。

伊藤は、真面目な政治家であるから「憲法の制定や、議会に関する規則の基礎、その他広く国会の制度を参酌して、よく整うたものを作り上げるには、どうしても十年はかかる。ことに一般の国民をして、国会制度のなにものたるかを、知らしめるということがなによりいちばん大切なことであるから、官民共同してそれらの理解を得る時間まで数えれば、どうしても十年の期間を見ておかなければならぬ」というようなことを唱えていた。急進派から見れば、少しく因循《いんじゅん》のようであるが、しかし冷静に考えてみるとこの議論には、相当の理由があったように思われる。大隈は伊藤と違ってそういうことにかけて、きわめて放漫なる態度に出る人であるから「ナーニ国会くらいのことは二年か三年もかかればなんでもなく調べもできれば宣伝もできる。まず開いておいてから行き届かぬところは、ぼつぼつ整えてゆけばよい」という、大ざっぱの議論を唱えているところに、大隈の長所も短所もあるが、伊藤に対してまことにおもしろい対照であった。

全体、国会の制度に関しての調査は、誰がいちばん先きに着手したかといえば、木戸孝允である。明治六年に板垣が、国会開設の建白をしたために世間の人は、板垣がいちばんに国会制度のことを理解していたかのごとく思っているだろうが、じつは板垣の国会論というものは、古沢滋と小室信夫のふたりから授けられた請け売り論であって、自分は洋行したものでもなければ、原書の読める人でもない。みずから各国の国会制度を調査したというのでもないのであるから、深く論及されたらば、ずいぶん困る点もあったろうが、その点になると木戸はさすがに進歩的政治家であって、岩倉大使に随行して明治四年に洋行したとき、伊藤博文と福地源一郎のふたりに命じて、到るところの国会制度の調査もさせれば、自分も実際について国会のどういうものであるかということも、調査してきたからそこで帰朝ののちに、それらの調査書類は積んで山のごとくあった。こういう事情から考えて見れば、伊藤が国会制度について存外に理解力をもっていたということはたしかに推測ができるのである。大隈は長崎生活の時代に少しばかりの英書を読んだくらいのもので、伊藤のごとく二度も三度も洋行してかつ原書も縦横に読みうるという学殖《がくしょく》があったのでないから、真に議論をするときになれば伊藤のほうがいちだんと立ち優《まさ》っていたに違いない。

しかれども、その才気の煥発という点においては大隈が伊藤よりも、勝れていた点があった。かつ一種の雄弁をもっていたから、国会の開期問題に関する年限論は、伊藤に対して相当に強い論戦が試みられたのはむろんのことである。

とにかく、こういう実情であるがために、かつ年限論が決まらぬうちは、国会開設のことも、定《き》めることができぬためにそれのいずれとも決するまでは、いっさい政府部内の国会論に関する議論の経緯《いきさつ》や、態度というものを、外間《がいかん》に漏らさないという約束が、両派のあいだに堅く結ばれてあったのだ。

しかるに大隈が、官有物事件について、有栖川宮殿下に、呼びつけられて、だんだん御下問を受けたときに無遠慮にも事件の内容をお答えしたのみならず、かくのごとき時弊を一掃するには、国会の開設を急ぐのほかはないということまで、申し述べておいた。それが御前会議の場合に端なくも一問題となって、ひいては大隈に対する、薩長両派の政治家が非常な反感をもつこととなって、まさかに御前会議ではそんな馬鹿な争いはできないにしても、さし向いになったときには、摑み合いをせぬばかりの争論が起ってきたのだ。「いやしくも廟《びょう》堂《どう》に並び立っている政治家でありながら約束を反古《ほご》にして勝手な行動を取ったり、あるいは秘密を漏洩《ろうえい》して、人心を煽動するがごときことをするのは、はなはだ怪しからぬことであって、大隈はどうしても同僚に対する不信の罪は免れぬ」という議論が起ってきた。

かくして、官有物の払い下げは却下になり、人心もいちおうに落ち着きは見せたが、第二の国会開設の件について前にいったような事情が、起ってきたから、ここに薩長両派の政治家は連署して、大隈弾劾《だんがい》の奏文を奉ることになって、これがためにまた一波瀾捲き起したけれど、けっきょくは大隈にひとりの味方もなく、その他の政治家が、周囲から弾劾してきたのであるから、いかんともしようがない。ついに大隈の邸へ伊藤と西郷従道が出かけて、辞職の勧告をする、大隈が強いて拒めば懲戒処分をもしかねまじきようすを示したから大隈も、我《が》を折って辞表を捧呈することになった。

それであるからこのときの大隈は、諭旨《ゆし》免官という肩書であって、ふつうの免官とは少しく事情を異にした。諭旨免官なるものは、もう一歩進めば懲戒ということになるのであるから、さすがに強情な大隈も、このときばかりはまったく尻尾を巻いたのである。

大隈が職を辞すると同時に、その味方が続々、犠牲的辞職をして世間を驚かした。友人関係の人としては、農商務卿の河野敏鎌《こうのとがま》、駅逓総監《えきていそうかん》の前島密《まえじまひそか》をはじめ、北畠治房《きたばたけはるふさ》、春木義彰《はるきよしあき》、牟田口元学《むたぐちげんがく》らの人びとで、師弟の関係からいえば、小野梓《おののあずさ》、矢野文雄、犬養毅、尾崎行雄、島田三郎《しまださぶろう》、中上川彦次郎《なかみがわひこじろう》、中野武営《なかのぶえい》、小松原英太郎《こまつばらえいたろう》、牛場卓蔵《うしばたくぞう》、田中耕造《たなかこうぞう》らの連中が、かれこれ三十名あまり、一時にどっと政府を引いたから、さすがに薩長両派の政治家も大隈の私《ひそ》かに勢力を造っていたその根強い点については、すこぶる驚いたということである。

矢野は、慶応義塾出身の秀才でそのころは、なかなかに評判な人であった。それと相対して小野梓は、いまでいうハイカラの元祖ともいうべく盛んにイギリスの憲法や、その政体を解釈して、わが国民に政治智識を吹きこんでくれた、その努力は認めねばならぬが、ただあまりに英国感染《かぶれ》がしていて平素の言語や態度にも、英国人らしい調子を見せたということがちょっと鼻について、人に喜ばれなかったが、とにかく一箇の人物であったには違いない。

尾崎は十八歳のとき、新潟の新聞主筆になって、例の尚武論《しょうぶろん》を書いて広く知られ、それから矢野の紹介で大隈に認められて、おおいに重く用いられたのである。その尚武論は、一種の軍備拡張論であって、これがために名を出した尾崎が、のちには軍備縮小論で、地方遊説を始めたのだから、政治家の長い生涯のあいだには、こういうおもしろい矛盾もある。

犬養は十五歳にして諸子百家の書に通じ、二十歳近くになって、東京へ遊学に出かけ、湯島の三組町《みくみちょう》にあった共慣義塾《きょうかんぎじゅく》に入り、英学を修めるかたわら漢学の教授をしたというほどの俊才であった。福沢諭吉に知られて、慶応義塾に入り、もっぱら英書に親しむようになった。犬養が現在において、朝野の政治家を通じて、唯一の漢学者であることは、誰も知っているが、その少壮時代に盛んに英学をやって、経済論などを公表したことはあまり多く人の知らぬことである。現に圭氏《けいし》［英国の経済学者ヘンリー・C・ケーリーのこと］の保護貿易に関する翻訳書が盛んに読書子のあいだに歓迎されたこともある。

中上川は官を辞してから、三井の大番頭になって、すでに倒れんとした三井の財政恢復をなし遂げ、実業界に名を成してこの世を逝《さ》った。

中野武営のことは、あまりによく知られているからここには言わぬ［東京商工会議所会頭を務め、財界の大立者と目されていた］。小松原がのちになって、山縣系統の政治家となり、文部大臣になって死んだことも人の知るところである。最近になって死んだ牛場卓蔵も、伊勢方面の鉄道社長で、中央の政治界にも遠ざかったが、ひところは相当の名を成した人である。また田中はフランス学者で、中江兆民《なかえちょうみん》がフランスから帰ってきて番町に仏学塾を起したころ、それを援けてフランス学の普及に努めた人であった。その他の人びとについても、いちいち説明はしないがそのころのいわゆる新進の才人は、多く大隈の配下にいた。

大隈の辞職と前後して、国会開設の詔勅が下ったのであるが、それは「明治二十三年を期して開く」というのであるから、つまり伊藤の説が勝ちを制して、国会開設の準備期間は、十年と定められたのである。その詔勅のなかに「国会開設の期間については、あえて遅速を論じてはならぬ」という意味の書いてあるのは、すなわちこの詔勅の発せらるる以前に、内閣においてその期間についての議論があったために、なにごとにも細心の注意を払われた明治天皇がこういうことまで書き加えられたことであろうと恐縮しうるのである。

この詔勅が下った日にちょうど、国会期成同盟会の連中が、両国《りょうごく》の中村楼《なかむらろう》に集会を開いて、政府をどういう風に攻めつけて、国会開設の約束をさせようかということを相談している最中、この詔勅が下ったのであるから、よくいえば寝耳に水で、一同の驚いたのも無理はない。このときに河野広中が座長をしていて、議論百出非常な騒ぎになっていた。ところへ「ただいま国会開設の詔勅が下りました」という報告を、河野から受けたときに集まっていたものはただ呆然として、喜ぶでもなければ、怒るでもなく、しばらくのあいだは一座水を打ったごとくなってしまった。よく世間にはありがちのことで、自分がこうしてもらわなければならぬということを主張していたことが案外容易に運んだときには、こういうようなことになるものだ。そこでこの連中が相談して、せっかくこれまでに苦心して集めた連中をこのままに散々《ちりぢり》にしてしまうのは、はなはだ残念なことであるから、どうかしてこれだけの人はまとめておきたい。それには国会開設に対する準備政党として、なんらかの法式でこの団体の維持に努めようではないかという議が起って、これについても相当の議論はあったが、とにかく、名を自由党と称し主義綱領を定めて、天下に発表すると同時に、この団体に加わっていたものは同時にその団員であるということにしようということに決して、ここに自由党なるものが起ったのである。

それであるから、わが国の政党としては、自由党がもっとも早きものであって、それは明治十四年の十一月に結党式を挙げたのである。

しかるに、野《や》に下った大隈の一派はこれもなんとかして、自分らの進むべき方向を定めなければならぬということになって、かなり苦心したけれども、さすがの大隈もちょっと行き詰まったのは、なにしろ一緒について辞職した連中が、ふつうの書生と違っていずれも特色をもっているのみならず、相当の学問もあり、地位もあり、世間からもかなり知られたものであるから、ただひととおりの取り扱いではとても治まってゆかぬ。いまのように会社や銀行というようなところから、さかんに人物を迎えて高い俸給を出すということは、その時代には絶えてなかったのである。ことに前のような事情で、政府から退いたものを、どこに嵌《は》めこむという当てもなく、まさかに五十名近い偉い連中を乾分として大隈がひとりで、背負いきれるわけはない。なにごとをいうもまずこの乾児《こぶん》の処置について大隈は、非常な苦心をしたものである。

しかるに、毎日新聞社長沼間守一が、最初から国会期成同盟会に関係があって、自由党と改まったときにもその発起者の一人《いちにん》であった。毎日新聞社の軒先きに、最初の自由党の看板は、その関係から掲げられたのである。そのときの社はいまの銀座の角にある、カフェー・ライオンのところ［いまの「銀座プレイス」の建っているところ］がすなわちそれである。

ところが自由党の論客として知られた、馬場辰猪《ばばたつい》と沼間と議論と感情の折り合いが悪く、非常な喧嘩をしたのちに沼間は、その仲間から脱退して孤立になってしまった。沼間は元が幕府の旗本であってたいした学問はないが、フランス語もやれるし、かつて幕府の歩兵教官を勤めたことがあり一度は朝敵の名によって、座敷牢へ入れられたが、幸いにして大赦に逢うたので、神田辺につまらない小商人《こあきんど》になっていたのを山縣有朋が迎えて、陸軍に入れようとしたけれど、それを拒んで行かなかったというくらいに、ちょっとおもしろい気風のある男であった。それを知った板垣が土州藩へ周旋して、藩の歩兵教官にしてその後板垣は政府へ入って、参議の職に就いた。これを幸いに沼間を、江藤新平や大久保利通に紹介して、ようやく政府の人にも知られるようになり、のちフランスに留学して帰ってきてから、元老院や図書館に書記官等を勤めて、そのうちに不平があって職を辞して、毎日新聞を経営するようになったのである。

こういう関係からいえば、どうしても沼間は、板垣と進退をともにしなければならぬはずであったが前《ぜん》にいったとおり、馬場と意見が合わなかったために去って孤立の姿となり、悶々として日を送っていたが、なんとかして自分の立場を造らなければならぬという事情に迫っていたのである。大隈とは新聞を経営するようになってから、いちだんと懇意になって、官有物事件の際にも、大隈からその秘密を聞き出し盛んに政府攻撃をやったという関係もあって、大隈は少なからず沼間を信用していたものであった。

その大隈が政府を退いて、多くの乾児を背負いこみ、しきりに困っているという事情を知っている沼間は、すぐに大隈を訪ねて、政党組織のことを促したのである。しかるに大隈はこれに答えて「まさかにわが輩が板垣の配下になることもならずというて、いまさらわが輩が、政党を新たに起したところでとても板垣に拮抗することはできまい。それであるから、もう少し世間のなりゆきを見ようと思う」というから、そこで沼間は、「あなたの率いている新進の才物を以て新しい政党を造れば、必ず板垣や自由党の下に馳せ参じなかった連中は、あなたの配下に集まってくるにきまっている、板垣のほうへ走ったものは、地方郡村の農民か、あるいは旧藩の士族のみであって、気を負うて世に立つの人が多く、したがって悲歌慷慨《ひかこうがい》はしても、組織的に議論を立てて、政治を論ずるという風の人は少ない、それゆえに都会の地に在る商工業者のしかるべき人物や、多少西洋の書物を読んでいる智識階級の人たちは、彼らの政党へは赴かないのである。それらの連中を寄せ集めても、相当に勢力は得られると思う。ことに議会が開けても、彼らは農民や中産階級の人びとを代表することになり、これがために議会開会ののちには、農民党なるものの勢力は張れるが、その他の階級の代表人物を出すべき団体のない限り、あなたの配下へそれらの人が集まってきて、ここにおもしろい政争が起ってくると思う。とにかく、あなたにその気があれば、私において充分尽力するつもりであるが、どうであるか」という意味のことを説いた。ここにおいて大隈の意は、やや動き出して万事を沼間に託して、明治十五年四月になって、ここに立憲改進党なるものが起ったのである。

　さきに自由党ができるとまもなく、大阪に立憲政党なるものが起った。それには自由党の副総理であった中島信行《なかじまのぶゆき》を以てその総理とし、その背後には河津祐之《かわづすけゆき》、甲田良造《こうだりようぞう》、古沢滋、小島忠里《おじまたださと》、草間時福《くさまときよし》ら、近畿地方を中心として、中国四国九州に跨《また》がっての有志が多くこれに集まり、自由党の分家のごときかたちで、関西に威力を振るったものである。当時の人はこれを天下の三大政党と称したものであるが、その翌年になって、福地源一郎、水野寅次《みずのとらじ》郎《ろう》、丸山作楽《まるやまさくら》の三人が、立憲帝政党なるものを起した。これはその党名によっても知るごとく、純然たる政府党であって、その機関新聞には東京日日、明治日報の二つがあり、大阪には大東日報というものが新たに起された。前年暗殺された原敬《はらたかし》は、この大東日報の記者であったのだからちょっとおもしろいことであると思う。しかしながらこの政党は、まもなく潰れてしまった。創立の初めから解散まで三人で済んだというのはまことに珍らしい。こんな政党は、世界には多くの例はなかろう。それくらいに、そのころの政府党なるものは、信用されなかったのであるが、いまではそれと違って、政府党でなければ、夜も日も明けぬというくらいになってきたのだから、人心の傾向もだいぶ違ってきたものと見なければならぬ。

自由党と改進党の軋轢

自由党の起った事情と、改進党の起った事情とは、まったく異なっていた。その首領の板垣と大隈の性格は、全然相違している。そういうしだいであるから集まってくる党員の性格も、まったく相違があって、どうしてもこの両党はいずれかの時代において、衝突しなければならぬ運命をもっていたのである。

自由党に集まったものは多く旧藩の士族で、長いあいだ、薩長の政治家に圧迫を受けて悶々の情を押えていた連中であるから、議論よりはむしろ感情的に、藩閥政府にはしたがわぬといった調子の人物が多く、郡村の農民にしても、やはりそれと同じような、感情で集まってきたのであるから改進党のように、新しい学問をして、昨日まで役人をしていたというような人物とは全然違っているのみならず、境遇や一身上の都合から、その性格もだいぶ違っていたのだ。

自由党の者から改進党の者を観れば、机の上の議論ばかりしていて実際の役には立たぬといったような見ようもしていたろうし、改進党のほうの者から自由党の者を観れば、いたずらに気のみ強く腕力が先に立って、粗暴過激に陥りやすく、少しも理性に伴うたところのない、いわゆる犬殺しに均しい連中が相会しているにすぎぬというようなことを言っていたのであるから、互いに遠くのほうから誹《そし》っているあいだはなにごともないが、双方が接近して、なにかの問題に触れてくれば烈しい争いの起るのは、当然のしだいであった。ことに大隈はああした調子の人で、板垣は律儀一方、義理一片の人物であったから首領同志の折り合いもつき兼ねて、ただ衝突の時機はいつ来るかということが問題であったのだ。

明治十五年の四月上旬、板垣が岐阜の富茂登村《とみもとむら》に在った、中教院［神道国教化、神仏合併を図るために設立された「大教院」の下部組織］の玄関先で、相原尚褧《あいはらなおふみ》という者に斬られた。はじめは政府の間諜《まわしもの》のごとく思っていたが、だんだん調べてみるとそうした関係は少しも政府になくして、たんに相原の頭の古いところから板垣の新しい理窟を、みずから十分に咀嚼《そしゃく》することができないでいたずらに板垣を以て、共和政治を唱える人であると言うような誤解から皇室中心主義のきわめて浅い考えの相原が、板垣といちおうの議論も闘わせずして突然斬ってかかったのが、この事件の真相であった。幸い板垣は傷も浅く、ことに前《ぜん》の東京市長後藤新平《ごとうしんぺい》が、［当時］名古屋県立病院長をしていたので、県令の国貞廉平《くにさだれんぺい》とともに駆けつけて、その治療が行き届いたために疵《きず》も存外早く癒《なお》って、板垣はこの機会において洋行するというまでになった。

しかるに自由党員のうちにも、板垣に対する反対の連中が相当にあって、洋行のことから問題が起り、大石正巳《おおいしまさみ》が先立ちで、洋行反対の声をあげたのである。従前から大石は板垣と同じ高知県の出身で、板垣は大石に対して先輩であるが、双方の気分の相違はいたしかたなく、大石はつねに板垣に背いていた。その代りに後藤象二郎に対しては、心服していて、後藤のすることならば、一も二もなく服していた。けれども板垣の言うことには、つねに反対していたような傾きがあった。大石のうしろには、馬場辰猪、末広重恭《すえひろしげやす》[鉄腸《てっちょう》]、田口卯吉[鼎軒《ていけん》]、堀口昇《ほりぐちのぼる》、西村玄道《にしむらげんどう》、浅野乾《あさのかん》などの連中がついていて、党内においても、相当な勢力があり、また地方の党員に対しても、なかなかに勢力をもっている連中であるから、いつも議論が起ると相当に騒ぎがあったのである。

政府のほうから観れば、自由党も、改進党も、ともに反対派であって、どちらも施政の上には、邪魔になる連中ばかりであった。もしこの両党が力を一にして、政府に向ったならば、それこそ由々しき大事であって政府のためには、一大強敵になるのであるが、幸いなことには、板垣と大隈との性格の相違や、党員の感情が非常に衝突しているために、両党がひとつの力に成らずしてわかれわかれに政府に当ってきたということが、政府のためには、この上もない幸福であった。

改進党のほうは、多くに机上の論に僻《へき》して、実際運動には遠ざかっていたから、比較的恐ろしいのは自由党であった。これはどうかすると、命がけで向ってくるという連中があったために政府はこれに対して、相当の恐れをもっていたのである。ことに国会期成同盟会の時分からの自由党であって、その勢力も改進党と比較して非常に強いものがあったから、もしこの自由党が改進党とある点において折り合いがついて、政府に向ってきたならば、容易ならぬことになるによって、なるべく両党のあいだには大きい溝を造っておく必要があるとそうした考えから政府は、つねに間諜《かんちょう》を放って両党の疎隔を計っていたということであった。

板垣の洋行について、どこから言い出したともなく、その旅費の出どころが怪しいという風説が起ってきた。

「板垣は、赤貧洗うがごとき身であって、数万円の旅費の調達のできるわけはなく、この金ができたというのは、なにか事情がなければならぬ」

といったようなことが、だんだん広がってきて、ついには板垣の旅費は、

「政府筋から出てきたのであって、板垣が洋行から帰ると政府に入るのである」

という風説さえこれにともなってきたのである。

これはいうまでもなく、警視庁あたりから出た流言の苦肉策であって、これに引っかかったのは改進党であった。毎日新聞と報知新聞とで、まずこの風説を掲げ、洋行に対する皮肉な論評を加えた。事あれかしと待っていた大石らの一派は、この風説を捉えて、本部内の問

題にしたのである。

「板垣が一箇の人として洋行するならば、それに苦情はなけれども、もし自由党の総理として洋行するのならば、いまはその時期ではない。なんとなれば政府はしきりに自由党に向って、圧迫を加えてきて、これがために、党員が入獄の憂き目を見るのは、もとより覚悟の上でやむをえずとせるも、このときにあたって党の総理が洋行するというような悠長なことをするのは、はなはだよろしくない。もし洋行するのならば、いま少し党の整理もつけ政府に対する相当の立場を造っておいてからならばともかく、なにもかも捨てておいて洋行するというは一党の総理としては、はなはだ怪しからぬことである」

といったような議論を唱えて、しきりに反対したのであった。

板垣は律義一方の人であるから、こういう議論で、表面から向ってくると後ろへ廻って眺めるというようなことはなく、自分が乗り出してすぐに理窟《こ》を捏ねるといったような人であるから、ことに金銭のために、政府の誘うところとなって洋行するのであるといわれては、拙者の面目が立たぬと、盛んに大石らと論争を始めた。

改進党のほうでは、これを見て奇貨居《きかお》くべしとなし、盛んに讒誣中傷《ざんぶちゅうしょう》を試みた。その材料の大半は、政府筋から出てきたのであるが、それはきわめて巧妙な方法で伝えられるから改進党も、政府の犬をするというしだいではなかったろうが、その結果からいえば、政府のために働いているのであった。

自由党内にもこの問題を公平に視て、双方を宥《なだ》めようとする者もあったが、なにぶんにも平生《へいぜい》から派がわかれていて、洋行に賛成している者は、大石らと仲の悪い連中のみであったから、それが仲裁に入ったところで、火に油を注ぐようなわけであって、とうてい調停の取れようはずがない。ことにこういう喧嘩の場合に、ごく都合の好い立場にいたのが東北の重鎮として、信用のあった河野広中であるが、折柄《おりから》県令の三島通庸《みしまみちつね》が土木事件について、福島の県会を解散し、続いて総選挙が始まったので河野は、この問題のために、上京することはとても望みえなかったのである。

大井憲太郎は、つねに東京にいたけれども、はじめから板垣の洋行に賛成を表したのであって平生から大石、馬場などとは、反対の立場にいたので、とうてい調停の労を取ることはできない。そのほかに評判の好かった片岡健吉《かたおかけんきち》もいたけれど、これは板垣の唯一の股肱《ここう》であって、はじめから洋行に賛成していたのであるから、なおさら仲裁に入ることはできなかった。

そのころ本部の幹事をしていた人に、宮部襄《みやべのぼる》、加藤平四郎《かとうへいしろう》のふたりがいた。宮部は非常に才気があり、ことに人を説くことについて一種の奇才をもっていた人である。加藤は岡山県の先輩で、いまの犬養毅が、慶応義塾にいるころすでに自由民権や、国会開設運動で、中央に乗り出し、相当に名前を知られていた人である。いまでも政友会に属して、院外団長の長老であるが、きわめて温厚な、なにごとにもあまり片寄った考えをもたぬ人であった。しかしながら、ともに本部の役員であるということが禍いをなして、この問題の仲裁に這入《はい》ることもできず、さればとて、これを捨てておけばどういう騒ぎが起って党が分裂しないという限りもないし、自由党のためには由々しき問題であるから、なんとか解決の方法はないものかと、ふたりは寄り寄り相談したが、ようやく宮部は一策を案出して、ここにはじめて星亨《ほしとおる》なる者を引き出したのである。

星は嘉永二年の生まれで、築地小田原町《つきじおだわらちょう》の佃屋徳兵衛《つくだやとくべえ》という左官職《さかんや》の悴で、生粋《きっすい》の江戸児《えどっこ》である。世間では星の生まれたところがわからぬなどといって、巧みに傷つけようとするけれども生まれたところのわからないという人間ではない。他人には生まれたところはわからないでも生まれた本人は、自分の生まれたところはわかっている。夙《はや》く英学を修めて、二十歳のころには、相当に外国人と話もできる程度に進み、陸奥宗光が明治政府に入って、外交事務掛判事《じむがかりはんじ》という役を勤めていた時分に、英語を教えたことがある。そうした関係から陸奥と星のあいだには、ひとつの情縁が結ばれて、陸奥が横浜の県令になったとき、星は税関長になった。それからのちに陸奥の斡旋《あっせん》で、官費留学生としてイギリスに渡り、ケンブリッジ大学を卒業して、バリストル〔バリスター（barrister）／法廷弁護士〕になって帰朝した。昨今では、バリストルぐらいの者は、どこの町内にいってもひとりやふたりはあるだろうが、そのころバリストルになった者は日本中に三人しかなかったのである。そのひとりが相馬永胤《そうまながたね》で、他のひとりが目賀田種太郎《めがたたねたろう》、残るひとりが星亨であった。相馬と目賀田は夙《はや》く政府に入って、役人になったが、星は民間に留まって代言人［弁護士］を開業したけれども、自由党の創立には、なんらの関係もなく、司法省御雇《おやとい》代言人として、かつ東京組合の会長を勤めておったのである。後藤象二郎が紹介して、自由党に加入させることにしたけれども、星にはひとりの味方もなく、また乾児《こぶん》もなく、ただ後藤が紹介して入党したというにすぎなかったから本部へ来ても、誰ひとりとして、星の執りなしをする者はなかった。星はただボンヤリ這入ってきては、ボンヤリ帰るというような状態であった。

大井［憲太郎］は豊後《ぶんご》の馬城山《まきさん》の麓から出た人であるが、夙く東京にいた関係から、関八州の自由党員はすべて大井の配下であって、星はその立脚地を求めても、ついに一指を染むることができなかった。

星の人となりを見こんで、なにか事があったならば、星を引き出して党の重大な仕事をやらせてみたいという考えをもっておったのが、幹事の宮部であった。洋行事件が起ってすこぶる面倒になってきたから、それを幸いに、星を引き出してこの仲裁役に当てたのである。

その結果はどうなったかというに、大石、馬場、末広らは、袂《たもと》を連ねて脱党してしまった。板垣はそれと同時に洋行したのであるから、せっかく星を引き出したけれども調停の効は奏さなかったといっていい。その代わり大石と馬場と末広を失って、星を得た自由党は、それから党勢も展《の》びてきてすべての仕事が、活々してきたというのは事実である。

自由党の機関に、自由新聞というのがあって、板垣が社長として党員の重立った者より、寄附金を出させて、発刊の運びになったのであるが、そのころの政党新聞はまったくの政党新聞であって、世間に広く売るというようなことは、さらに考えていなかった。党に関係のことばかり書いてその論説のごときも、政党論の一本槍でゆくのであるから、一般の人が読んでもあまり興味がなかった。ことに今日のごとく一般の人の新聞慾が進んでいなかったから、政党新聞は、はなはだ振るわなかったのである。

新聞を経営するものが、その代価のみを目的にしているのではとても成り立つものではなく、広告料が、主なる財源にならなければならぬ。しかるに広告の必要を今日のごとく認めておらぬ時代であるから、たいがいは一行五銭ぐらいの料金であって、いまのように一円以上の料金が取れるというようなことは夢にも見ていなかった。一ヵ月四十銭か五十銭の新聞代金を取ったのみでは収支償《つぐな》わないのは当然であって、いずれの政党新聞もみな財政で非常に難儀をしていた。

そのうちでも自由党の人は、新聞の経営が拙劣《へた》であったから、いっそうその経営難で、自由新聞の財政困難はひととおりでなかった。はじめ集めた数万円の資本は、いつか使い尽してすでに二万円以上の借財があったので、板垣は洋行するときにひそかに星を呼んで、自由新聞の将来を頼んだ。星は快よく承諾して、この新聞を引き受くることになったが、ひとりの味方も乾児《こぶん》もなく、きわめて寂しくしていた星は新聞という機関をもったために、その勢力はこれによって展《の》びてきたのである。

大井も新聞の必要なくらいのことはよく知っていたけれども、あまり富んでいなかった人であるから新聞そのものの必要は認めていても、二万円以上の借財を負担してまでその経営を引き受くるというようなことはまったく不可能であったから、遅れてはいってきた星のために、機関新聞を乗っ取られたのである。

星はそのころ、二十万円に近い資産があったので、負債つきの新聞を引き受くることができたのだ。それから後に「自由の燈」という絵入新聞を出して、俗受け専門の記事を書いて、一時はなかなかに売れたものであったが、これも経営の下手なために二年余で倒れてしまった。

星の勢力が、自由党内に盛んになってくると、星はひそかに考えて、なにか党員の悦《よろこ》びそうなことをやってみようとそればかり考えていた。時に起ったのが、政府と三菱会社の争いであった。

三菱会社のことは前にも述べたとおりであるが、政府は西南戦争ののちに、三菱会社の勢力が、非常に大きくなって、岩崎家が、三井と拮抗するような、富豪になったためにその将来が思われて、非常に心配を始め、三菱の勢力を牽制して、岩崎の富をいくらか削っておかなければならぬという必要を感じて、西郷従道と品川弥二郎が肝煎《きもいり》になって、ここに民間の実業家を集め三菱会社に対抗すべく、共同運輸会社なる者を設けて、盛んに競争を始めた。

そのくわしいことは前にも述べたことであるから、いまここに再説しないがとにかく、この問題について、共同運輸会社のほうでは、世間の同情を得なければとうてい三菱会社と拮抗することができぬので、政府筋から自由党のほうに材料を廻してきた。

三菱会社が、政府の御用を勤めてたくさんの船を手に入れたり、保険金をもらったりしたが、その斡旋の労を取った者は、当時の大蔵卿大隈重信であったから、板垣と大隈、三菱会社と改進党との関係が、政府の秘密書類によって、すこぶる明瞭になってきた。それを見て星は、ただちに三菱会社の攻撃を始め、大隈と岩崎の秘密を暴露することにして、まず自由新聞では三菱と改進党の関係を訐《あば》き、大隈と岩崎の金銭問題を明らかにして改進党を偽党《ぎとう》と罵《ののし》り、大隈を偽《にせ》政治家と嘲《あざけ》り、岩崎を国家の富を私《わたくし》した者として、盛んに攻撃を開始した。それが存外人気に投じて、その評判は非常なものであった。

この機会を逸してはならぬというので、星は大井と相談の上、全国から代表的の党員を多く集め、ここに百余名の遊説員《ゆうぜいいん》を選抜して、これが十幾組にわかれて、全国の遊説に出かけたのである。その旗挙げともいうべき演説会は、新富座に開かれて、その盛んなことはじつに破竹の勢いであった。自由万歳偽党撲滅《じゆうばんざいぎとうぼくめつ》なる八文字を、紫地に白く染め抜いた幔幕《まんまく》を作り、これを会場の四方に張り廻して、演説が終ると星、大井をはじめ弁士一同が舞台に立って偽党撲滅、自由万歳を三唱して、散会するといったようなやりくちで、非常に人気を唆《そそ》り上げた。

これがために改進党の受けた打撃は、じつに非常なもので、地方の郡村や小都会に、大隈の勢力が伸びなくなったのは、まったくこの運動の結果であった。されば改進党や大隈の一派の星に対する怨恨ははなはだしいものであって、とうとう星の非業《ひごう》に仆《たお》れるまで、その攻撃を続け、死後の今日までもなお星に向って、悪罵を放つというのは、まったくその怨みが残っているものと、視てよかろう。

自由党と改進党が、どうしても感情の上で相容れぬようになったのは、この原因であって、じつをいえば、政府の思う壺に箝《はま》ったともいえるが、しかしそのことはなくともこの両党が相和してゆくということは、水と火をひとつにすると同じようなことで、とうてい不可能のことであったから、星が政府の手に載せらるるということを知りながら、この運動を起したのは、あるいは当然のことであったかもしれぬ。

朝鮮事件の内秘

わが国と朝鮮との関係は久しいことであった。そのすべてにわたって、歴史を話すということは、もちろん不可能であるが、とにかく、明治初年からの関係はひととおり知っておく必要がある。ましてわが国に併合されて以来はなおさら日本人として、朝鮮の事情はひととおり記憶しておくのは必要であると思う。

しかし私は、いまここにくわしいことを述べることはできぬ。紙数に限りがあるから、ただその概略を述べることにしておくが、ただ明治年間を限りわが国と朝鮮の関係をひととおり明らかにする程度において、述べてみたいと思うのである。

明治六年の征韓論は、前篇でひととおり述べてあるから、この篇においてはまったく省略することにするが、その前後のことから始める。

明治政府ができるとすぐに、朝鮮に使節を送り、徳川時代に結んだ条約をそのままに継続させようとしたが、これは朝鮮政府の拒むところとなってすこぶる面倒な問題も起り、それがために例の征韓論も始まった。西郷らの辞職によって、談判も一時は中絶したが、そののち朝鮮政府もみずから悟るところがあったものか、条約は自然実行されるようになった。

しかるに明治八年のことであるが、江華湾《こうかわん》の沖を日本の軍艦が通過するとき、不意に大砲を打ちかけられて、軍艦のほうでも応戦して、敵の砲塁《ほうるい》を打ち敗《やぶ》り、無事に引き揚げてきた。

わが政府では、これを由々しき問題なりとして、遽《にわ》かに閣議を開いてこれをいかにすべきやの相談にかかった。

ときに黒田清隆が、当時は開拓使長官であったけれども、本職は陸軍中将であったから、しきりに開戦論を主張して、他の穏和論を排斥し、朝鮮を討伐してしまわなければならぬといってしきりに強い議論を吐いて人の止めるも肯《き》かないのみならず「どうしても政府が、朝鮮征伐をせぬならば、自分はすべての官位を擲《なげう》ち薩摩の壮士を率いて、自費を以て朝鮮を征服して政府へ献納したらよかろう」と、乱暴なことを言い出した。元来が一本調子で、昔風の豪傑肌合いの人であった黒田のことであるから、目的どおりにはできないまでも、あるいは実行するかもしれないという虞《おそれ》があって、いろいろになだめたけれど、黒田は承知しなかった。

すべて人間には、苦手というものがあって、どんな強い人にもひとりぐらいの苦手はある。西郷従道は黒田に比べれば、歳も下であったし、官位もそれ以下であったけれど、兄隆盛らの関係と一種の人を抑えつける魅力があって、それがために黒田はどうしても従道には頭が上らなかった。

政府のほうでは、従道をして黒田を抑えつけようとしたが、折悪《おりあ》しく従道は北海道視察に出かけて東京にいなかった。そこで遽《にわ》かに電報を以て黒田をなだめることを、従道に申し送った。北海全道の視察を終って、ちょうど江刺《えさし》というところへやってきて官民合同の宴会に臨んでいるところへ、政府から電報が届いた。

それを見ると、前にいったようなことが書いてあったので、従道は電報用紙を取って考えていたが、その前から従道のもてなしに、江刺芸者がしきりに追分《おいわけ》を謡《うた》っていた。ふいと思いついたようにひとりの芸者に向って、

「おまえが、いま謡《うと》うた追分を、まあ一度謡ってみろ」

といわれて、芸者は三味線を取上げ、調子を合せて綺麗な声で謡いはじめた。江刺追分の

うちでもっとも有名なものは、

纏《まとま》るものなら纏《まと》めてお呉《く》れ

誰しも恋路は同じこと

というのであるが、それを謡いはじめた。従道は、

「もうそれでよろしい」

と、いって電報用紙へなにか認《したた》めて、従者に渡した。

東京にいる黒田は、従道から電報が来たのであるから、さだめし自分の征韓論を激励してきたものと思って、開いてみると案外にも、

纏るものなら纏めてお呉れ

と、書いてあったので、アッといって頭を垂れた。黒田はついに征韓論を中止してしまった。

従道は人に対して一種の魅力をもっていて、どことなく脱俗しているところがあった。たったひとつの追分唄で、しかもその半分の追分唄を以て、征韓論を止めたというのだから、従道の力もまた大なるものである。

それからしばらくのあいだ、小さい事件はあったが、国際問題になるほどの大きな事件はなく無事に歳月は流れて、明治十五年になると京城《けいじょう》のわが公使館が焼き打ちされたという大騒動が起った。

朝鮮は純然たる、独立国であるにかかわらず、なにごとも支那政府の命令にしたがって、

ほとんどその属国たるの観があった。支那の公文書等には、よく「朝鮮は由来中華の属邦たり」ということが書いてあるぐらいであった。朝鮮人はこれを見て、あえて不思議ともしなかったのである。それであるから、支那政府の頤使《いし》にしたがって日本政府に対しては、つねに支那政府の意見のとおりに対抗してきたから、いつも日本政府はそれに苦しめられていたのである。

そこで当時の政治家は、朝鮮政府の急所を抑えつけるのほか、対応策はないと考えて表面は朝鮮政府の兵士に、調練を教えるという名義で、わが陸軍の将校を多く送って、朝鮮の兵士の教官にした。この策はうまく当って追々日本の勢力が、朝鮮政府の部内に漲《みなぎ》ってきた。それを見て朝鮮政府の大官は、もとより支那政府の乾児《こぶん》として、甘んじていたのであるから、いまのうちに日本の勢力を駆逐しなければ、由々しき大事になるというような馬鹿な考えをもっていたものも多くあった。

その背後から、［李鴻章《りこうしょう》の信任を得て、総理交渉通商事宜として朝鮮に駐在していた］袁《えん》世凱《せいがい》がしきりに煽りつけたので、ついに七月の上旬に、暴動が起ってわが公使館を包囲し、あるいは火を放ち、あるいは半弓を射かけ、あるいは石を投げ盛んに暴行をはじめた。当時の公使、花房義質《はなぶさよしもと》らは傷を負うて日本に逃げ帰るというようなことになり、京城在住の日本人はすべて害を被り、婦人らはほとんど辱《はず》かしめられざるものはないというほどの暴虐を恣《ほしいまま》にしたのである。

このことが花房公使から政府へ報告になったから、遽かに御前会議を開いて、当時の外務卿井上馨が、急に全権大使となり朝鮮政府に対して、談判を開くこととなった。さすがに井上の力を以てしたので、このとき始めて修交条約の締結ができたのである。それまでの条約は、ただ漂流した船の救助だとか、あるいは食物等に窮した漂流人にその求むる物を与えるとかいうようなひととおりの約束はあったが、真の国際条約なるものはこのときに締結されたのである。

しかしながらその調印になるまでには、なかなかの困難もあって、ひととおりの談判では済まなかった。ことに朝鮮国王の名代が、日本へ来てわが皇帝陛下の御前に、謝罪の意を表示せよという一ヵ条は、非常に朝鮮の大官が反対して、この一事のために談判は中止されて、井上は仁川《じんせん》まで引き揚げるというようなこともあったのだ。

しかるに井上の随行者のうちに、斎藤修一郎《さいとうしゆういちろう》という秘書官があって、当時はいまだ二十四五歳であったが、非常なやりてであって、巧みに働いた結果、ついにこの箇条を容れさせたのである。

その次に起ったのが、明治十七年の公使館焼打事件である。その顚末《てんまつ》をひととおり述べることにしよう。十五年の談判の結果として、金玉均《きんぎよくきん》と朴泳孝《ぼくえいこう》が国王の名代としてわが国に渡来し、謝罪の意を表したところが、金・朴のふたりは、まさに国王を代表して、謝罪に来たのではあるが、その真意は、他にあったのだから、はなはだおもしろい。

永いあいだ、支那政府の干渉を受けて、ほとんど独立の実がなかったということを嘆いて、金・朴のふたりは独立党なるものを起した。なにかの機会において、支那政府の干渉の手を遁《のが》れようとしてひそかに計画をしていたのだ。折柄、この謝罪使のことが起って高位高官にあるものは、ひとりとしてその使節たることを甘んじなかった。その機会に乗じてふたりは、誰《た》れも嫌う役目を引き受けて、日本に乗り出してきたのである。

支那政府の干渉の手から遁れて、朝鮮が独立の実を得たいとしても、なかなかふたりの微力を以てしてはこれをなすことは困難《むずか》しい。ことに独立党の勢力も、はなはだ微々たるものであったから、いずれかに後援者を求める必要がある。それには日本の政治家、もしくは志士の力を藉《か》りるほかはないと考えて、表面は謝罪の使節であるが、その真意は、味方を求めるための使節であった。

慶応義塾の福沢諭吉が、小幡篤次郎《おばたとくじろう》という人に、学校のほうを委せてもはや後顧の憂がないから、そこで新聞を起して、自分の意見を世に伝え、また日本人を政治的に教育しようという考えを起した。それがために発行されたものが、いまの時事新報である。

ことに支那朝鮮の問題に、興味をもって、しきりにその方面の議論を書いているときであったから金・朴の二人がやってきて、日本の有志家に交わりを求めているのを見て、自分の邸にふたりを喚んでだんだんと意見を聞かせ、またふたりの説も聞いてみて、ここに福沢とふたりの関係はできたのである。

金・朴のふたりが朝鮮に帰ってからのちに、福沢は後藤象二郎を説いて、独立党の応援をなすべく種々画策して、いまの政友会の代議士井上角五郎《いのうえかくごろう》を自分の身代わりにして、朝鮮へ送って、漢城旬報《かんじょうじゅんぽう》という新聞を発行させた。まず知識階級から誘うて反支那の気勢を挙げようと計ったのである。

しかるに花房公使はすでに退いて、このときは竹添進一郎《たけぞえしんいちろう》が公使になっていた。井上は、金・朴のふたりには謀ったけれど、竹添の諒解は得ていなかった。これがために竹添は、感情を悪くしているところへ袁世凱から故障が出てきた。漢城旬報において、盛んに支那のことを悪く書くが、日本の公使はこれを黙認しているのかといった調子の談判を受けた。元来が心中おもしろくなく思っていた竹添は、袁の申しこみに応じて、これから漢城旬報に、ひどい干渉を始めたので、ついには一枚の紙を買うにも、馬関《ばかん》［下関《しものせき》］まで出なければ手に這入らぬというような馬鹿なことになってしまった。

角五郎は日本を出るときに、福沢からの話とはだいぶ違っているので、すぐに東京に引き返して福沢にその顛末を告げ、日本公使の干渉ははなはだ怪《け》しからぬということを論じた。福沢は、角五郎を朝鮮へ送るときに伊藤博文には会うて、ほぼその諒解を得ておったのであるから、竹添公使の所為《しょい》に対してははなはだ疑いに堪えなかった。そこで伊藤のところへ駆けつけて、この談判をすると伊藤は思わず膝を打って、

「失策《しま》った」

といったから、福沢がその理由を尋ねると、

「じつは君から話を聞いて、俺だけ承知しておったが肝腎の井上に吹きこむことを忘れた」

というのであった。

伊藤という人は早呑みこみはするが、どうかするとこういう手落ちをすることが、しばしばあったのである。あらためて伊藤から井上にも話しこんで、ほぼその諒解を得たので、角五郎は、ふたたび朝鮮へ乗りこむことになった。それと入れ違いに竹添公使は、日本政府に喚びつけられて、なにか井上より申し渡しがあったので、ここに始めて公使と角五郎・金・朴三人のあいだに協調がとれて、反支那の運動は、ようやく目鼻がついてきた。

その前に金玉均が日本へやってきて、福沢に金策を申しこんだ。それは朝鮮内外の政治を改革するについては、三百万両ほどの金が要《い》る。税関を担保にするから金を造ってくれろ、というのであった。国際委任状はもってこなかったけれども、国王李熙《りき》陛下〔高宗〕の親書なるものは携えてきたのであるから、まんざら嘘で固めたことではない。そこで福沢はこの金を造っておいてやれば、後日のためにもなろうと考えて、その金策を引き受けたのである。

しかしながら当時の実業家なるものは、いまの実業家とちがって、こういう問題に金を出すというような、胆の太いことはできなかったのであるから、三百万両の大金は容易にできなかった。福沢もついにやむをえず、井上外務卿に会うて、このことを懇談に及んだ。井上も朝鮮には志があったのでこれを快諾して、調金のことを約束したのである。

井上の手許では、その大金はできないから、すぐに渋沢栄一を迎えにやって、二三の銀行が合同でこの金を拵《こしら》えてやれということを交渉した。銀行には相当に金が集まっていたのと、朝鮮国王の親書を引き当てに、税関の権利を握るという担保があるのだから、渋沢も安心して二三の銀行と話し合いで、金はほぼできることになった。しかるに金玉均は、この運動に出かけてくる時、竹添の諒解を得てこなかったので、金《きん》の出発後に、竹添がこのことを聞いて非常に怒った。井上に打った電報に、

「金玉均の持参せる親書に疑いあり」

さすがに竹添は、学者〔漢学者〕だけあって電報の文句が上手であった。

「国王の親書に疑いあり」というのは、千万言を連ねて抗議を申しこむより威力があった。

井上は驚いて渋沢を招んだ。

「先《せん》だって話をしたことは、金を貸すことを商売にしている銀行のことであるから、貸すのは勝手であるが俺は責任をもたぬぞ」

と、例のわがままなことを言い出したので、渋沢はすこぶる驚いた。

「あなたの口入れであるから、調金の運動をしたのですが、あなたが引き受けぬとなれば、私のほうでも御免こうむります」

「それはおまえの勝手である。俺は後日のことは与り関《あずか》せぬということだけを告げておけばいいのだ—

「それでは、この話はこれで打ち切りにいたしましょう」

こういう事情で金はできぬことになった。しかるに金は福沢から話を聞いて、もう金が手に入ったもののごとく思って、国許《くにもと》の同志や国王に、その旨を電報で知らせておいたから、いまさらになって金ができぬからといって指をくわえて帰ることはできぬ。このことが手違いになれば、私は死ぬよりほかありませんといって、福沢に迫ったので、福沢もいまさらにはねつけることもならず、またまた井上のところにやってきて、厳談に及んだ。

「あなたがあれほどに引き受けたから、金玉均のほうへは、すでに金ができるものとして、返事をしておいたのに、いまさらになってそういう故障を言われては、ただに私の責任が立たぬのみならず、あなたの信用にも関するであろうから、もう一度思いなおして、なんとか御心配を願いたい」

「イヤ、俺は心配するだけのことはしたのだが、貸すほうで貸さぬというのだから、しかたはなかろう」

「よろしい、そういうお答えで、この問題が解決できるというお考えならば、私はふたたびあなたに御相談はせぬ。その代わり私の名を現わして、時事新報の上でこの顛末を世界の人に訴える。日本の外務卿は、かくのごとく約束の上には信用のおけぬものであるということを汎《ひろ》く伝えるが、それでもよろしゅうござるか」

これには、さすがの井上も閉口して、

「まあ待ってくれ、なんとか心配してみよう」

「それではお願い申す」

福沢の帰ったあとで井上は、いろいろ考えた末、横浜の正金銀行に重役をしていた木村《きむら》利右衛門《えもん》を呼んでこの顚末を話して、相談に及んだ。木村はこのことを他の重役に伝えたので、正金銀行の答えとしては、その全額は引き受けることはできぬが、一割ぐらいはなんとかしましょうというのであった。

井上はいくらでも造ってやれば、責任は解除になるのであるから、正金銀行から三十万両の金を貸し出させることにした。金《きん》はそれだけの金《かね》ではとても足らないのであるけれども、ないよりはましだというので、これをもって帰ったということもある。

とにかく、かような事情で、日本政府と金・朴らとは一種の関係があったのであるから、竹添公使もある程度までは、踏みこんで世話をせねばならなかったのである。

明治十七年の十一月上旬に、京城にはじめて郵便局ができあがり、その開所式をおこなうこととなった。当夜は府中宮中の大官がすべて集まるというので、角五郎は金・朴両人と相談の上、十数名の壮士を集め、郵便局の裏手にダイナマイトを装置してこれが破裂すると同時に、局内から集まっている大官の逃げ出してくるのを待って、片っ端から斬ってしまおうとした。この恐ろしい計画は、うまくゆくべきはずであったのがダイナマイトが破裂しなかったために齟齬《そご》して、いっさいの計画は破れた。しかし金・朴はただちに宮城に駆けこんで、宮中の大臣を片っ端から打ち斬り、宮城内には時ならぬ血の河を流して非常な惨劇を演じたのである。

そういう騒ぎが起ったにかかわらず、袁世凱は知らぬ顔で、夜の明けるのを待ち受け、そのあいだに準備を整えて多くの朝鮮人を煽動し、宮城へ攻めこんで、ついに金・朴らを追い払い、同時にわが公使館を包囲して、盛んな攻撃を始めた。朝鮮人一流の放火投石半弓、あらゆる方法を以て攻め立てたから、公使館は火に包まれ、竹添らは傷を負うて、命からがらで仁川に落ちのび、それから日本に立ち帰ってこの報告をしたのである。

公使館焼き打ちについて、朝鮮人の群集したなかに、支那兵が四百余名混じって、袁世凱は変装してこれを指揮していたという証拠を充分に握って帰ったので、日本政府から、支那政府に向って談判を開始し、これがために翌十八年の四月、朝鮮に対する条約の締結ができた。これが有名なる天津《てんしん》条約なるもので、さきに暗殺された原敬は、このときに天津領事をしていてはじめて全権大使の伊藤博文と、副使の西郷従道に知られて、まもなくフランス公使館の一等書記官に引き上げられたのであるから、原が官吏としての出世はこれが第一歩であった。

またその条約のうちには「今後、朝鮮の内地に事あって兵を出《いだ》すときには、一方の国の承諾を求める」という意味の箇条があった。それが原因で［明治］二十七八年の日清戦争なるものが起ったのである。それはさらに章を逐《お》うて説くことにしよう。

自由党の国事犯

福島事件

明治維新の際に、奥羽十五州の諸侯は、会津藩を中心としてその聯盟を作り、非常な勢いで官軍に抵抗すべき計画であったが、仙台と秋田の二藩が、腰の弱かったために、その聯盟は破れてけっきょくは、会津と長岡の二藩が主となり、他の小藩を合わせて、官軍と対抗するようになった。

すべての大名が共同一致で当っても、この戦争は勝利を得べき見こみはなかったのであるが、ことに大きい藩がふたつも離反して、早くも官軍に降《くだ》り、その一致の力が欠けたために、けっきょくは会津と長岡が袋を背負って、わずかの間に鎮定されてしまった。こういう事情から、明治政府が成立してのちも、奥羽地方に対する政治の恩恵は、自然と薄くなる傾きがあった。政治というものは、平等にその恩恵を与えなければならぬものであるが、政治を取り扱う者が、人間である以上はやはりそこに多少の感情はついて廻わる。ことに奥羽地方は、産業のはなはだ振るわぬところであって、また気候の関係から土地の人気が、なんとなく地味であるためにその後の発展は、意のごとくにならず、政治の恩恵は受けぬというようなわけで、今日に至るまでも、なお不振の状態にあるのは、まことに気の毒なしだいである。

錦旗《きんき》を翻して、官軍という名義を笠に被って、無理無態に圧《お》しつけてかかったのであるから、そのあいだにはずいぶん無理があり、不法なことをやったのである。たとえば南部藩に対して、わずかな行き違いを口実に過大なる賠償金を要求して、これを苦しめたごとき、または磐城平《いわきたいら》の安藤家を同様な手段で、圧しつけたことのごときは、ほとんど周知の事実であって、そういう凌虐《りょうぎゃく》を受けたのに対する恨みは、長く続いてどうしても新政府に、心服していかなかった傾きがある。もっとも新政府と言ったところでその実際は、薩長二藩に対する反感ではあったけれど、とにかく、薩長二藩の出身者が、政権を握っている以上はそれに対抗する者は取りもなおさず、政府に背くと同じ結果になるのであるから、さなきだに奥羽十五州に対して良い感情をもっておらぬ。当時の政府者はいやが上にも、この地方の人に対しては、冷酷なる取り扱いをしたというのが事実である。

明治十四年になって、自由党の組織が成り、板垣が総理となって、大活動を始めた時分に、ほかの事柄については、あまり進取的の方針を執らなかった奥羽十五州も、この自由党に対しては非常な勢いを以て加わってきた。ことにその中堅になったものは、福島県であった。

河野広中は、三春《みはる》藩の領地内から出た農民の子であるが、維新の際に板垣が官軍の指揮官として奥羽征討に下ったとき、藩を代表して河野が帰順の使者に立ったのである。年はまだ十九歳ぐらいであったが、いかにもその態度の落ち着いて年の割合に、言うことが整っていたというので、ひどく板垣が感心して幸いに三春藩は、河野の力によって禍《わざわい》を得ずにすんだのである。

板垣と河野の関係は、こういうところから結ばれたのであった。その後国会開設運動のために、板垣が東北漫遊に行ったとき、河野は喜んでその一行を迎え、ここに福島県が中堅となって、奥羽十五州の国会請願者の団体が成立したわけである。したがって自由党が組織されたのちも、河野はその領袖《りょうしゅう》の一人《いちにん》となって、本部でも相当の勢力をもっていたのだ。

明治八年に木戸孝允が、ふたたび政府へ戻った。その際に大久保との約束のひとつが、府県会を起すということになった。いまなお続いて開設される府県会なるものはじつを言うと、木戸の提案によってそれがやがて実施されたのである。福島県会の議長として、河野は長くその椅子に着いていたのだが、自由党に加入して以来、河野に次いで同県の同志は多く自由党員となり、県会議員のごときも、大部分は自由党員であった。

明治十五年になって、薩摩の三島通庸が、山形県から転任して福島県令になった。この三島という人は、けっして悪人ではないが、相当に胆力もあり、また圭角《けいかく》もあって、一度思いついたことは邪が非でも押し通していくという気分のあったために、山形県令の時代にも、不急の土木事業を起して、これがために、国事犯の疑獄が起ったというようなこともあった。すべての筆法がそういう調子で、いまの言葉で言えば極端な官僚政治家で、さらに民意の趣くところを考えるというがごときことは、さらになかったのである。

薩長藩閥に対して、非常に憎悪の念をもっていた河野の一派が、さらに薩長藩閥と戦うべく成立した。自由党員として県会議員になっているところへ、こういう気風の三島が県令になって行ったのだから、やがてなんらかの衝突が起るべきは、当然の事態であった。

三島が山形から転任して行った。唯一の目的は、自由党撲滅にあったのである。されば赴任すると同時に、若松帝政党なるものを作ってそれを基礎に、自由党に対抗すべき運動を始めた。その陰に三島がいて指揮をしたことはもとよりである。しかしながら長いあいだ、養《やしの》うておいた、河野の勢力なるものは、いかに官権の威力を以てするも、容易に打ち破ることができないで、赴任早々県令と、大衝突を起すことになった。それが有名の福島国事犯事件の原因である。

そのころは、ただに福島県ばかりではないが、日本全国にわたって演説が非常に流行ってきて、自由党は主として、この演説の力によって政府の非政を論難し、同志の糾合に努めていたのだ。しかしまだそのころには、十分に演説というものについて一般の人が興味をもっていなかったから、今日のごとき、盛んなる会合のあったことは稀であるが、それにしても多少の読書力があり、政治ということについて幾分の理解をもっていた者は、みずから演壇に立つし、また人の演説を聴くのも好んだという傾きがあった。福島県の言論界は、相当に賑《にぎお》うたものである。

河野が、はじめて三春に演説会を開いたときは、聴衆の数《すう》がわずかに三人であった、ということを聞いている。これは福島県が、偏鄙《へんぴ》な土地であるからというわけでなく、東京においてもそういう傾きがあった。政談演説の開祖は、栃木県の荒川高俊《あらかわたかとし》であるが、神田の淡路町《あわじちょう》にはじめて会合を催したときには、ひとりも入場者がなく、やむをえず往来に立って、看板を眺めている者を腕力で引きこんで、わずかに十数名の者に対して演説をしたというような、珍談もあったくらいで、今日のような時勢からこれを追懐すれば、はなはだ興味あることである。

東京ですらそういう状態であったから、奥羽地方の演説会が、はなはだ振るわなかったということも無理のないことである。それが年とともにだんだん盛んになってきて、明治十五年のころには、都鄙《とひ》到るところに、演説会が開かれると、必ず聴衆満員というような盛況を呈してきたのである。

政府はこれがために、集会条例という法律を、新たに発布して演説の取り締まりをはじめた。早く言えば言論に圧迫を加える目的を以て、この法律は発布せられたのであるが、いかに言論を圧迫しても、人の思想まで抑えつけることはできぬ。極度に禁圧を加うればかえってその思想は危険性を帯びていくということは、ただに歴史の上でこれを証明するのみならず、当時の状態を顧みて、このことは断言しうるのである。言論は開放して言わんと欲するところはあくまでも言わせるというのがかえって取り締まり法としては、その要を得たものである。

三島はまず以て、この言論の圧迫を始めた。それから同志が相寄って、政治を論議することに干渉を加え、もし仮りにもこれに抵抗する者があり、その制止に応ぜざる者があったならば、ただちに捕えて獄に投ずるといったようなことを、盛んに始めだした。多少政治の上に理解をもって、演説でもしようという者が、牢に入れられたからとてその考えを擲《なげう》つというようなことはあるべきはずはなく、抑えつければなおいっそう、反抗してゆくのみならず、その思想は追々険悪になってゆくのは当然のことであって、福島県の政治界は、日を逐うて険しいものになってきた。

このときにあたって三島は、会津六郡の道路改修事業を始めた。いまあらためて言うまでもなく福島県の全体は四方山に囲まれて、他府県との交通が、はなはだ不便なものであったから、山を開き道を通じて、交通の便を図ろうという考えから、この土木事業を起したのであるから、その目的はまことによいことであったけれど、いかによい目的で始めても、民力の程度を測らずして、遽かにこれを起せば、必ず反抗の起ってくるのはやむをえぬ。これが自由党の人たちと、県令と衝突を始める原因となって、果ては県会議場に相争うということになったのである。

この土木工事を起せば、必ずその費用は租税の力に俟《ま》たなければならぬ。当時の民度からいえばその地方の人が、それだけの課税に応じえられぬほどの大工事であったから、政府はその工事費の全額に対して、約三分の一の補助を与えると言う約束があって、これを基礎に三島は県民へ課税を迫ってきたのである。ただに課税を迫ったのみならず、六郡の郡長を会して、十五歳以上六十歳までの農民を徴発して工事の人夫に使役し、その夫役料《ぶえきりょう》を以て租税に代えると言う、昔の支那にでもあるような、やりかたを始めた。これに対する怨嗟《えんさ》の声は日を追うて、激しくなってきた。

かくてこのことは、県会の上で争うようになったので、その争いは非常に激しいものであった。当時の県会議員に、宇田成一《うだせいいち》という人がいて、この原案が議場に現われてくると、極端な反対論を唱え、ついには「三島が、県令をしているあいだはいっさいの納税を拒絶する」という建議案まで出して、県会の状態ははなはだ険悪になってきたから、そこで三島は、一流の疳癪《かんしゃく》を起して、県会に解散を命じてしまった。

県会の書記をしていたのが、花香恭次郎《はなかきょうじろう》という人であった。これは福島県人でなく、生まれは千葉県香取郡の万歳村《まんざいむら》というところで父は幕末、浦賀奉行を勤めた戸田氏栄《とだうじよし》という人であった。妾腹《しょうふく》に生まれた関係から、花香姓を名乗っていたけれど、父はこういう位置にあった人で、花香の人格もなかなかよく、色の白い体の痩せた、小さい男ではあったが、相当に胆玉もあって、福島県へ来たのは、自由党の機関新聞に主筆として招かれたのである。

当時の県会は、どこでも新聞記者が、書記をするようになっていたのだ。いまの尾崎行雄なども新潟の新聞記者をしていたときに、県会の書記を勤めたことがある。ついでに話しておくが、尾崎の書記ぶりは、はなはだおもしろく、議員がこもごも議論するのを、筆を執らずに頰杖をついて、にやりにやりと笑いながら聞いていて、ときどきなにか知らぬが書いている。あるときに議長が、尾崎の書いているノートを開いてみると、某議員曰くとして、その説を筆記にしてあるところまではよいがその脇の評に「愚論聞くに堪えず」といったようなことがあって、県会の問題になったことがある。こうしたようなことは、どこの県会にもあった。花香が、一個の新聞記者として、県会の書記をしていたということは、多少議員の心を刺戟してますます強烈な議論を吐かせるようになったという関係もあるのだ。

河野の側《そば》に田母野秀顕《たものひであき》という人がついておって、これはよほど優れた人物であった、その人となりから言えば、たしかに河野以上の人物であった。河野はなんとなくおっとりとしていて大間《おおま》なところがあるけれど、じつを言えば学問もたいしたことでなく、これという政治上の高い意見をもっているわけでもない。政治家としてはきわめて欠点のある人である。田母野はこれに反して、胆力もあれば識見も高く、その弁舌も相当に人を惹きつける力があって、河野よりはかえって党員のあいだには田母野のほうが重く視られていたくらいであった。しかしながら人は力量があるから、必ず統領の位置にいられるというものでなく、多くの人の統領になるには別にそれだけの天性をもっていなければならぬもので、河野にはその天性がたしかにあったのであるから、やはり福島県の自由党としては河野が首領であった。

県会が解散になってから、次いで起るものは総選挙である。三島はあらん限りの力を以て自由党の候補者に、圧迫を加え非常な勢いを以て、これを抑えつけにかかった。自由党のほうでもそれに対抗して、競争はほとんど戦争のごとき状態になってゆく。このときに前に言った宇田と、赤城平太《あかぎへいた》という人が、協力して盛んに農民を煽動し、県令の圧制に向って対抗した力は、またすこぶる強いものであった。

このことが東京へくわしく知れてきたから、そこで自由党本部をはじめ河野や田母野に交際のある連中がこれに応援とかあるいは見舞いとかいう名義の下に、福島県へ乗りこんでゆき、その運動に力を添えることになったから、その騒ぎはますますはげしくなるばかりであった。

土佐の出身で、荒尾覚蔵《あらおかくぞう》という壮士があった。激しい気象をもった男で、いつも本部に詰めていたが、巡査の鼻を嚙《かじ》って牢に這入ったというような、おもしろい履歴をもっているくらいで、乱暴この上なしであった。フランス革命史を読んで、いわゆる革命かぶれのした人物で、福島県へ乗りこんでくるとこれが河野の配下の壮士や、各所の農民を指揮して盛んに官権に反抗をしていた。

宇田と赤城の主唱で、耶摩郡《やまぐん》の弾正ケ原《だんじようはら》に土木工事に反抗の意味を以て、約一万人の農民が集った。そのとき、荒尾が、革命的演説をしてその勢《いきおい》で喜多方《きたかた》警察署を破壊して、非常な騒ぎを惹き起した。この報知があると河野はすぐにこの方面へ出かけて、鎮圧に努め、かろうじてその騒擾は鎮めたけれど、三島はこれを機会に、自由党員に対する大検挙をおこなうことになって、裁判所と協力の上、宇田、赤城をはじめいやしくもこのことに関係のあったものは片っ端から引っ捕えて、獄に投じた。これが有名なる、弾正ケ原の凶徒《きようと》嘯聚《しようしゆ》事件というのである。

三島の目的は、自由党撲滅にあったのだから、この機会において河野広中などを押えてしまわなければ、自由党の基礎は崩れぬ。したがって検挙の手は少しでも引っかかりがあれば、河野の頭上に加わるの形勢になってきた。

福島の町に無名館と称する、自由党の事務所があった。それに多く河野は泊まっていたのであるが、そこへ警官が踏みこんで河野らを拘引していったとき、家宅捜索をした結果、河野の所有になっている小簞笥《こだんす》の抽斗《ひきだし》から、一通の書面が出た。それは五ヵ条より成ったひとつの盟約書であった。同志として河野のほかに、田母野、沢田清之助《さわだせいのすけ》、会沢寧堅《あいざわやすかた》、平島松尾《ひらしままつお》、花香恭次郎の五人が署名していた。

その五ヵ条の盟約のうち、主なるものはなんであるかというに「圧制政府を顚覆《てんぷく》して、完全なる立憲政体を確立すること」というのがあって、これが盟約の基礎となり、他の四ヵ条はそれの附書《つけが》きのごときものになっていたのだ。その末章に「もしこの盟約の秘密を泄《も》らしたる者は、ただちに斬《ざん》に処すべし」と書いてあった。これが材料になって、署名した者は、みな国事犯として、起訴されたのである。

有名な福島事件なるものは、ただこれだけのことであって、いまの裁判所ならば、無罪を言い渡すべき性質のものであるのみならず、気の利いた法官は、かような盟約書一枚ぐらいのことで、被告人を作るような、間抜けたことはしないが、その時代にはなんでも引っかかりがありさえすれば、抑えつけるという方針であったから、これを幸いに河野らを獄に投じたのである。しかも東京へ送りつけて、高等法院まで開いて天下の耳目を集めるような、莫迦《ばか》騒ぎをやったのは、いまから考えてみると笑止千万であった。

その裁判長は有名なる玉乃世履《たまのせいり》、検察官は堀田正忠《ほったまさただ》という新進の検事で、河野らの弁護人は星亨、大井憲太郎、北田正董《きただまさただ》、山田泰造《やまだたいぞう》、植木綱次郎《うえきつなじろう》というような連中が関係して、公判は、非常な評判を以て迎えられた。事件の性質から言えば、ただ一片の盟約書が書いてあったというにすぎずして、しかも圧制政府を顛覆して完全なる立憲政体を立てるというだけのことであるから、内乱陰謀についてなんらの予備もなければ、挙兵の意志もなくはなはだつまらぬものであったけれど、高等法院を開いたのは、これがはじめてであるだけに、その評判はじつにえらいものになった。

これがために事件の本元《ほんげん》である、弾正ケ原の凶徒嘯聚事件は、世間に知られずただ河野広中ばかりが、自由党の神様なるがごとく言われてその名声が今日までなお続いているというのは、早く言えば、勧業債券を抽《ひ》き当てたようなもので、まことに運の好い人だ。

裁判の結果は、河野が六年その他の者が四年の禁獄であった。こういう閲歴をもっている河野の晩年ははなはだおもしろくなく、一度は農商務大臣にこそなったけれど、別に一国の大臣としてさすがにと思わせるような、事蹟はひとつも遺さず、ただ大臣の椅子に着いていたというにすぎなかった。

深く立ち入っていえば種々《いろいろ》のこともあるが、世間では正直な人としているのだから、あまり秘密はいわぬほうがよかろう。けれどもこの事件は世間で評判するほどのものではなく、実質においてはかえって弾正ケ原のほうが、堂々たるものであったというだけはあらためて言うておく。

田母野は石川島の牢獄に斃《たお》れ、花香は、出獄後に疫病で死んだ。その他の関係者もいまは故人になったものが多い。いまから当時を追懐するとまるで夢のようなものである。

高田天誅党

北越方面は、もっとも自由党の勢力が盛んなところであったが、ことに頸城郡《くびきごおり》の自由党は、全国を通じてもっとも名の高いものであった。その中堅は高田町《たかたまち》にあって、鈴木昌司《すずきしょうじ》、山際七司《やまぎわしちし》、八木原繁祉《やぎはらしげと》、西潟為蔵《にしかたためぞう》、加藤貞盟などの連中が、牛耳をとっていたのである。

高田は昔の榊原藩に属して、旧幕時代にも、相当に評判の高いところであったが、自由党時代にいっそうその名が広く知られてきた。藩の士族のなかに赤井景韶《あかいかげあき》という人があって、早く自由党に入り、もっともよく人に知られていた。学問はあまり深くはなかったが、きわめて元気な議論の強い質《たち》で、先輩のあいだにも重く用いられていたが、福島県において自由党と県令のあいだに衝突が起ったということを聞いて、応援の意味で河野を訪問して、福島に留《とま》っているあいだに始まったのが、弾正ケ原の一揆と河野の拘引事件であった。自分も警察に一時引かれて、ひととおりの調べは受けたけれど、もとより事件には関係のない他県人であるから、まもなく放免された。

けれども警察官や裁判所が、志士に対する取り扱いぶりに惨虐をきわめたというのに憤慨して、高田へ帰ってきてからも、会う人ごとにその暴状を語り「このありさまから推測すれば、たとえ明治二十三年になっても、詔勅に基いて議会を開くというようなことはあるまい。あるいはその開設を延期することになりはしまいか、とにかく、現在の大臣参議を暗殺して、世人の眠りを覚ますのが、改革事業の第一着手《はげ》である」という議論をしきりに唱えていた。ややもすれば危険性を帯びて、なにか劇しいことをしそうなようすが見えるので、先輩もひどくこれを心配して、赤井の顔さえ見れば、これを戒めるようにしていたけれど、赤井が政府に対する反感は日を追うて劇しくなり、ついには大臣暗殺の計画をするようになって、その同志には井上平三郎《いのうえへいざぶろう》と風間安太郎《かざまやすたろう》を得た。

このふたりも、赤井と同じ意見をもっていて、相談が熟するにしたがい東京へ乗り出して、大きい役人を暗殺しようということを決した。その何人《なんぴと》を斃すかというのについて三人は町田屋という料理屋の二階で、銘々に掌《たなごころ》に、その目指す大臣参議の名を書いて同時に開いて見せ合うという方式を採ってみたが、意外にも三人が同じように伊藤、井上、松方［正《まさ》義《よし》］の三人の名を書いてあった。誰の思いも同じであるから、こう心が一致する以上は、ただちに上京して実行するということになって新潟へ乗り出してきた。

ちょうどそのときに県会が開けていた。鈴木、山際、八木原などの連中が、多く新潟にいたから、この三人の出てきたのを聞いて先輩は多くその心裡《しんり》を推測して、ある夜、偕楽館《かいらくかん》の二階へ三人を呼んで鈴木や山際から、懇々と説諭を加えた。

「君らが非常な決心をもって上京するのは、国家を思う一念からではあろうけれども、まだその時期が来ていると思わぬ。もしそういうことを実行してよいのならばわれわれがまず立つ。君らは、年も若く前途もある人たちであるによってもう少し隠忍自重してもらいたい。いずれにしてもこの際に上京することは、あくまでも反対する」

というて、赤心を籠めて意見をしたので、三人はしきりに抗弁をしてみたけれど元来が、先輩を尊敬する、一種の気風に富んでいた三人はついにその意見に基いて、暗殺のことを中止して、高田へ帰ることになった。

しかるにその当時、警察署長をしていたのが、赤木義彦《あかぎよしひこ》という人であった。これは乃木将軍が、明治十年の西南の役で聯隊旗を失うた事件に、関係のある人だからおもしろい。この戦争の際に赤木が、抜刀隊の巡査を率いて戦地に臨み、善く働いて、上官の綿貫《わたぬき》［吉直《よしなお》］警視からも、非常に激賞された。戦争が済んでからみずから希望して、鹿児島へ残ることになり、下方限《しもほうぎり》の警察署長となって、二百人の巡査を預り、乃木の奪われた聯隊旗を探す役を勤めた。ついに元陸軍少佐であった村上三介《むらかみさんすけ》の未亡人の手からこれを取り戻して、陸軍へ引き渡したという功蹟のある人で、これがために綿貫は、赤木を引き立てて、高田警察署長に進めたのである。

その配下には多くの国事探偵がおって、しきりに赤井らの平生を探偵していたが、偵吏のなかの一人《いちにん》が、巧みに同志に化けて、赤井に接近しその家に出入りしているうちに、反古紙《ほごし》のなかから、天誅党《てんちゆうとう》趣意書なるものを見つけ出し、それを署長の手許へ送りつけた。

その趣意書には、大臣暗殺に関する盟約が認めてあって、前に言うた三人が署名していた。これは東京へ出る目的で、懐裡《ふところ》にして新潟まで行ったのだが、鈴木らに意見されてその案件《こと》は、しばらく中止して帰ってきてみれば、せっかくの盟約書も必要のないものであるから、反古紙としておいたのである。それを探し出して、警察署へ偵吏がもちだしたのが原因となって赤井らを捕縛することになったのである。

明治十六年の春になって、赤井ら三人は捕縛された。同時に鈴木らも拘引されて、高田の町は沸き返るような騒ぎになった。そのなかでももっとも犯行の見こみある者ばかりを五十名あまり、新潟へ送りつけて、仮予審廷《かりよしんてい》を開いて取り調べの結果、多くは無罪になって、三人だけは東京へ送られることになった。河野の事件と同じく、第二の高等法院が開かれて、大臣暗殺事件として、裁判を受けることになった。その結果は赤井ひとりが有罪となって重禁獄八年、井上、風間は無罪の言い渡しを受けたのである。

赤井はその言い渡しを受けると、潔《いさぎ》よく服罪して、すぐに石川島監獄に送られた。争えば争うべき理窟があったけれど、強いてこれを争わずに服罪したのは、そのときから破獄してふたたび世のなかへ出た上で暗殺のやりなおしをしようという下心があったからだ。

いまの監獄と違ってそのころの監獄は、地獄といわれたほどで、獄吏の取り扱いは、非常に惨酷をきわめた。一言《いちごん》でも抗弁すれば、すぐに傷のつくまで叩きつけるというような、取り扱いをしていたのである。赤井は他の常事犯と違って、よし罪名は謀殺未遂犯でも、純然たる国事犯であるから、禁獄監に入れられて、終日端座しておればよい身分であったけれど、自分の心では、破獄して世に出ようというのであったから、みずから進んで典獄《てんごく》へ服役願を差し出したのである。獄中においていちばんに禁物なのは理窟である。獄吏の前にただ低頭百拝《ていとうひゃっぱい》して、その命にしたがっていればそれが評判の好い人であって赤井は固く獄則を守り、ただ獄吏の前に低頭平身するばかりであったから、非常に獄吏の気受けが好く、そこに多少の油断も生じてきたわけである。

同じ部屋に監禁されていた者が、ふたりあった。そのひとりは石川県の士族で、松田克之という人であった。これは大久保内務卿を暗殺した島田一郎の連累で、すなわち終身禁獄の刑に処せられて、入獄していたのである［六二ページ参照］。他のひとりはつい先ごろ、東京市の電気局長を辞職した井上敬次郎《いのうえけいじろう》であった。井上は、熊本県の士族ではあるが、藩においてはきわめて軽輩であった。夙《つと》に学問に志して上京したけれど、貧しいために学資の出どころがない。そこで同県人の林正明《はやしまさあき》という先輩の下に玄関番をして、かたわら読書に親しんでいたのだ。林は種々《いろいろ》の政治書等を著し、かたわら雑誌を発行して、盛んに政治論を一般の人に吹きこんでいたのである。

そのころの新聞条例は、非常に窮窟なものであって、少しでも筆が政府の忌諱《きき》に触れれば、ただちに署名人は、入獄を命ぜられるというような調子のものであったから、署名人は、何時《なんどき》でも獄へ行ってさしつかえないような人ばかりであった。井上は林のために、衣食の世話にまでなって食客をしていたのであるから、みずから進んで雑誌の署名人となって、いくたびか入獄の憂き目は見たがそんなことには驚かず、監獄行きを稼業のごとくしていたのである。現代の人たちにそういうことを言っても、ちょっと通用はしまいが、昔は監獄行きを稼業にしていたものがあったのだ。すなわち新聞雑誌の署名人なるものがそれである。はじめは筆を執る者がみずから罪を負うて、獄に入ることを覚悟で政府を攻撃していたけれど、たびたび入獄しては、とても身体が続かぬというので監獄行きの身代わりに署名人を別に置く方法が、ここにはじめて開かれたのである。されば何時《なんどき》でも新聞雑誌の署名人に、執筆者が自身になっているのはほとんど稀《ま》れであった。その署名人は、みな法律に触れたときに、監獄行きの身代わりであるというのが事実である。井上はそれを商売のようにしていたのだ。讒謗律《ざんぼうりつ》という法律に触れて一年の禁獄で入獄していたときに、赤井が這入ってきて松田と三人で、朝夕《ちょうせき》親しく日を送っていたのである。

しかるに井上はまもなく、刑期が満ちて出獄の身となるので、赤井は近く自分も出てゆくから、そのときには助力を頼むということを仄《ほの》めかした。近く出るというたところで赤井の刑期は、まだ九年もある。それが近く出てゆくという以上は、破獄してゆくということになる。井上にそれのわからぬはずはない。しかしながらこういう風に相談を受けてみれば、厭《いや》だとも言えず、井上はそれを引き受けて、放免の身となったのである。

その後に赤井は、破獄の計画が熟して、近きうちになんらかの機会を見出して、破獄しようと覚悟が決まった。そこですぐ向うの部屋にいたのが、河野広中の仲間であるから、あるとき便所へ行く風をして、河野を呼び出し密《そ》っとその旨を語って、河野にも一緒に行かぬかというて、誘いをかけたけれど、河野はああした気風の人であるから、平に辞退して、同行の約束はしなかった。

明治十七年二月下旬、赤井は松田を誘うて、ついに石川島を脱け出し、隣りの佃島《つくだじま》とのあいだに流れている細い川に纜《もや》ってある船に乗って、築地の明石河岸《あかしがし》に着いてそれから京橋のほうへ出ようとした。向うから空俥《からぐるま》を搾《しぼ》って、ひとりの車夫がやってきたので、そこへ二人は乗ることにした。いまでは相乗俥《あいのりぐるま》などは、薬にしたくもないが、そのころには夜遅く客を求むる車夫は、相乗俥を曳いていたものである。

本郷龍岡町《ほんごうたつおかちょう》に赤井の弟新村金十郎《にいむらきんじゅうろう》というものが、下宿住まいをしていた。そこへやってきて新村を呼び出したので、新村もじつに驚いたが、下宿住まいの書生の身でいかんともすることができない。そこに合宿している書生の小使銭を搾り上げ、自分の貯えをこれに加えて兄に渡したけれど、そのくらいの端下銭《はしたがね》ではどうすることもできぬから、また前の俥に乗って、京橋新肴町《きようばししんさかなちよう》の林方《はやしかた》へやってきた。

例の井上を呼び出して、金策の相談をしたから、井上もこのときは非常に驚いた。近く出てゆくとは言っていたが、まさかにこう迅速に、破獄してくるとは思わなかった。ことに自分は、林の食客としてまだ一本立ちの人間でもなかったのだからして、いかんともすることができなかった。ちょうど、新潟から鈴木昌司が上京して日本橋の越後屋に、宿を取っていることを知っていたから、それを赤井に語って鈴木を訪ねるように教えた。ふたりは前の俥に乗って、越後屋へやってくると折よく鈴木が在宿していて、三十円ほどの金をもらったから、元の俥に乗ろうとするとその車夫は、どうしても承知しない。これまでの車賃をもらって帰りたいといい出し、それでは困るから賺《すか》し宥《なだ》めるようにして、またそれへ乗って曳き出させた。

行く先きは千住の大橋向う、粕壁《かすかべ》［春日部］に親類があるから、そこまでは行かずとも、途中まで送ってもらいたいという口実の下に車夫を騙《だま》した。大橋を渡るころに松田が声を潜めて「この車夫がわれわれのようすを気取《けど》ったようであるから、いっそのこと打ち殺してしまおうじゃないか」という相談をかけた。赤井は首を振って「この車夫を殺したとて、われわれがいつまでも、縛を免《のが》れるというものでもなく、また車夫を助けておいても遁れるだけは遁れるから、そういう無益な殺生はせぬほうがよかろう」と答えて、しきりに殺すことを拒んだ。松田は「それもそうだなあ」と言って断念したようであるから、赤井もまさかにと思っているとやがて俥は、やっちゃ場を越えて小菅集治監《こすげしゅうちかん》へ行くほうの間道へ這入ってきたときに、

「もうよいからここで下ろせ」

と、松田が言うと、俥屋は驚いて、

「この田んぼ中で下りても、おたがいに迷惑でありましょうから、御都合のところまで御供をいたしてもよろしゅうございます」

と言うのを聞いて、

「イヤ向うに幽《かす》かに見える燈火《あかり》があれがわが輩の知己の家であるから、もういくらの道程《みち》でもなく、おまえもだいぶ疲れたようであるし、ことに道路《みち》はこのとおり悪いのだから、もうここで降りる」

こう言われたから、車夫はそのつもりで、舵棒《かじぼう》をついて後ろを振り返ろうとするとたんに、片足降した松田が懐裡《ふところ》に隠していた鉄の棒を以て、脳天をうんというほど叩いた。声も挙げずに、その車夫は前へのめる。それを見た、赤井は、

「やったな」

「うん、どうもしかたがない、殺生した」

「そうか、かわいそうなことをした。しかしやりかけたら、蘇生せぬようにせぬといかぬぞ」

と言って後から降りながら、赤井もまた一棒を加えた。前に松田が打ったので、死んだか、あとに赤井がふたたび打ったほうで死んだのかというのが、のちに裁判所においての争いになったぐらいであるが、車夫殺しの事情はこういうわけであるから、まったく松田が軽卒なことをしたので、赤井ははじめからそういう考えはもっていなかったのである。

仆れた車夫の衣類を剝ぎ取ってそれを赤井が着て、こんどは松田をその俥に乗せ、もと来た道へがらがらと引き返してきた。

「オイどこへ行くつもりだ」

「ここで、こういうことをした以上は、あとへ引き返さなければ危ないから、今夜は東京の真ん中で泊まることにしよう」

「そうか」

と、言ったぎり松田は、なにも言わなかったが、心のうちでは「この赤井という男はいい度胸だ」とひとえに感心した。赤井は大橋を渡り、すぐ側にある警察署へ俥を曳きこんだ。このときはさすがに松田も、ぎょっとしたが声を出すわけにもゆかず、俥の上で汗をかいたということである。赤井は、梶棒を警察署の玄関先へ下した。受付の巡査が眠そうな眼をし

ているところへやってきて、

「吉原へ行きますには、どう行ったら早道でございます」

と言って道を尋ねた。巡査は無心にその近道を教えてくれた。

「どうもありがとうございます」

また警察署から俥を引き出した。

年はまだ二十三四であったが、じつに赤井という男の胆玉は太いものであった。

その晩は万世橋《まんせいばし》の側《そば》で、俥を乗り捨て連雀《れんじやく》町《ちよう》のある宿屋へ泊まって一夜を明かし、朝ゆっくり起きてから二人は揃うて、大通りをぶらぶらと、京橋のほうへ向って歩き出した。

いまではなくなったが、神田の鍛冶町《かじちよう》に、今金《いまきん》という軍鶏屋《しやもや》があった。これは東京一の鳥屋で地方から人が出てくれば銀座の松喜《まつき》か、神田の今金に寄って、飯を食わなければ、東京へ出てきた甲斐がないといわれたくらいに有名なものであった。

昼飯時《ひるはんどき》であるから、ふたりはそこへ這入って、表二階の座敷で一杯飲みながら、しきりに話しこんでいる。夜が明けてから、破獄した者があるというので、石川島の監獄の騒ぎはひととおりでなかった。しかもその破獄者は赤井と松田だというので、典獄は自分の責任上容易ならぬことであるのみならず、どっちも大臣暗殺事件の罪人であるから、これが破獄した以上どうせ碌《ろく》なことはしでかすまいというので、その報告を受けた、警視庁の驚きもひとかたならず、これから大捜索を始めることになった。

ほとんど戸ごとに、巡査が調べて歩くというやりかたであったが、今金へも巡査が来てしきりに雇人身元《やといにんみもと》を取り調べる。足繁く来る客のことなどを尋ねる。憲兵などは忙がしく、綱曳きの俥で駈け歩くなど、どんな者が見てもなにごとが起ったという状況は、巡査と憲兵の劇しく往来することによっても知れる。二階の窓からこれを眺めた赤井は、

「オイ、どうだ俺たちのために、政府は狼狽をしているのだなア、なんと愉快なことではないか」

「ウム、ずいぶん驚いたようだなア」

といって、盃《さかずき》の数を重ねる。燈台下暗しとは、よく言うたもので戸ごとに調べて歩きながら、この二階にふたりが、酒を飲んでいたということを、少しも知らなかったのだから、おかしなものだ。

食事を終って、ふたりが外へ出た。しかし赤井は窃《ひそか》に考えた。夕べ車夫を殺したような、軽卒なことをする松田と長く一緒に歩いていることは得策でないと思って、ここに松田と別れて、赤井はその晩のうちに甲州街道へ這入った。松田はひとりになってから、どこをどう廻ったものか本郷台へ指してやってくるとちょうど、聖堂坂のところに客待ちをしている車夫があった。

「旦那いかがです、戻り俥に乗ってくださいませぬか」

「ウム、乗ろう」

車夫は喜んで、梶棒を前に下ろした。

「どちらへ御出でになるんですか」

「親類に急用が起って、浦和《うらわ》まで行くのだが、今夜行けるところまで行ってくれぬか」

「エッ浦和ですか」

「ウム、都合が悪いか」

「イエ、別に都合が悪いわけではございませぬが、あまり遠いので少し驚きました」

「賃銭はいくらでも出すから、遣《や》ってくれ」

「よろしゅうございます」

松田を乗せて駈け出した。この車夫が、探偵の下を働く牒者《ちょうしゃ》という役をしている奴で、巧く車夫に化けて、張りこみをやっていたのである。

明治十一年入獄以来、世間の事情に、疎《うと》くなっていた松田はこんな間抜けな真似をして、探偵の俥に乗りこんだのである。この車夫が板橋へ松田をつれてきて、松村みねという安宿へ送りこみ、口巧者《くちこうしゃ》に騙しこんで一晩泊まらせることにした。油断を見すまして、警察署へ密告したから、そこで多くの巡査が踏みこんできて、格闘の末ついに松田は押えられてしまった。破獄した翌晩こういう事情で押えられた松田は、まことに間抜けなものであった。

さて甲州街道へ逃げこんだ赤井は、南都留郡《みなみつるぐん》の宝村《たからむら》というところへやってきて、ここである寺の住職に縋《すが》って、下僕《しもべ》になった。むろん破獄をしてきた、赤井とは名乗らず身分を隠して、変名で世話になることになったのであるが、街道を離れた山深い寺のことであるから、誰《たれ》ひとりこれを知る者はなかった。

このときに警視庁から、甲府の警察本部へ向って、「赤井が甲州街道へ這入った形跡がある、おおいに警戒してくれ」という電報を打ったのに対して甲府警察署からは「断じて当管轄内にさような者は来ておらぬ」という返電を打ったので、のちに赤井が押えられてから、甲府警察署長が職を辞するというようなことも、起ったくらいで、赤井がいかに巧みに宝村へ落ちこんだかということはこの一事を以てもわかるわけだ。

この村の人で横浜へ行って、巡査をしている者が、病気のために帰ってきて二三度寺へ来るうちに、新たに傭われたという下僕のようすがいかにもおかしいと思って、深い注意を払うと、さすがに商売柄で「例の破獄者ではなかろうか」ということに気がついて、甲府警察署へ廻っている写真を取り寄せてみると果して破獄者の赤井であった。

そこで住職にもその旨を告げて、赤井の張番《はりばん》をするようになった。ところがなにごとについても、機敏な赤井はどうもその男のようすが可怪《おか》しいというので、ある夜潜かに、その寺を脱け出し山越えをして東海道へ出てしまった。

静岡の江川町《えがわちょう》に、鈴木音高《すずきおとたか》が代言人をしていた。宝村を脱け出した赤井は山田健次《やまだけんじ》と変名して、鈴木の家にやっかいになることになった。地方の自由党員で、やや地位のある者は、漫遊書生を愛して、多く家に置いた。そうして食客の多くあるのが、その人の名を大にしたのである。少しく心あるものは、三人や四人の食客はつねに置いた。鈴木はことに商売が代言人であって、評判の好い人であったから、すこぶる人の気受けもよかった。したがって事件も多いから、食客はつねに絶えたことがなかった。ひとりぐらいの風来坊が来たからというて、これを家に留めて別に警察署が疑うということもなかったのである。

甲府警察署では、赤井に逃げられてその後大騒ぎ、だんだん探究してみるとどうしても東海道へ出るよりほかに道がないのであるから、たしかにそれと信じて、その旨を警視庁へも報告すれば、東海道筋の警察署へも、それぞれに電報を打った。こういうような事情から、赤井が鈴木の家に隠れていることがわかったのである。

はじめから赤井とわかればすぐに押えるのだが、近ごろになって鈴木の家に来た山田という書生の態度が、少しおかしいくらいの程度で、偵吏はしきりに鈴木の家に注意を始めた。このことは鈴木にもよくわかったので、ある夜潜《ひそか》に赤井の山田を呼んで、だんだん聴いてみると、じつは赤井景韶であるということを明かしたから、そこで鈴木は自分の家にいることは、すこぶる危険であるということを告げて、島田宿の在に清水綱義《しみずつなよし》という古い有志家がいた。これへ赤井の山田を送りつけることにして、密かに脱け出せたのである。

しかるに静岡警察署には、綽名《あだな》を蝦蟇仙人《がませんにん》といわれた、安部某という国事探偵がいて、早くも鈴木の家を出た山田が赤井であるということに、気がついてそのあとを尾《つ》けた。清水綱義の家へ逃げこんだことを知って、すっかり網を張り、その外出を待ち受けていると、清水も赤井を留めておくことのすこぶる危険なることを悟って、自分が護衛かたがた、赤井を送り出して、浜松のほうへ脱れさせようとした。まず島田宿へ出てそれから大井川へかかったときに、高須金太郎《こうすきんたろう》という警部が、大井川に架《かか》った橋の番人に化けて、多くの巡査はあるいは紙屑買い、あるいは乞食のようなものに変装して待ち受けていたところへ赤井が通りかかったから、ただちに取押えてしまった。

かくして赤井は清水港から、特別仕立ての汽船に乗せられて東京へ送りつけられ、鍛冶橋《かじばし》の未決監へ繋がれたが、赤井の縛に就く前に松田に対する予審は、だいぶ進行していた。そこで赤井の訊問と対照して、ふたたび公判に移されることになった。

その罪名は破獄、殺人、窃盗というのであった。そのうちの窃盗というのは、車夫の着物を剥いで、着て逃げたというのがその個条に当るのだということである。このときの官選弁護人は、いまの元田肇《もとだはじめ》であって、元田が弁護士として広く世間に知られたのは、この事件に関係してからである。ただここに不思議なことは、公判に廻わされた赤井の取り調べが、数日続いていよいよ裁判言い渡しということになると、その宣告書なるものが、十行罫紙に細字《さいじ》を以て写して二十枚くらいもあるというほどの長い言渡書であったのが、弁論が済んで三十分ほど休息をすると、ただちに公判がふたたび開かれてその言渡書を読み聞かせたのである。むろん赤井も松田も、死刑の宣告を受けたのであるが、謄写《とうしゃ》するのにさえ約二十枚というのであるから、二時間を要する長い宣告が、三十分の休憩時間にできたというのであるからじつに不思議なわけである。これは裁判が開かれる以前にまずこの宣告書ができていたという疑いは、十分にもてるわけだ。ふたりは元田の勧めによって、ただちに上告したが、その理由の第一は、審理を遂げざるに先だって言渡書を作ったのが、違法であるというのが、議論の要点であったが、その上告は却下されて明治十八年の夏のころと記憶するが、ふたりはついに刑場の露と消えてしまった。

最近博文舘《はくぶんかん》から出版された、新趣味という雑誌のうちに、明治大悪伝というものがあった。著者《わたくし》はこれを読んでみると、意外千万にも、赤井の破獄事件に関係した刑事巡査の物語として、赤井を大悪伝中のひとりとしてある。人を殺したということは善事とは言えないが、大臣の暗殺事件から延《ひ》いて起った車夫殺しは、臨事のできごとであってたんにこれを以て、大悪伝中のひとりに加えたということは、いかにも刑事巡査の非常識であるのみならず、雑誌の監督をするものが、それを平気で取り扱ったというに至っては、非常識なること驚かざるをえない。ことにそのうちには、赤井が破獄してから尋ねていった先きが、天下の志士として世に知られたる、井上啓三郎という人であると書いてある。そんな天下の志士はさらに聞いたことがない。察するに前に言うた井上敬二郎の間違いであろうと思う。

しかも井上は、玄関構えの大きな家に住んでいて、堂々たる紳士であるかのごとく書いてあったのは、なんたる誤りであろうか、林正明の食客であった井上が玄関構えの大邸宅の主人公であったなどは、出鱈目もはなはだしいことである。その他松田が、監獄の赤い仕着せを着て俥に乗っていたのが足のつく原因であると書いてある。赤井らが石川島を逃げ出すときには、その前から用意して監獄署へ留置された着物の検査の時分に赤井が窃かに、袷《あわせ》を二枚取り出して隠しておいたのを着て出てきたのだ。いかになんでも、赤い仕着せを着て俥に乗って歩くという馬鹿なことが、できうべきものではない。またそういう者が俥に乗ろうとしても、乗せる車夫もなかろう。このくらい物も間違えば、むしろ滑稽に等しくなるが、とにかく、昨今の懐旧談には、よくこうした粗漏杜撰《そろうずさん》なものが出るからよほど割引して読まぬととんでもない間違いを惹き起す。こういうことはどうでもいいようなものの、しかしそのことは歴史に関係のあることである。ことに赤井のごとき明治の志士を以て、大悪伝中のひとりとしたということにおいては、いちおうの弁解をしておく必要がある。著者《わたくし》は深い交わりはしなかったけれど、彼が静岡潜伏中、一面の識があり、別れる時分に、ともに写真を写したという関係があるだけに、このことをいちおう弁解しておくしだいである。

加波山事件

自由党員の起した国事犯事件のうちで、もっとも有名なるものが、加波山《かばさん》事件である。前に述べた高田の天誅組《てんちゆうぐみ》の事件と、この事件は、その原因において関係がひとつであった。天誅組の赤井は、福島の国事犯事件について憤慨のあまり、大臣暗殺の陰謀を企てたのであるが、この加波山事件のほうはつまり河野広中を崇拝して、先輩と仰《あお》いでおる連中が、最初に県令三島通庸を暗殺しようと企てたのが起りであって、さらに栃木県の党員で、政府に対して、強烈な革命思想をもっていた連中が聯絡を取って、ここに一団の陰謀組が組織されて、加波山事件となったのである。しかし最初から加波山へ立て籠って警察署を破壊してかかろうというような、企てはしていなかったのである。つまり第一の計画が齟齬《そご》して、政府の追窮《ついきゅう》がはなはだしくなってきたから、逃げるにしても逃げられず、身を置くところのないというために加波山に籠って、事を起すことになったのであるから、本来から言えば、大臣暗殺事件であって、事件のかたちから見れば加波山の暴挙ということになったのである。福島県人で河野配下の、三浦文次《みうらぶんじ》、横山新六《よこやましんろく》、小針重雄《こはりしげお》、原利八《はらりはち》、杉浦吉副《すぎうらきちふく》、河野広躰《こうのひろみ》というような連中が弾正ケ原の事件と、河野の国事犯事件で、いずれも数珠つなぎになって、未決監へ這入った。

予審終結の際に、みな無罪で出てきたのであるが、前にも言うたとおり、河野の事件と言うものが、その声の大きかった割合に、内容ははなはだ貧弱なものであって、いかに当時の法律を曲解してもこれが国事犯になるという点は見出せないほどのものであったのを、政府が無理無体に、国事犯として取り扱い、河野らを禁獄の刑に処したのである。またそれに関聯して入獄した連中を、警察官が惨酷な取り扱いをしたというようなことに憤慨して、これに対する報復手段としては、暗殺の計画を立てるほかはないのみならず、かくのごとき政府を一日も存立させておくということは、国家のためにもよろしくないという考えから、ここに一団の暗殺組ができてその第一着手として、まず三島通庸を斃してしまおうと考えたのであった。しかるに三島は福島の事件が、落着せざるうちに栃木県へ転任して県令となった。全体この人は土木事業がよほど好きであったと見えて、最初は山形において次は福島において、こんどはまた栃木においても、土木事業を起して疑獄を惹起《じやっき》したのであるから、自由党員の目から見れば、非常に憎い人であるということになったのも無理のないことだ。

栃木県では、従来の日光街道に沿うて、新たに街道を造ろうとして盛んな土木工事を起したので、これがために県税の多くなったのは言うまでもない。よし政府から多少の補助は出たにもせよ、県民の負担は著しく重くなったのみならず、福島県において、試みたごとくに、農民の壮丁《そうてい》を狩り出して、盛んにその工事に使役したのである。そういう事情から県会と激しい争いを起したのであった。

前の福島で苦い経験をしている三島は、先手を打ってまず県会議員や自由党員で、やかましい理窟を言う連中を片っ端からひっ捕えて、獄に投じたので、一般の人は慄《ふる》えあがって、みずから進んで反対をする者がないということになったから、土木工事は、どんどん進行していった。当時入獄した者のなかには、例の田中正造もいて、のちには改進党の人になるが、そのころはまだ自由党のほうに深い因縁をもっていたのであった。

そこで栃木県の政党の情況を少しく述べておく必要がある。いまでこそ政友会が全盛で憲政会は、ほとんどその影のごとくなってしまったが、昔は改進党の勢力が旺盛で、その頭領になっていたのが横尾輝吉という人であった。横尾の晩年ははなはだ不振で、ついには常事犯の被告となって、入獄の憂き目を見たり、すこぶる信用を失墜したけれど、一時の横尾は綽名《あだな》を栃木県の矢野文雄と言われたくらいでなかなかに勢力があった。

自由党はわずかに下都賀郡《しもつがぐん》の一部に、その勢力の固い者はあったけれど、全県下にわたっては、とうてい改進党の敵でなかった。その代わり下都賀郡へ行けば、多士済々でなかなかしっかりした党員が多くいた。新井章吾《あらいしょうご》、塩田奥造《しおだおくぞう》、榊原経武《さかきばらつねたけ》、石沼佐一《いしぬまさいち》、天野為三郎《あまのためさぶろう》、持田若佐《もちだわかさ》、鯉沼道惟《こいぬまみちこれ》、同九八郎《くはちろう》、田村順之助《たむらじゅんのすけ》らの人びとが、もっとも聞えた党員である。

栃木県庁は、はじめ栃木町《とちぎまち》に設けられたから、その県名がこういうことになったのであるが、三島の県令として赴任してから、宇都宮へ移庁することになったのだ。全県を通じての位置の上から見たならば、この移庁は当然であったかもしれないが、長いあいだ、県庁の所在地として知られた栃木町の人としては、はなはだ迷惑を感じたに違いない。

この移庁問題についても相当に騒ぎがあって、栃木町民の反対は、非常なものであったけれど三島は例の剛情から、その反対を押しつけて移庁することになったのである。上都賀下都賀の両郡へまたがっての都会としては、栃木の町であるから、栃木の町民が反対することは、やはり利害の関係上、この両郡の人民も反対をするのが当然であって、その反対の中堅になっていたのが、自由党員であった。

けれども、移庁のことは実行されて、宇都宮に本庁を置いて、日光街道の新道を造りにかかったので、事件はやはり、宇都宮を中心としての疑獄であったが、栃木県庁の移転については、栃木町が中心として、さまざまの疑獄が起ってきた。現にいま代議士をしている田村順之助らが入獄したのは、俗に水代《みずしろ》事件というて、相当に評判されたもので、田村もいまでは赤貧洗うがごとくなっているが、そのころにはその方面においての豪農でかなり名を知られた者であった。その一族はこの獄のために多くの財を失った代わりに政府に対する反抗心は、いやが上にも固くなったのである。

こういう事情から、栃木県の自由党員は多く三島に対しては、表裏ともに、反対の行動を取ってつねに衝突していたのであった。ことに上下《かみしも》都賀郡の党員は、目の当《まあた》り多くの犠牲を出したためにいっそう憤慨して、三島を斃すに非ざれば、犠牲者に対しても相済まぬという意気ごみで窃《ひそか》にその機会を窺っていたのである。

鯉沼道惟は、明治の初年に雲井龍雄《くもいたつお》の陰謀にも関係があって、農家の育ちであるからたいした学問はなかったけれど、その精神のしっかりしていたことは、郡内においても屈指のほうであった。その甥で九八郎というて体格も偉大で、容貌魁偉、一見して昔の豪傑風の人であった。この方面の党員や壮士は、多く九八郎の配下に属して、つねに活動をしていたのである。

平生はあまり議論をせぬほうで、じっと考えこんで自分が一度よいときめたことは、無言で実行してゆくという性質の人であったから、一たび三島県令を斃さなければならぬと決心してからはその手段について、独り窃に頭を痛めていたのである。
そのころ栃木の師範学校に、化学の教授をしていた福田某という先生があって、九八郎とはきわめて懇意に交わっていた。ある日、九八郎が福田を尋ねて、いろいろな話の末に「自由の燈」という新聞に出ていた「地底の秘密」という小説があった。これは土佐人で、宮崎《みやざき》夢柳《むりゅう》という人が翻訳して出していたのだが、つまりロシアの虚無党の銘銘伝のごときものであった「ソセヤペロスカヤ」「ソフィア・ペロフスカヤ」という婦人が虚無党の一人《いちにん》として「アレキサンドル」第一世陛下〔実際はアレクサンドル二世〕を、爆裂弾を投じて暗殺した。ということを小説的に仕組んで書いてあった。原書によって夢柳が、巧みな筆を以て翻訳したのである。これは全国の党員を通じて、非常に愛読されたのみならず、のちには単行本になって多く世に紹介されたくらいで〔「虚無党実伝記鬼啾啾」のことか？〕、まずわが国においては、虚無党のことを通俗的に伝えたのはこの書物が最初のように記憶している。九八郎もまたその愛読者の一人《いちにん》であったが、露国皇帝を斃した爆裂弾なるものがどういうしかけになっているものか、ということをよく知らないためにまさかそのことを打ち開けて、聞くわけにはいかないが、
福田に向って、
「先生は化学の講義をしていられるから、薬物のことについては、たいがいのことは御承知であろうが、ロシアの虚無党が使っている爆裂弾というのは、全体どういうものでありま

すか」

と尋ねた、福田はなにげなく、九八郎と応答をはじめた。

「日本では、まだ多く用いられていないが、つまり『ダイナマイト』のようなもので、それと異なる点は口火をつけないで、投げつけさえすれば、すぐに爆発するという性質の、きわめて怖《おそろ》しい力をもったものであるが、それを聞いてどうなさるのか」

「いや別に、どうするというわけでもないが、このごろ『地底の秘密』という小説を読んで、たいそうな力のものであると考えてどんなものかと思うたから、御尋ねをしたわけであるが、それほどの爆発力をもっているものならば、どうせ製法は面倒なものでしょうな」

「●●●●●●●●●●●●、●●●●●●●●●●●●●、●●●●●●●●●●●●●●●●、●●●●●●●●●●●●●●●●●●●●●●●●、●●●●●●●●、●●●●●●●●●●●●●」［以上八十六文字伏字］

これが話のきっかけになって、鯉沼は製法の概略を、聞いて帰ってきた。そこで鯉沼は、大臣参議を暗殺するには、この「ダイナマイト」に限るという考えをもって、これから密かに爆裂弾の試験を始めたのである。自分には薬物や化学について知識は全然ないのであるけれど、福田から教えられたことを、うろ覚えにそれとなく、栃木町に出るたびごとに、薬を買ってきてこそこそ造りはじめた。一発か二発できるとそれをもって、窃《ひそか》に真名子《まなご》村《むら》の山中に這入って、人知れず谷間に投げこんで、爆裂力の試験をしたものであった。

元来がそれについての知識はないのであるから、なんぼやって見ても爆発しない、谷間に投げこんだ缶は、かちんと岩に当って、ころころと転がってゆく。いくたびか失望しては、また気を取りなおして、家人に知られぬように、こっそり造ってはまた真名子村の山中へ這入って、窃に試験を試みること幾十回、そのうちにようやく製法を自得して、十発のうち一発ぐらいは、微かの力ながら、破裂するようになってきた。こうなると自分もいちだんと気強くなって、ますますその製法に励んだのである。

しかるに九八郎の妻のとき子が、夫の昨今をなんとなく、疑わしく思うたのは夜遅くなって、家人が寝静まるのを見るとこっそり出てゆく。あるいは灯ともし頃《ころ》に出かけて、夜中に帰ってくる。九八郎という人はごく品行のよい、古武士の風のあった人であるから、ほかの党員のように、女道楽はあまり激しくなかった人だ。しかし男のことであるからどこにどういう隠し女《め》がないとも言えぬ。妻のとき子は、女にしては胆《たん》の太いいわゆる女丈夫《じょじょうふ》の風があって、よく若い者の世話もして、評判の好い夫人であったが、自分が一生を託する夫のおこないに、多少とも不審の点が起れば、その疑いを突き止めてみたい気にもなる。

ある夜のこと九八郎がこっそり出かけてゆくのを見てそのあとから、そっと尾《つ》けていった。九八郎は少しも知らず、いつもの山に這入ってきて懐中に隠しておいた、爆裂弾を取って谷間に投げこんだ。二度三度それを続けているのを見て、とき子は不思議に思うた。その晩の爆裂弾はできが悪かったと見えて、ひとつも爆発せず、九八郎は、失望して山を下りてゆこうとするとうしろから不意に声をかけられたので、さすがの九八郎もぎょっとした。振り返って見れば、意外千万にも妻のとき子であるから、

「オー、おまえはときじゃないか」

「ハイ」

「どうして、いまごろこんなところへ来ているのじゃ」

「妾《わたし》よりは、あなたのほうがどうしてこんなところへお出でになっておるのです」

九八郎は答えに行き詰った。

「いまあなたが、投げこんだのは、あれは全体なんでございます」

「まアそんなことは聞かずとも宜しい、女の知って甲斐のないことだ」

「それにしてもどういうものか、いちおうはお話しくだすってもよろしいでしょう、どうせこういうことをなさる以上、それには秘密があるのでありましょうが、たとえ女でもあなたの秘密を漏らすようなことはいたしませぬから、ぜひ打ち明けていただきたい」

こう言われたので、九八郎も、しばらく考えていたが、

「それでは、おまえに、話して聞かそう、驚いちゃいかぬよ」

「ハイ、どういうわけでございますか」

「じつは大臣参議暗殺のために使用する、爆裂弾の試験をしているのじゃ」

「エッ、なんでございますッて、爆裂弾それじゃ？……いま投げこんだのは、爆裂弾とい

うものでございますか」

「そうじゃ」

これから九八郎が虚無党のことを話して、この爆裂弾の試験にかかった事情を物語った。たいがいな婦人ならば、その仔細を聞いて驚くべきだが、とき子はさらにそんなようすもなく、

「それほどのことならば、なにゆえいちおう御《おん》明かしくださいませぬか、私も明晩から御手伝いをいたします」

平然として言うた、この大胆な一言《いちごん》にはさすがの九八郎も驚いたということである。それから夫婦が力をともにして、爆裂弾の製造にかかった。いくたびかの試験ののち、ついに完全なものが、できるようになった。

著者《わたくし》はそののち栃木県へ、一壮士として遊説に行ったとき、この夫人の世話になって、非常に親切な取り扱いを受けたことを、いまだに忘れずにおる。九八郎が北海道の監獄へ送られてからのちも二三度その地方に遊んでこの夫人に、厚い世話を受けたことがある。体が小さくて、色の黒い容姿《きりよう》はきわめて悪いほうであったが、その心のしっかりしていたことは、いまどきの参政権獲得の運動をする変な女とは、だいぶ趣きが違っていた。

福島県出身の琴田岩松《ことだいわまつ》という人があった。仙台の岡千仞《おかせんじん》に学んで、漢籍はひととおりの素養があり、詩文章に巧みで、ことに古詩がうまかった。撃剣も相当に使って剣舞を得意に

やったものである。漫遊書生として、ほとんど全国にその足跡を印したというくらい漫遊好きな男であった。前にも述べた。福島県人の三島暗殺を計画していた連中が追々に東京に集まってきてここを根拠地として、窃に三島通庸の隙を窺っていた。

三島は福島からいったん、東京へ引き揚げてきたのを機会に、三田四国町《みたしこくまち》の屋敷を目がけて集まってきたのであったが、まもなく三島は栃木県令として、赴任することになったので、琴田はその三島の動静を窺うべく、栃木へ乗りこんできたのであった。

それと前後して、草野佐久馬《くさのさくま》が、同志から頼まれて同じ目的でやってきた。それが偶然出会《でっくわ》していたところへ九八郎が同じく栃木へ出てきたので、はからずも三人が一緒になった。

九八郎は福島県人に知己が多くあった。それはどういう事情か、よくわからないが、私の知っているひとつの事実は、横山新六が、その当時から二年ばかり前に会津を出て、東京へ遊学の目的で宇都宮へやってくると、旅費が尽きて困っていた。そのときに九八郎とはからずも懇意になって一青年ではあったけれど、横山のようすにどうもふつうの青年と違うところがあるというので、深切《しんせつ》な九八郎は、横山の宿料を代償して村へ連れて帰ってきた。それからしばらくのあいだ、九八郎のやっかいになっていたが、そういつまでも人の世話になっているのも、本意でないというので、みずから志願して巡査になった。九八郎は非常にその不心得を諭して、ぜひやめさせようとしたけれど横山は、少しく考えるところがあるから、しばらく見ていてくれというて、栃木の警察署へ奉職するようになった。

ところがその時分の警察署というものが、いまの警察署とは違って、まだ徳川時代の岡っ引根性の失せぬ者が、多く警部や巡査をしていたのであるから、横山のような気分の人と折り合いのつくわけがなく、同僚や上官と意見の相違があって、幾度か争いを惹起し、ついに横山は職を辞してふたたび九八郎の世話になるようになった。草野や琴田のことを、九八郎が知るようになったのは、つまり横山の関係からであって、福島県の自由党の内幕の一斑はもっともくわしく知っていたのである。

栃木町へ出て草野や琴田に会うて、いろいろと話しこんでいるうちに、どうもふたりのようすが訝《おか》しいから、九八郎がいろいろにして、栃木へ来た事情を聞き糺《ただ》したので、ついにふたりもその秘密を打ち明けてしまった。九八郎はこれを聞いて、

「君らが三島県令を斃そうとして、ここまでやってきた志はじつに壮なりというべしだが、しかし三島ひとりを殺したところで、なんの甲斐はなかろう、要するにいまの政府の方針がわれわれの議論と違っているから、今日のような情態《じょうたい》にもなってきたので、三島が一地方の県令として、不都合千万なる政治を施《し》くというのも、つまりは中央政府の方針が、間違っていてのことであるから、たとえ一個の三島を斃したところで、中央政府の方針が改まらぬ以上はなんの効力もないことだ、ひとりを殺すも死、百人を殺すも〔以下二百四十八字分伏字〕○○○　○○○○○○○○○○○○○○○○○○

○○○○○○○○○○○○○○○○　○○○○○○○○○○○○○○○○○○○○○○○○○○○○
○○○○○○、○○○○○○○○○○○○○○○○○○○○○○○○○○○　●●●　●●●●●●
●●●●●●●　●●●●●●●●　●●●●●●●●●●●●●●●●●●●●●●　●●●●●
●●●　●●●●●●●●●●●●●●●●　●●●　●●●●●●　●●●●●●

ふたりは、しばらく黙っていたが、やがて琴田は、

「あなたの考えはきわめて壮烈であって、聞いているわれわれは、血が湧くような思いをするけれど、しかしながら一人《いちにん》の力を以て多数の人は斃せず、少数の同志がいかに奮発しても、大臣参議のすべてを斃すというようなことは、とうていできるものではない、あなたはただ議論を壮んにするのみであって、実行のともなわぬことを言われるのであるから、わが輩らは、ごもっともであるということはできない」

鯉沼は、微笑を浮かべながら、

「それだから君らは、まだ若いというのじゃ。三尺の秋水〔日本刀〕を振るって敵を斃そうとするには、ひとりかふたり以上に力は及ばぬ、よし撃剣の大家を以て当らしむるも、十人を斬ることはむずかしかろう、しかしながら今日のごとく、科学の力が進んだ場合においては機械の力を以てするに、なんの難《かた》きことがあろう」

というて、二人のようすをじっと見つめている。草野は暫時《しばらく》して、

「あなたは、その機械を造ることを、御承知なのですか」

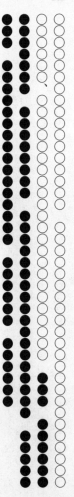

「ウム、知っている、君らの覚悟さえしっかりするなら、わが輩がその機械を造ることを教えてもよろしい」

このときにふたりはともに膝を進めた。

「そういうことができるならば、ただ三島ひとりを暗殺するような、規模の小さいことはやめて、すべての圧制官吏を斃してしまうほうへ進むのがよかろうと思うが、あなたのいう機械というのはどういうのですか」

「それは虚無党が用いている、爆裂弾というものじゃ」

「エッ、爆裂弾の製造方法をあなたは知っているのですか」

「ウム、よく知っている、すでに試験済みでいま造れといえば、すぐにもできるのじゃ」

「フフーム」

それから話はだんだん進んで、九八郎から爆裂弾の製造法や、説明を聞いた。

「そういうしだいならば、われわれが同志の意見を一変させて大臣参議を鏖殺《みなごろ》しにするほうへ考えを進めよう。しかしそれにはまたそれぞれの方法もあろうから、追って相談をしよう」

「いやちょっと待ちたまえ、それについてよいことがある。九月の十五日にこの栃木県庁が、宇都宮に移転して、その開庁式をおこなうというので、宇都宮の町は盛んな御祭りをすることになっている。そのどさくさまぎれに乗りこんでいって、県庁の表門から、爆裂弾を投げこみ、裏口のほうから逃げる奴を片端から斬って棄てるということにすれば、必ず成功

しように

「そういうことがあるのですか、それならば東京へ帰って、同志をこのほうへ向けるようにするに違いない」

「さっそくそういう手続きをしたらよかろう、わが輩の家を爆裂弾製造の本部として、また同志諸君の相談所にすればさしつかえない」

そこでふたりは大急ぎで東京へ帰ることになった。

こういう風に述べると、はなはだ簡単に済んでしまうが、それまでに運びのつくのは、容易なことではなかった。しかし、だいたいにおいてこういうような事情から、県令暗殺が進んで大臣参議の暗殺に移っていったのである。

草野や琴田が栃木へ行ったのち、同志の者が芝《しば》の延遼館《えんりようかん》［浜離宮《はまりきゅう》内にあった明治政府の迎賓施設］へ、大臣参議が集まって、夜会を開くということを聞き出し、それを襲うて、鏖《みな》殺《ごろ》しにしようという計画も立てたのであるが、これはどういう都合か、夜会が延期になってしまったので、せっかくの企ては挫折した。ところへふたりが帰ってきての報告であったから、そこで同志を引きまとめて栃木県へ乗りこむことになった。

こういう計画というものは、だんだん進んでゆくにしたがって大きくなる。したがってその同志も追々殖《ふ》えてくる。同志が殖えるにしたがってまた議論も多くなるという調子で、なかなか実行の運びになるまでには、容易なことではない。けれども九八郎が、巧みにそれをまとめて、よく抑えつけていったのはさすがである。だんだんと実行の日も近づいてきて、準備もだんだんに整うてくる。

九八郎は例によって、爆裂弾の製造に忙がしい、その助手には琴田や小針などが当っている。九月十日の朝から例のとおり製造にかかったが、その製造中に誤って鯉沼のもっていた爆裂弾が破裂した。このときの騒ぎは非常なものであって、幸いに家は軒並びでなく、その破裂の響きがひどかったので近所の人が駈けつけてきたようであったが、九八郎の父兵弥《ひょうや》が飛び出してそれらの人には、煙火《はなび》の製造中に火が這入って、少しばかり怪我をしたというような、言いわけをして追い帰してしまった。

この地方は非常に煙火の盛んなところであって、どこの農家でも、暮しの豊かなものは平常《へいぜい》でも煙火の製造にかかるという慣習のあったのが、この爆発事件について、申しわけのひとつになったのも妙だ。九八郎はじつに剛気な男で、爆裂弾をもっていた左の手頸《てくび》がちぎれて、破片のために左の目がつぶれ、全身黒こげのようになって、煙硝《えんしょう》のために燻《くす》ぶって仕舞ったのだが、それでも倒れずに泰然として坐っていたという。別座敷にいてこの爆発の音を聞いて、駈けつけた同志の者はかえって本人よりも驚いたというくらいである。父の兵弥がまたなかなかしっかりした人であったから、いずれ警察官の知るところとなれば、容易ならぬ事件になると考えて集まっている同志に金を与えて、いち早くここを逃がしてしまった。その連中が行先に困って、茨城県の下館《しもだて》へ集まったのである。九八郎はそこからほど遠からぬ、壬生町《みぶまち》に石崎鼎吾《いしざきていご》という同志が、病院を開いていたのでそれへ兵弥が昇《かつ》ぎこんで、療治をしてもらうことになった。

しかるに同じ日に東京においても、一事件がもちあがった。それはほかのことでもない、同志のうちの横山と、小林篤太郎《こばやしとくたろう》、河野広躰、門奈繁次郎《もんなしげじろう》の四人が、いよいよ宇都宮へ乗りこむ日も近づいてきたからその費用を集めるために東京にいて、活動をしていたのだ。そのうちの小林だけが、愛知県人でそのほかは福島県人である。だんだん四人が相談した末に、ふつうの手段ではとても金が集まらぬから、仮に集めるとしても一円や二円の端下金をぼつぼつ集めていては、とても十五日の費用の間にあわぬ。よって一攫《つか》みに金を得ることを考えなければいかぬという相談の結果、どこかの富豪へ押しこんで強奪しようということになったのである。

神田の裏神保町《うらじんぼうちょう》に、山岸豊寿郎《やまぎしとよじゅろう》という質屋があった。のちには大きな質屋になって、組合長などをやっていたが、そのころにはまだごく小さな質屋で多く書生のものを、取っていたくらいのものであった。河野や門奈はよくその山岸へ質を入れにゆく関係で、家のようすも知っているから、まずこれへ行ってまとまった金を得ようということになった。

ちょうど九月十日の夜九時ごろ、いまでは縁日もあまり栄えなくなったが、その時分には縁日は非常な混雑したもので、ことに神田の五十稲荷《ごとおいなり》といえば東京の縁日のうちでも、大関の格で、小川町《おがわまち》の通りなどは人の混雑で、子どもらは歩けないくらいであった。宵の口の九時ごろでは、まだ日が暮れてまもないときで、ことに九月という気候の好《よ》いころであったから、その晩の人出は非常なものであった。裏神保町は小川町から家数二三十軒、横へ這入った寂しい町であるから、いかに人どおりの少ない横町であるとしても、そういうところへ宵のうちに押しこもうというのは、ずいぶん大胆なことであった。銘々が仕込杖《しこみづえ》や短刀を携えて、山岸の店先へ来ると、急に覆面をして顔の見えぬようにし、爆裂弾は栃木からもってきたのを、一発ずつ懐にして、質物《しちもつ》を入れる風をなし、格子を開き、なかへ這入って店の者が、油断している隙を見て、まず仕込杖を抜いて脅迫した。それから表戸の締まりをしてそこにいる者を片端から縛ってしまった。

主人の山岸が折から帳場格子のうちで、金勘定《かねかんじょう》をしていたのを脅迫して、金を取ろうとしたが、あいにくにもその晩は入質《いれしち》が多くて金の出たのが多かったために、ようやく二三十円の金しかなかった。しかしこれは山岸が申しわけに言うたのだから、実際は隠してあったのかもしれない。正直な泥棒は今夜開業したばかりで、その道にはきわめて素人であったから、山岸の言うことを信じて、帳簞笥《ちょうだんす》の抽斗《ひきだし》から出した、二十円未満の金を受け取りなお奥の簞笥を調べるために、案内をさせようとした折から、質を入れにきた者があって、表の戸をどんどん叩くのでこれには四人も驚いた。

そこで山岸を脅迫して、裏口から表神保町の通りへ出たのだが、どこまでも大胆な四人はにぎやかな通りへ出て、一人ひとりにわかれてしまったら、それまでであったろうが、四人揃うてぶらぶらやってくるそのあとから、山岸が跣足《はだし》のままで尾《つ》いてきて小川町の角へ来ると、先年の大火事でいまはなくなったが、警察署が四つ角にあった。

山岸は警察署の門を見ると、急に力強くなって「泥棒泥棒」と叫んだ。なにしろ往来が、混雑していたので大騒ぎになって、客待ちをしている車夫までも手伝いに出るというわけ、四人は驚いて警察署の横町を駿河台《するがだい》のほうへ駈け逃げようとした。ちょうど山龍堂《さんりゅうどう》の病院［現在の明治大学リバティータワーの南あたり］の前へ来ると、警察署から出てきた制服私服の巡査は十数名、おのおの得物《えもの》を取って追い駈けてくる。もういかぬと思ってそのうちの門奈が振り返りざまに一発の爆裂弾を投げた。どんと響いてみごとに爆裂した。四五人の巡査は大地にへたばり、追い駈けてきた野次馬も二三人負傷して倒れた。続いて河野や小林ももっていたのを投げたから、その轟然《ごうぜん》たる爆裂の響きに驚いて、逐《お》うものもややゆるんだその隙に四人がいまでもある渡辺という歯医者の屋敷の前まで、逃げてきたときに誤って門奈は、空溝《みぞ》のなかへ落ちた。三人は、それを助ける遑《ひま》なく、雲を霞《かすみ》と逃げてしまった。不幸にも門奈は多くの者に包囲されてついに捕縛されてしまった。

署長は署員の報告によって、すぐに警察署へ出てきた。これからだんだん訊問を始めると門奈は、いっさい口を閉じてなにごとも言わない。打とうが叩こうが、ただ沈黙しているのだから、いかんともすることができなかった。たまたま口を開けば大言壮語して、勝手な熱を吹く、訊問していた署長もややもてあましのかたちであった。ところへひとりの警部が来て、門奈の顔を見ると自分が栃木警察署に勤めていたときに撃剣と刑法の先生になっていたのが、この強盗犯人であったから非常に驚いた。

「ヤッ、先生は、門奈さんではありませぬか」

不意に声をかけられて、さすがの門奈もこれには閉口した。門奈は会津の士族で法律を少しばかりやっていて一刀流の剣術を上手に使ったという関係で、栃木警察署へ一等巡査として拝命し、刑法の講義をしながら、かたわら撃剣の師範をしていたのだ。この警部が当時巡査を拝命して門奈の教えを、半年ばかり受けたので、いまその顔を見たから、すぐ門奈と知れたのであった。

門奈は巡査をしていたのに、どうして爆裂弾を投げるほどに熱心な自由党員になったかといえば、これについてはまたおもしろい物語りがあるのだ。当時の論客中第一の雄弁家が、馬場辰猪であった。自由党の遊説員として、栃木町へ行ったとき馬場が得意の雄弁を揮《ふる》って「自由の真理」という演題の下に、大演説を試みた。その翌朝馬場が泊っている麻屋《あさや》という宿屋へひとりの巡査がやってきてぜひ会いたいという。馬場はいちおう断ったけれども、強いて会いたいというから面会してみると、栃木警察署詰一等巡査門奈繁次郎という名刺を出して、

「じつは昨夜先生の演説を承って、われわれのごとき若い者が、巡査などをして碌々《ろくろく》と日を送るべきの時勢でないということを覚《さと》りました。そこでただいま署長に面会して、巡査は辞

職してきましたから、明日より先生の鞄持《かばんも》ちをさせていただきたいと思うが、いかがでありますか」

突然の申しこみで馬場も少しく驚いた。そのころにはよくこういうことを言って、探偵に這入りこむ奴が多くあったのだから、馬場もその点については、少しも油断がなかった。

「君の熱心は敬服すべきだが、こういうことは、ただ一回の対面によってすぐそれと決めることはできないから、もし君の熱心があったならば、東京へ訪ねてきたまえ。わが輩は、京橋の八官町《はちかんちょう》というところにいるから……」

と答えて門奈を帰したが、門奈はそののち馬場を訪ねてきてしきりに頼みこむので、ついに馬場もその熱心にほだされて、自分の門下として、自由民権の思想を鼓吹したのである。その門奈がこういうことまでやるようになったのだから、演説の力もじつに偉大なものだと思う。

前に述べた鯉沼が負傷した日と、この連中が強盗を仕損じた日と、時間に相違はあっても、同日であったというのは、じつに不思議なわけだ。門奈が自由党の壮士であったとすれば、他の逃げた三人もむろん自由党の壮士であるに違いない。しかも怖ろしい爆裂弾を携帯しているのはなにかこれについて深い事情がなければならぬと警視庁のほうでは、早くも察してその捜索にかかった。同時に九八郎の爆裂弾事件が起ったから、そこで宇都宮の県庁移転式は無期延期ということになった。

ところがここにもうひとつ不思議な因縁というのは、前に言うた茨城県の館野芳之助《たてのよしのすけ》が栃木県庁の移転式に、臨席のため三条太政大臣をはじめ、多くの大臣参議が宇都宮へ来るということを聞いて、これも爆裂弾の製造にかかって下妻《しもつま》から一里ばかり離れた、大宝《だいほう》というところに家をもっていてそこで爆裂弾を造っていたのだ。それが製造中に爆裂して、鯉沼とは反対に、右の手頸が飛んで右の目がつぶれた。これも全身は黒こげになって、非常な重傷であったのだが、裏手にある井戸端にまで這い出してきてはね釣瓶《つるべ》で、水を汲み上げて、傷を洗い繃帯をしたというのだ。鯉沼も剛気な男であったが、館野もじつに胆の太い剛情な人であったに違いない。館野はのちに大井憲太郎の大阪事件に党《くみ》して、永く監獄にいて、明治二十二年の大赦令に会うて出獄をしてから、代議士の競争をして、一度負けてまもなく肺を病んで死んだ。

こういうような失敗が続いて、警察のほうではたしかに大きい目的のために、各方面との聯絡があろうという見こみで、その捜索は追々と厳重になってきた。鯉沼の家や、東京から栃木へ落ちこんできた連中が四方から追い詰められてくるから行先がない。ここにおいて前にも言うたとおり、茨城県の下館へ落ちこんできたのであった。

下館には無名館《むめいかん》というものがあって、その館主は富松正安《とまつまさやす》であったが、小さい道場が設けられて、剣術の指範役は玉水嘉一《たまみずかいち》がこれに当っていた。嘉一は六尺に近き大男で、容貌魁偉《ようぼうかいい》、まるで絵に書いた鍾馗《しょうき》のような顔をしている男だが、その平生はきわめて温和で人と多く争わず、いつもにやりにやり笑っている気味の悪い男であった。その弟が常次《つねじ》といって、これはまた反対に体も小さく、大きな目玉をきょろきょろさせて、平生はおとなしいが酒に酔うと、前後不覚にあばれ廻る。のちに大井の事件に関係して大阪の獄におり、予審中に破獄して、逃走したという恐ろしい男だ。そのときに常次と同じく破獄したのが、のちに朝鮮の王妃を斬った難波春吉《なんばはるきち》である。

こういうしだいであるから、警察の捜索は追々厳重になってきて、ついにはその目標は下館の無名館ということになった。ここにおいて集まっている連中が、もう逃《のが》れるの道がないから、富松と玉水にいままでの事件のなりゆきを話して、身の振りかたを相談に及んだ。そのあいだにはさまざまの物語りもあるが、いっさい略することとしてとにかく、相談の結果は加波山に拠《よ》って、事を成すということに決したのである。「進んで事を起すも、退いて縛につくも、どうせ爆裂弾を以て大臣参議の暗殺を企てたのであるから死は一である。どうせ死ぬものならば糞やけだから、やるところまでやっつけろ」というのが、加波山へ集まる動機であった。

このときには警察のほうでも、十分に捜索が届いていよいよ大検挙をするということになった。この一行が下館を立ち退《の》いてゆくときの壮烈なる状《さま》は昔の支那の水滸伝《すいこでん》にでもあるような状態で、下館の町に、二ヵ所も三ヵ所も爆裂弾を投げて、その響きの大きいために巡査は萎縮して、追うことのできない間に大手を振って、加波山へ赴いたのである。その途中本木村に勝田盛一郎《かつたせいいちろう》という有志家を訪ねて、ここで多少の金と兵糧を得て、加波山へ乗りこんだのが、明治十七年の九月二十一日であった。この勝田という人は、赤穂義士伝に有名な勝田新左衛門の末裔で、いまでもその方面の旧家として、相当に人の尊敬を受けている家柄である。

さあ騒動がこうなったのだから、当時の茨城県令であった人見寧《ひとみやすし》が非常に驚いて、内務省に打った電報には、こう書いてあった。「自由党の壮士三千、加波山に籠る、応援頼む」。いまから考えればじつに馬鹿らしいことで、加波山へ集まった壮士はたった十七人、それが県令の頭に三千人に響いたのだから、馬鹿らしいにもほどのあったことで、そのくせ人見という男は、むかし勝太郎《かつたろう》というて、旧幕の旗本のうちでは屈指の撃剣家で、かつては西郷隆盛を斬るために鹿児島まで出かけていったというような、元気な人であったが、麒麟《きりん》も老ゆれば駑馬《どば》に等し、県令になった折は相当な歳［「人間五十年」のころの数え四十二歳］で、こういう風に、臆病者になるのだから驚き入る。

いよいよ加波山へ集まった連中が、その社務所を占領して、だんだん相談をしてみたけれど、いかに奮闘したところで十七人ではどうにもならぬ。鯉沼の家を立ち退くときに背負ってきた爆裂弾は多少あっても、それくらいのことではいかんともすることができない。幸いにその原料が多くあったから、それであらためて新たに造ることになった。

それにしても、百発も造れば原料は尽きてしまうのだ。種々《いろいろ》と相談の末に「いつまで山にいたところでしかたがないのみならず、そのうちには兵糧が尽きて、餓死するのほかないからいっそのこと撃って出ろ」ということに決して、その麓に真壁町《まかべまち》というのがあって、警察署長をしていたのが諏訪長三郎《すわちょうざぶろう》という人であった。この人の甥が、賢助《けんすけ》といってのちに後藤象二郎暗殺のために、東京へ出てきて品川の宿屋へ泊まっているうちに棚に載せておいた、爆裂弾から足がついて捕われ、禁獄十年の刑に処せられ、石川島へ送られた。その弟が小助《こすけ》というて、日活《にっかつ》〔日本活動写真〕から国活《こっかつ》〔国際活映〕へ移って活動写真会社に、大きな旋風を捲《ま》き起した石井常吉《いしいつねきち》の配下になっている。

二十三日の夜になって、加波山を下ってきた連中がこの警察署へ、爆裂弾を投げこんで、ひと騒ぎやった。のちに一同が捕われて裁判所へ廻されたときに、おもしろい書類がたくさんあったが、そのうちのひとつに真壁町警察分署長諏訪長三郎から、同真壁町警察分署長諏訪長三郎あての、強盗届が出ている。それはこの一列が警察署に爆裂弾を投げこみ巡査が驚いて、逃げたのちに飛びこんできて署内の箪笥を打ち壊して、金を奪い取り別に巡査の官服や、サーベル、警察署と書いた提灯などをもっていった。それが強盗であるというので、署長の名で署長のところへ、強盗届が出ていたのだから、じつに変なものだ。これはつまり加波山事件を国事犯として罰せずどこまでも常事犯として罰したいという政府の方針から、こんな馬鹿らしい届書《とどけしょ》を書かせたものである。

そのうちに各県の巡査が、応援に来てずいぶん劇《はげ》しい騒動があり、遅れて駈けつけてきた同志のうちに死んだものもあった。ことに愛知県人の平尾八十吉《ひらおやそきち》は、まだようやく十七歳ぐらいであったが、非常に胆の太いしっかりしていた奴であったけれども、この戦いで討死した。巡査のほうにも、死傷者はたくさんにあった。けっきょく一同はわかれわかれになって、みな所を異にして、まもなく縛について裁判所へ廻されたが、死刑になったのは琴田、三浦、杉浦、ほかに保多駒吉《やすだこまきち》、小針重雄、富松正安らで、横山は死刑の宣告を受けて、上告中に鍛冶橋《かじばし》の未決監で病死した。著者《わたくし》が静岡事件で入獄したときに横山の隣室にいて、その最後の状《じょう》はいまなお眼に見るごとく、覚えている。もっとも運の好かったのは小林と河野で、死刑になるべきはずであったのが、わずかに一二ヵ月の相違で未成年のために一等を減ぜられて、無期徒刑になった。その後出獄して、河野はいまでも東京にいるし、小林は北海道である事業［キリスト教伝道］に就いている。その他無期有期の刑に処せられて、多くは故人になったが、裁判の上では強盗殺人犯として処罰されたのである。これについては、一同大不服でどこまでも国事犯であるというて再上告までやったが、みな却下されて常事犯扱いで、北海道へ送られた。これが加波山事件の概要であるが、もし各人の伝記から、詳細の内情にわたって話すことになれば、別に一冊の書物を成すくらい大きい事件であった。

静岡事件

明治十九年の夏、警視庁が大活動を始めて、ここに一大疑獄が起った。それが有名な静岡事件である。

そもそもこの事件の起因は、前の加波山、秩父の騒動と同じように時の政府に対する、反抗の意味から起ったことは言うまでもない。静岡県人が中堅となって、起した事件であるから、世間ではこれを静岡の国事犯事件と称して、相当に評判をされたものだ。

箱根から西のほうへ東海道に沿うて、大小さまざまの都会がある。いずれの地に行っても多少の自由党はあって、相当の勢力は占めておった。その中で静岡にあったのが岳南《がくなん》自由党、浜松《はままつ》にあったのが遠陽《えんよう》自由党、岡崎にあったのが岡崎自由党、その他にもたくさんあったけれど、とにかく、この三方面の自由党が、もっともよく活動したのである。岡崎には国島博《くにじまひろし》という男がおって、それが首領株で、相当の勢力をもっておった。浜松には山田八十太郎《やまだやそたろう》、中野二郎三郎《なかのじろさぶろう》、沢田寧《さわだやすし》らという連中がおって、岡崎のよりもいっそうの勢力があった。それから静岡には鈴木音高《すずきおとたか》、前島豊太郎《まえじまとよたろう》、湊省太郎《みなとしょうたろう》、広瀬重雄《ひろせしげお》、これらの連中が羽翼《うよく》を張って、岳南自由党の名は中央へも強い響きをもっておったくらいである。

鈴木の父は山岡景高《やまおかかげたか》というて、昔は旗本の一人《いちにん》で、維新の変動に徳川慶喜《とくがわよしのぶ》が静岡へ引き上げるとき一緒についてきて、それからまったくの静岡人となったのである。音高は、若いときから非常に鋭敏なことに弁説に長じておった。まずフランス学を学び、それから法律を修めて代言人となり静岡で開業して、年はようやく二十四五であったが、代言人組合の会長として、非常に評判が好く、いやしくも刑事事件について鈴木の弁護を受けなければ、有罪無罪にかかわらず、被告人が満足できなかったというくらいに、信用の厚い人であった。湊はこれもやっぱり旗本の生まれだ。父は新八郎《しんぱちろう》と称して神田に講武所《こうぶしよ》ができたとき、剣術の師範役を勤めていたくらいの人であったが、その伜《せがれ》に生まれて、剣術のほうはいっこう駄目だが、非常に演説の上手な人であったから、一般の気受けはすこぶる好かった。たいした学問もなかったが、文章については一種の天才肌であった。その書いたものは東海暁鐘新報《とうかいぎょうしょうしんぽう》に掲載されて、相当に信者をもっておったくらいである。前島はそれらの人のなかで、もっとも古い一人《いちにん》、ことに代言人としても、長くその職に就いていて、財産も相当にもっていたので、まずこれが岳南自由党の首領株として、四方から見られておったけれど、実際の勢力は鈴木のほうが強かったように思われる。鈴木はこの事件で北海道へ送られてから、十年の苦役を終って帰ってきたが、世間の事情には疎くなり、思うように考えたことも運ばないので、ついに日本に見切りをつけて、いまではアメリカのシャトル［シアトル］に行って相当の地位を作っておるが、前年十数万の金を携えて帰ってきたが、性質《たち》の悪い友人に煽《おだ》て上げられて、みな使わされてしまって元の杢阿弥《もくあみ》になり、それからまたシャトルへ帰って盛んに活動しておるが、年もすでに還暦を越えて、ことに昨今は病いがちだというから、その活動の時期もそう長くあるまいと思う。

とにかく、この三人が岳南自由党の牛耳を執っておったということだけは言えるのだ。しかも鈴木や湊の思想は、非常に強烈なものであって、どちらかといえば、革命主義に近い意見をもっておったから、政府のこれらの人に対する注意というものは格別にまた厳重のものであった。政府の注意が厳重になるほどこれらの連中の思想は、急激に走ってゆくのは、いわゆる押えんとすれば、跳《は》ね上るの道理でそれはやむをえない。

ここに一言《いちげん》つけ加えておくべきことは、その当時自由党員の多くが、もっていた思想は、前にもしばしばくりかえした、フランス伝来の革命主義であるが、それをフランスから輸入したのは何人《なんぴと》であるかというに、いまの西園寺公望《さいおんじきんもち》、死んだ中江兆民《なかえちょうみん》のふたりであった。ヴォルテールの政治哲学やミラボーもしくはダントンの政治革命論などを紹介して、盛んに少壮者を煽動して強い思想を有《も》たするようにしたのであるから、自由党員の多くはみなこの思想に感化《かぶ》れてしまったのだ。

兆民が最初に翻訳して少壮者に与えた書物はジャン・ジャック・ルーソーの民約論であった。あらためて言うまでもなく、ルーソーの民約論なるものは、日本の国体と合致する道理はなく、もしこの民約論に唱うる政治主義なるものが善いとなれば、日本の国体の根本に罅《ひび》が入らなければならぬのである。それはいまの社会主義や共産主義が、日本の国体と相容れざるものと同一であって、その程度においてたいした相違はないのである。

しかるに当時の革命主義や、民約論の主張するところは、日本の国体とまったくかけ離れていたけれど、それらの思想をもっていた者が、国体の変更にまで考えを及ぼしていなかったというところにはなはだ面白味があると思う。それであるから、もし唱えている議論を実行するという場合になれば、そこにひとつの矛盾を生じてくるのだ。国体は国体として、古《いにし》えのまま、また将来も変更する考えはないけれど、しかしながら革命主義や、民約論の主張は、正当であるというのだから、このくらいの矛盾はない。その矛盾を矛盾とせずしてそのままに理論と実際の二つにわけてこれを使いこなしていったところに、はなはだしい矛盾はあってもそこが、日本人以外に視ることのできぬ一種の変態思想とでもいうべき、日本独特の思想なるものが、潜んでいたということを思うのである。

岳南自由党員の思想は、すなわちそれから伝えられてあるから、兵を起して政府を倒せば、国体にまで触れてゆかなければならぬのだが、そんなことは夢にも考えておらず腕力によって倒すものは政府であって、すでに政府が倒れれば、それでその考えのすべてはおこなわれたのであるから、それから先きにその思想の実行を期さないということを、別に言い合せもしないが、誰でもそう考えていたのだからはなはだ妙である。

はじめは大げさに静岡を根拠として、正々堂々と旗上げして、政府を倒そうと考えたのであるが、その計画が破れたので、のちには大臣暗殺に変ってきた。

明治十七年の秋、東京の自由党本部に、全国の代表者が集まったとき「現在の政府に対してはどういう態度を以て、進んでいったらよろしいか」ということが問題になった。鈴木や湊は、非常に強い議論を唱えて、身を犠牲にするもかまわぬから、とにかく兵を挙げてしまえといったような説を唱えて、それが端《はし》なくも板垣総理と衝突の原因になり、ついに鈴木らは本部からかねて頒布されていた、板垣の肖像を突き戻し、多くの同志には、絶交の宣言までして静岡へ引き上げてきた。これは年の壮《わ》かい者が一時に思いつめて、こういう強い態度に出たのであるから、日を経るにしたがって多少は緩和されるであろうが、いったんそう言い出した以上は、いまさらあとへ引けぬというういわゆる行きがかりの事情が絡まってきて、なにごとかなしてみせねば、反対論者に対して顔が会わされぬという行きがかりの上から事を起すことになったのである。

したがってその行動ははなはだ派手なもので、同志を募るにしても各県へわたって、なるべく多くの人を求め、また事を起すにしても、正々堂々とやろうというのだから、これに要する費用も少なくなかった。多年の政治運動に私財を失うておるものが、そういう費用に堪えうる道理はなく、そこでついに同志のあいだに相談が成り立って、斬り取り強盗武士の習い、どうせやるならば、行き着くところまでやってしまえということになって、いわば捨鉢《すてばち》の運動が起ったのである。これがこの静岡事件について、もっとも忌まわしき強盗の罪名なるものが、起った原因である。

鈴木と湊が中堅となって岳南自由党の過激派が、秘密結社のごときものを造り、それらの人が打ち寄って、追々に相談が進んでゆく間《ま》にその決心について疑わしい者があると、片端《ひと》から排斥して真に命を捨てる者、どこまでも政府に反抗しうる者を集めるように努めた。人数《かず》は割合に少なかったけれど、存外にしっかりした同志が集まってきた。

そのうちに鈴木辰三という男があった。これは演説をしたり文章を書いたりするようなことは、はなはだ不得手で、また自由党員としてもあまり熱心なほうではなかったが、ある事情から音高と、非常に深い交わりを結び、湊にも音高と同じような関係をもっていたので、まずこの辰三を、仲間へ引きこむことになった。いまでは東京市の地所や家屋を収容法によって取り払う時分に、その価格を公定しなければならぬというような場合があると、この辰三は市の嘱託《しょくたく》を受けて、評価することを引き受けておる。昨今ではだいぶ資産を溜めて、年もようやく老境に近くなってきたから、至って穏やかな生活はしておるが昔の辰三は、そういったような人でなく、十四五歳のころ清水《しみず》の次郎長《じろちょう》の子分で、大政《おおまさ》という人の養子にもらわれたこともあり、非常に激しい気性をもった人で、いま現に左の手の指が一本足りないが、それは十七八歳のころ、実家へ戻ってきたとき、兄は非常な固い人で、どうしても辰三を家《うち》へ入ることを許さなかった。そこで辰三は指を切って兄の前へ改心の証《しょう》として差し出したときには、兄はもちろん一家の者が、非常に驚いてようやくその帰参を許したというような逸話もあって、むずかしい書物を読めないにしても、四書や五経は、どうかこうか素読《そどく》ができるという程度には文字《もんじ》もあり、あえて腕力家というのでもないが、相当に腕節《うでっぷし》も強く、かつ大胆な男であったから、音高や湊から大事な相談をされたときも、さほど驚いた風はなく、今日まで同じ党員として進んで来た以上は、この秘密を打ち明けられて、いまさら逃げることもできぬから、一緒にゆこうという簡単な答えで、その仲間入りをしてしまったのである。

岡崎の自由党には国島のほかに、後藤文一郎《ごとうぶんいちろう》、福岡精一《ふくおかせいいち》のふたりがいた。その他にも相当の人物はあったけれど、どちらかといえば、漸進主義の人であまり激しい運動には同意をしなかったけれど、遠陽自由党のほうには山田と中野がいて強烈な革命思想をもっていたから、どうしても岳南自由党のほうへ、近づいていくのが当然のことであって、鈴木の一派とこの連中が遠く聯絡を執っていよいよ事を起さんということになったのであった。

その時代の有志家は、これというて別に金儲《かねもう》けがないのであるから、父祖伝来の財産や、田畑を売り食いにして、政治運動を続けていたので、そのころは誰も彼も、財産はほとんど空虚になっていたのだ。このなかにおいてひとり稼いでいるのが音高であった。これは代言人として、相当に流行ったが、それにしても昨今の弁護士と違って、そのころの代言人は報酬や手数料についてもいまのようにあくどい取りかたをしないから、外見を張って派手に交際をしているだけ、収支は相償《あいつぐな》わずすこぶる苦しい立場にはあったが、それにしても他のものに比べれば、収入のあるところから、同志のために運動費の供給はしていたのである。日が進むに連れて、その計画は熟してきた。しかしながら、なにごとをなすにも、金がなければ駄目なのであるから、その金策には非常に苦しんだ。追々同志が殖えてくるにしたがってその費用も嵩《かさ》んでくるというようなわけで、音高がひとりで稼ぐくらいのことは知れたものであるから、同志一同の運動費を引き受けることはできない。ましていよいよ事《こと》を起す場合には少なからぬ金を要する。その点についての苦心はひととおりでなかった。計画はいろいろに立てるけれども、いよいよというときになれば金がないので、せっかくの考えも無駄になってしまう、それではならぬというので、さらに他の方法を考えるけれど、やっぱり金のために中止というようなことになって、いつまで経っても、同じことをくりかえして計画は運んでゆかぬ。そこでだんだん集まって、こう金がなくてはしようがないから、善いことではないが富裕の家に押しこんで、金を強奪するほかはない。どうせ自分らは、名のためにするのでなく、国民の悪政に苦しんでいるのを救うという目的のためには、よしその行為は国法に問われて悪名を取ってもかまわぬから「やっつけてしまおう」ということになった。

まず資金を得るために、強盗をはたらくということを決めたのであるが、その他にもこれをなすの必要は、もうひとつあったのだ。同志の一人《いちにん》に加わった者には、必ず一度は強盗をはたらかせると、どうしても盟約に叛《そむ》いて、その仲間を脱退することができず、その決心もいよいよ固くなるから、という理窟もあって、そこでだんだん資金募集の計画は進んできたのである。

静岡に大きい国立銀行があって、湊の知人がその銀行に勤めていた関係から、銀行の内部はよくわかっていた。一年に数回政府から取り扱いを引き受けていた公金を、大蔵省へ送ることがある。その取り扱いを友人が、やっていたのであるから、湊はその事情をよく知っていて、まずこの公金を掠奪しようという計画を立てた。

浜松の中野二郎三郎が、木原成烈《きはらせいれつ》という同志を連れて、箱根山に立て籠もり、銀行員が金をもって上京するのを待ち受けて強奪することになった。ところがどういう都合であったか、銀行のほうでは清水港から汽船の便を借りて送金してしまった。一週間以上も箱根山に立て籠もった、中野の計画はまったく駄目になって、空しく静岡へ引き上げてきた。もしこの公金の三万円が手に這入ればそのときに正々堂々、旗上げをしてしまったにちがいない。けれどもそれが挫折したから、やむをえずこんどは小取り廻しに集めようということになって、それから各所へ強盗に押しこむことになった。

それらのことをくわしく述べれば、たんにそのことだけでも、一冊の書物をなすくらいにいろいろの事情もあるが、それらは省略することにして、その事件のうちで、もっとも大がかりであったのは、浜松の金刺《かなさし》銀行へ、押しこんだときのことを述べよう。この際の音高、辰三、省太郎、その他の静岡連が、浜松へ乗りこんできて、伝馬町の山田の宅に潜伏し、中野がいっさいの計画を立てて、明治十七年の十一月に、十数名の有志が、それぞれ変装をして、金刺銀行へ押しこんだ。頭取を縛して、脅迫している最中に火の番がこれを見つけて大騒ぎになった。それがために附近の人たちが二三百人、柄物《えもの》を携えて銀行を取り巻き、大騒ぎをはじめた。そこで一同はせっかくの目的を達せず、この場を切り抜けることになったが、辰三は、真先に飛び出して右の手に抜刀をもって、群集のなかに切りこみ左の手に携えて短銃《ピストル》を空に向って打ち放ちつつ、一方の血路を開いた。この際の働きは、じつに驚くべき大胆、かつ敏捷なものがあって、一同は辰三のためにこの重囲を免れたというてもよいくらいである。

いったんは短銃《ピストル》の音や、刀の光に驚いて、群集は引き去ったが、多数を恃《たの》んであとから追い駆けてくる。真先きに進んできたのは、金刺警察署の巡査何某《なにがし》という者であったが、これは真陰流《しんかげりゅう》の達人で、銀行の夜警を引き受けていたのだ。

栃木県人の宮本鏡太郎《みやもときょうたろう》という男があった。宇都宮の出生で年はようやく二十一二であったが、非常に元気なかつ嫌味のない男らしい気分をもっていた。前《ぜん》に官吏侮辱罪で、重禁錮の欠席裁判を受けて、東京に隠れている間に星亭に見出されて、星の家に潜伏していたのを、鈴木が星を訪ねたとき、宮本を紹介して、その内情を語ったので、鈴木はそれを幸いに、静岡へ連れてきて自分の家《うち》へ匿《かく》まっておいたのだ。

この宮本がいちばん遅れて走ってきた。その跡から追いすがったのが、例の巡査で「賊待てッ」と言いながら近寄ってきた。それを平気で宮本は足を留めて、振りかえりさま抜き打ちに、一太刀浴せた。剣術など少しも知らなかった男だが度胸骨の太かったのが、勝利を得たわけで、真陰流の達人も、たった一太刀に斬り倒されてしまった。

そのあいだに同志の一同は、浜松へわかれわかれに引き上げてきて、ほっと息を吐《つ》いた。これが金刺銀行の事件として、当時盛んに宣伝されたが、内容を言えばはなはだつまらないもので、十数名の者が命がけでかかってついに十円か二十円の小使銭《こづかいせん》を、引き浚《さら》って引き上げたというだけのことである。しかしながらこの事件のうち、これがいちばんに重い罪状になって、裁判所では、やかましい問題になしたのである。

その他、村上佐一郎《むらかみさいちろう》が案内者となって、ある村役場を侵して金庫を担ぎ出し、これを開くことができないで、大きな石をもってきて扉を叩いているうちに、夜が明けてしまったから、金庫を捨てて逃げたというような、喜劇にでもありそうな、馬鹿らしい事柄もあった。とにかく、本職の泥棒でないのだから、どうせ間抜けたもので、この連中が強盗に押し入った先きは、五十何軒の多きに上っているが、得た金はわずかに二百余円であるという嘘のような事件であった。

長いあいだの事件も、金刺銀行が終結であって、どれほど危ない思いをして働いたところで、どうしても金にならぬというので、この連中もついに強盗のほうは、諦めてしまった。

著者《わたくし》はこの事件で押えられて長いあいだ入獄の憂き目を見たが、強盗のほうには少しも関係がなかったのである。すべてこれらの人から失敗の物語りを聴かされてよくその内情を知っているが、見こんだ家へ押し入ったとき存外に貧乏であったために、かわいそうだと思って銘々がもっている金を置いてきたということもある。また相当の富豪がにわかに事業の大失敗で貧乏になってしまったのを知らずに押しこんで、鈴木が訴訟の鑑定をして帰ってきたというようなこともあるのだ。これらの事情は、昔の都新聞《みやこしんぶん》に国事探偵と題して、長いあいだ読物として書かれたくらいでいずれにしても、強盗事件としては、はなはだ間抜けのものであった。

こんなことで、月日を送っているうちに、そろそろ事件の尻が割れかかってきた。警察署のほうでは、静岡県の各地にわたって、頻々《ひんぴん》と起る強盗事件、そのやりくちがまったく素人であるのみならず、どことなくふつうの強盗とは、ちがう形跡があるというので、その捜索はいっそう厳重であったがついに鈴木らの挙動が可怪《おか》しいということになって、その探偵は追々に迫ってきた。

ここにおいて鈴木らは、とうてい事件の露顕《ろけん》は免れることはできないという覚悟をして、こんな事件に引ッかかって常事犯の醜名を以て、重い刑を科せらるるくらいならば、はじめから命を捨てるつもりでかかったのであるから、いっそのこと思いきって、大臣暗殺を遂行して刑場の露と消えたほうが男らしくてよかろうということになって、明治十九年の春ごろから、東京へ上《のぼ》ってくるようになった。

吉原の幇間《ほうかん》に、松迺家露八《まつのやろはち》というものがいたことは、いまだ人の記憶に残っているだろう。これは道楽の結果、こういう商売になったけれど、昔は徳川の旗本で、土肥庄次郎《どひしょうじろう》と言ったものである。柔術が非常に上手で、著者《わたくし》のごときも柔術の一手二手《ひとてふたて》は、教えられたことがある。体量《たいりよう》は二十六七貫あって、六尺に近かった。旗本の道楽者は多芸多能であったということは、誰でも知っているが、土肥もやっぱりその類でちょいと小唄も歌われるし、手先で踊りの真似事などをさせたら、じつに軽妙なものであった。殊に苦労の果てであるから、人情は機微にわたって、如才のないところがあった。音高の父が同じ旗本であるという関係から、それを頼って、静岡へ来たのであるが、悴の音高とも懇意になって、ほとんど音高の腰巾着《こしぎんちゃく》のごとくなって、幇間をやっていたのだ。そのころは松迺家と言わず荻江《おぎえ》と称して、静岡唯一の幇間であったが、音高が東京へ出てきていずれかに家を求め、そこを同志の密会所にしようと考えていた矢先きに露八もやってきた。

根岸の仮名垣魯文《かながきろぶん》の悴、熊太郎の棲んでいた家が空いて、借りることができるということを露八が聞き出してきた。すぐに音高が見にゆくと、門構えで庭も相当に広いし、家も二階建で、ことに御行《おぎよう》の松から二三丁のところで、きわめて幽静な場所であるからここなら同志の密会所にきわめて適当であろうと考えて露八の名前で、その家を借りて、そこを同志の密会所に充てることにした。

こういう事情で、追々に地方の同志も上京してくる。それはただに静岡県ばかりでなく、あるいは石川県の高橋六十郎《たかはしろくじゆうろう》、あるいは岐阜県の小池勇《こいけいさむ》、あるいは愛知県の荒川太郎《あらかわたろう》、岐阜県の島村友吉《しまむらともきち》と言ったように、だんだんと集まってくる連中が、それぞれ別に家をもつ者もあれば、下宿をする者もあり、毎日のように根岸の密会所へ集まって、事を挙げる機会を密かに覘《ねら》っていた。

著者《わたくし》は多く湊と同棲していた。湊は淡痘痕《うすあばた》の色の黒い男ぶりから言えば、きわめて醜男《ぶおとこ》のほうであったがどことなく優しみのある、女にかけては一種の腕をもっていて、湊に関係した女は、たいがい裸になって命を捨ててまで跡を追いかけるというような色男であった。のちに北海道へ送られてから、肺病で死んだが、その時分から肋膜が悪くて苦しんでいた。木挽町《こびきちょう》の常磐湯《ときわゆ》の露地に、栃木県の大関熊吉《おおぜきくまきち》という人がいた。これは同志ではなかったけれど、俗にいう世話好きの人で、こういう浪人を相手に世話をしていると、なんとなく面白味のあるものであるから、うかうかと一同と交際するようになって、同じ県の関係で宮本は大関の家にいることが多かった。大関がこの連中と懇意になったのは、岡田普佐《おかだふさ》という栃木県の富豪の倅があって、たくさんな学資金を使って、明治法律学校に通っていた。さすがに富豪の倅だけあってどことなく鷹揚《おうよう》に落ち着いていて、女のように優しい男であったが、胆玉が相当に太く宮本と深い交わりがあった。この岡田の紹介で大関が一列と懇意になったのである。

そのほかに神田猿楽町《かんださるがくちょう》に大橋平三郎《おおはしへいざぶろう》というて、これも栃木県の人で、下宿屋をしていた。そこへ岡田が下宿した関係から、それとも懇意になって、ついには宮本や湊は、大橋の家に腰を据えることになって著者《わたくし》もそれと同じく、大橋の家へ下宿することになった。根岸の家も密会所であったが、こうなると大橋の家へ、出入の便利がよいために、同志の者が多く集まって、密議を凝らすようになった。

いまでも著者《わたくし》の記憶に、はっきり残っているのは五月下旬に、浅草の井生村楼《いぶむらろう》で、この連中が演説会を開いた。そのときに音高が、いちばん遅れてきて、すでに演説会を終ろうとするところへ、ぼんやり這入ってきたので、最後の演壇を引き受けることになったが、井生村楼は、いまの明治病院がそれである［現在の台東区柳橋二丁目の隅田川際］。演説会場のかたわら大きな料理店をやっていたので、一同が晩餐をともにしていると音高は声を密《ひそ》めて、

「われわれの計画がその筋のほうへ知れたように思われてならぬから、わが輩は国へ帰って、それとなく妻を離別してきたのだが、われわれは急いで事を挙げぬと、例の常事犯の醜名で斃《たお》れることになるかもしれぬから、諸君もその覚悟で計画を進めてくれ」

と言うた。さすがに一同も驚いたが、いずれにしてもはじめから死ぬ覚悟はしているのであるからいよいよ臍《ほぞ》をきめて、近く事を起そうということが決まった。しかしながら相手もないのに、爆弾を擲《な》げたり、刀を振るって歩けば、狂人にひとしい。なにか事をなすべき目標がなければならぬ。それについて一同が注意していると、ちょうど六月二十六日、華族会館で大臣参議が、夜会を催すということを宮本が聞き出してきてその晩に、一同が押し寄せて、表門より爆弾を投げこみ裏門より逃げてくる奴を片端から斬ってしまおうという計画を立て、だいたいにおいてその手はずは定めて、同志を集めることになった。

ここにおいて地方に居残っている、同志へその旨を報告するために、湊が出発することになった。その送別のために木挽町の万安《まんやす》で四五人の同志が集まって小宴を催し、湊の行《こう》を壮《さか》んにした。湊はその晩のうちに東京を離れる計画であったから、夜の九時過ぎになって万安を出た。出雲橋《いずもばし》のところまで来ると、最前《さいぜん》からいろいろに変装して、待ち受けていた警視庁

の巡査が、にわかに駈け寄って、湊を警視庁へ送ってしまった。

万安に残っている連中は、そんなことは知らずにまもなく帰ることになったが、銘々のあとから見え隠れに、変な奴がついてきたことは、誰ひとりとして知る者はなかった。

著者《わたくし》はその時分に、神田表神保町の潤広堂《じゅんこうどう》という体操機械屋の註文掛《ちゅうもんがか》りをしていた。これは三浦亀吉《みうらかめきち》という者が開いた店で、三浦ははじめ根津《ねづ》の遊廓の車夫をしていて、綽名をチイ亀と言われた男で、大井憲太郎や、大江卓の車夫をしていた関係から聞き覚えた、自由とか民権とか言うことを唱えるようになり、ついに車夫を廃《や》めて、その親戚に資産家のあるのを幸い、資金を引き出して体操機械屋を始めたのであった。

いまでは西洋流の運動が非常に盛んになったので、別に珍しくもないが、そのころは東京において日本人が、小さいながら体操の機械を、みずから製造して各学校の註文を引き受けたというのはこの家が元祖である。著者《わたくし》は元来が商家の出身であるから、三浦に頼まれて、当分のあいだ支配人格で各学校の註文を受け取る役になっていたのだ。万安の宴会から帰ってきて、翌朝は華族学校の註文を受けるために出かけていって、その用件は事なく果して、木挽町の大関へ訪ねていくと町の四ツ角に、正服の巡査が二三人立っていて、なんとなくようすが可怪《おか》しかったけれど、自分の一身にかかわることとは知らず、大関の家へ這入ったが、意外にも戸主《こしゅ》の大関はいないで警視庁の探偵が坐っていた。「失策《しま》った」と思ったから、逃げようとすると、外から正服の巡査と私服の巡査が、二三人やってきてとうとう押えられてしまった。逃げようとしたので酷く殴《ひどうう》たれて、本縄をかけられて警視庁へ送られた。

その前晩に音高は、浅草の代地《だいち》［柳橋周辺］の名倉《なぐら》という待合に泊まっていたが、その主人は林藤太郎《はやしとうたろう》という旧幕時代からの探偵で、綽名を赤鬼と言われた屈指の探偵であった。こうとは知らず、平生から遊びにゆくので、その晩も名倉へ遊びにきて泊まっていたのだ。こういう事情で音高は、すでに拘引されているのを同志の者は誰も知らずにいたから、三四日のあいだに同志ばかりでなく、平生親しく交際する有志家はすべて拘引された。それと同時に、静岡岐阜の各地にわたって、盛んな検挙が起って、少し怪しいと思う者はことごとく縛されて、だんだん訊問の結果、いよいよこの一類と認められた者だけは、警視庁へ送りつけられた。

この事件の訊問は、警視庁で受けて裁判も東京に受けることになったのだが、事件の本源が静岡だというので、世間ではこれを静岡事件と称したのである。警視庁へ引かれた者は二三十人あったが、だんだん調べられた末、二十幾名が取り残されることになった。

著者《わたくし》は強盗事件には関係がなかったけれど、まんざら知らぬというのでなく、薄々はそういうこともあるのは知っていたのだ。華族会館へ斬りこんで、大臣参議を暗殺するというほうの事件の関係と見られて、ついに未決監に入れられることになった。そのときの罪名は強盗殺人というのであったが、未決監禁は、ほとんど一年にわたり、四畳半の独房に抛《ほう》りこまれて、ずいぶん酷い目に遭《あ》ったものである。

公判の結果は荒川と島村、それから前島豊太郎の伜《せがれ》角太郎と、著者《わたくし》の四人が、免訴放免されて後の二十幾名は、ことごとく有罪になった。もっとも重いのが有期徒刑十五年、軽いのが三年であった。前の赤井のときに話した、清水綱義と、その伜の高忠《たかただ》も捕われて、これは十年ずつの刑を受けた。

北海道に送られてから死んだのが、湊と綱義の二人《ににん》であったが、その他の者は議会が開けてから、特赦出獄を許されたけれど、出獄ののちひとりとして成功した者はなく、すべて末路は寂しいものであった。

名古屋事件

前年の大逆《たいぎゃく》事件で死刑になった、奥宮健之《おくのみやけんし》、この人は高知県の出身で、父は慥斎《ぞうさい》といって、有名な陽明学者であった。長男が正治《まさはる》、次が健吉《けんきち》、健之はその三男であった。正治は、日露戦争の［日比谷］焼打事件のときに、東京地方裁判所の検事正をしていて、のち宮城地方裁判所の検事正に左遷されたがその在任中に、弟の健之があういう罪によって死刑になったということから、責任を引いて辞職してしまった。

次に健吉は明治十七年ころに、通俗政治講談を始めて、森林黒猿《もりばやしこくえん》と称した男である。それをやめてから、公証人として、この世を去ったが、一時は世に知られた人である。そのうち普通《ただ》の講釈師のうちに、森林黒猿という者が出たが、それは子弟の関係があるでもなく、また健吉の許しを得たのでもなく、自分の勝手に名づけたものである。これも死んでしまったが、古い講談好きの連中は、この名前はまだ記憶しているはずだ。

健之は父のしこみで、漢籍の素養が深く、ことにフランス学ができるので、自由党の若手《わかもの》のなかでも非常に重宝がられた人であった。弁舌も善く文章も達者に書いて、地方遊説のときは、いつも特派員に推された。東京へはじめて出た時分に、慶応義塾に這入って、いまの犬養木堂《いぬかいぼくどう》［毅］などとともに机を並べたこともある。学校を出てから三菱会社の社員になって、加藤高明《かとうたかあき》などと会社の事務に当ったこともあった人で、割合に古い人物であった。

大逆事件に引っかかって、死刑にはなったが、あの連中と深い計画はしていなかったように思う。けれども死刑になったところを見ると、あるいは関係があったかもしれない。

ただ、こういうことがひとつある。

健之はいまこれから述べる名古屋事件で、無期徒刑になって北海道へ送られたが、そのうち出てくると政界も昔と違って、政党の内部にも、いろいろの変調があって、昔風の党員はあまり喜ばれなかったので、健之は重く用いられなかった。

それに不平のあるために、明治三十三年のころと記憶するが、当時の自由党のなかに薩派と長派の二派がわかれて、時の松隈《しょうわい》内閣を助けるか否やということが面倒な問題になった。

これは樺山《かばやま》［資紀《すけのり》］と高島《たかしま》［鞆之助《とものすけ》］の手が、党内へ延びてきて、松田正久《まつだまさひさ》、杉田定一《すぎたていいち》、田中賢道《たなかけんどう》などという連中が相応じて、代議士総会の席上で薩派と提携するということを決めにかかった。その際林有造や片岡健吉が、板垣を擁して長州派と握手の約束があったために、この提携運動を阻《はば》みにかかった。その結果ついに壮士が血の雨を流すような、騒ぎを惹き起して、多くの死傷者を出した。その際に健之は薩派のほうへ力を入れて、本部の襲撃に加担したということから、土佐派の連中がひどく憎んで健之を寄せつけないようにしてしまった。健之のほうでもまたおもしろくないから、本部へはあまり足繁くゆかぬようになったので、自然と政党の関係が薄くなり、筆と舌がよく廻るために、そのころからはやり出した社会主義や、無政府主義の翻訳などをして、雑誌や新聞へ投書するようなことをやっていた。著者《わたくし》は幸徳《こうとく》［秋水《しゅうすい》］やいまの堺《さかい》枯川《こせん》［利彦《としひこ》］などと懇意にしていたので、このとき奥宮に向って、

「君は原書も読めるし、文章や演説も巧みではあるが、いまの政党員のあいだにはとても向かないから、いっそのこと、社会主義者の仲間入りをしたらどうだ。幸徳は君と同県人の関係もあるし、堺は僕もよく知っているから、君がゆくというのならば、僕が世話をして、相当の地位に着かせることにするが、どうだろうか」と言ったら奥宮は、二三日考えさしてくれと言って帰っていったが、やがてやってきて「どうもわが輩には社会主義者の仲間に入る決心がつかぬから、このままに現状を保ってゆきたい」

ということで、ついにこの相談は駄目になったことがある。

しかしながら社会主義者との交際はあいかわらずやっていたようであるが、こういう事情

から考えてみて、奥宮が幸徳などの事件に関係して、死刑になったということは裁判の結果は、一点疑いを入れる余地はないけれど、なんとなく奥歯に物が挟まったような感じもするのである。

明治十七年の前後に、名古屋の自由党は非常なる勢いで、発展していった。祖父江道雄《そふえみちお》、大島宇吉《おおしまうきち》、久野孝太郎《くのこうたろう》、大島渚《おおしまなぎさ》、塚原九輪吉《つかはらくわきち》、鈴木滋《すずきしげる》、岡田利勝《おかだとしかつ》、木俣甚助《きまたじんすけ》、内藤魯一《ないとうろいち》、近藤寿太郎《こんどうじゅたろう》、渋谷良平《しぶやりょうへい》などの連中が郡市にまたがって、盛んに活動していたので改進党は、ほとんど足を踏みこむ余地もないくらいに自由党の勢力がはびこっていた。

ここにも温和派と過激派の二組があって、いずれも党内で軋轢《あつれき》をしていた。内藤、大島などは漸進主義を執って、穏やかに進んでゆこうということを、つねに唱えていたが祖父江の一派は、つねに過激なる説を唱えて非常手段にあらざれば、政治の改革はできないという説を、固く持して動かなかった。それがためにややともすれば両派の軋轢はあったが、しかし党の勢力を拡張する上には、ともに力を添えていたので、愛知自由党なるものの勢力は、非常に盛んなものであった。

過激派の主張するところが、いつか知らず実際運動に触れてゆくことは、自然の傾向でやむをえない。しかるに自由党の特派員として、星亨が乗りこんできた。これらの連中に会うたとき、星は盛んに激しい議論を唱えて、暗に煽動をした傾きがあり、これがために過激派の思想はいちだんと激しくなってきたのである。

いよいよ事を起すとしても、軍資金が欠乏しては、とても働けるものでないという説があったときは、星は紙幣贋造《しへいがんぞう》の容易なることを暗示して帰ってきた。それから塚原と久野のふたりが、密かに印刷機械を購入《かいい》れて、百万円あまりの紙幣を贋造することに着手したということもあって、名古屋事件の煽動者は星であるということは、ちと穏やかでない言いかたであるが、その関係はかくのごときものがあったのだ。

紙幣贋造の計画も、意のごとく進まず実際に始めてみれば、考えていたとおりにできるものでないから、いつかこの計画は抛《ほう》って、静岡事件の人びとのように、早手廻わしに掠奪を始めだしたのだ。これも十数ヵ所の富豪を脅したけれど、その取った金は考えていた百分の一にも充たず多くは日々の運動費に使ってしまうというような状態であった。

過激派が集まって自由党のほかに、公道協会《こうどうきょうかい》というものを起して、多くここに集まるようにしていたのは、温和派の妨げを受けることを避けるためであった。健之が東京から地方遊説として東海道を遍歴して、名古屋へ這入ってきたときは、公道協会の活動が、もっとも盛んなときであった。家も広く有志者を泊めるだけの設備があったから、しばらくここに足をとどめることになって、ことに英仏の語学もできるし、漢籍の素養も深いのであるから、多くの子弟を集めてそれを教えながら、しばらく滞在していたのである。

党員の請求に応じて、各所の演説会にも出た。弁舌もよいほうであったから、非常に評判が高くなって、奥宮健之の名は名古屋人のあいだに相当に知られるようになった。ある夜のこと、同志の集まってきた席上で、健之が盛んに無政府主義者や虚無党の話を始めて、政治改革には極端な過激運動を用いなければ、容易に目的を達することができないというようなことを、しきりに唱えて、ややもすれば一同を煽動するがごとき、語句を泄《も》らした。そのときに大島渚が、奥宮に向って「先生の言われるところは、たんに机の上の議論であって、実際になったならば、果してどうであろうか」と多少の疑いを含んで詰《なじ》るようにいうた。健之は「わが輩の説は、実際におこなえることをいうのである。わが輩もまたその実行を辞するものではない」ときっぱり答えたので、ここにはじめて渚は、自分らの計画の内容を話して健之に同意を求めた。

健之は自分から好んで、その渦中に飛びこみ掠奪的の仕事までしようと、したのではなかったけれど勢いに委《まか》せて弁を立てた。その隙に乗ぜられて、とうとう一同に抑えつけられ厭とも言えず、その仲間入りをすることになったので、ついに強盗事件に、関係するようになったのである。

枇杷島《びわしま》の附近に非常な富豪があって、これへ押しこめば、必ずまとまった大金は取れる見こみがあるという報告が来た。そこで十七年の十二月、大島渚が先立ちとなって健之もそのなかに加わり一列が三組にわかれて、その富豪へ押しこみに行った。しかしこのときは、目的を果さずに引き上げようとして平田橋を渡ろうとしたときに密行の巡査に、訊問を受けた。その押えられたのが不幸にも、演説で顔を知られている、健之であったから、事によるとこれからいままでの事件が、すべて露顕に及ぶかもしれぬと視て、首領の渚が、あとへ引き返えしながら「殺《や》っちまえ」と声をかけた。

そこで久野はまずその巡査を一太刀浴びせた。久野は撃剣の達人で警察署などへ指南にゆくほどな腕前をもっていたので、たった一太刀ではあったが、その巡査は即死を遂げた。

この騒ぎに附近の駐在所から、巡査が駈けつけて、大騒ぎになったのを、これも傷つけて、遠巻く群集を威嚇しながら引き上げてきた。健之も面白半分に、倒れた巡査に一太刀浴せた。これがあとに罪状のもっとも重きものになったのである。

自由党の陰謀に、強盗事件のともなわぬのは、飯田事件ぐらいのもので、その他には、みなこの附帯事件があったのである。いまから思えば浅薄《あさはか》なことをやったものではあるが、しかし一面から言えば、そのころの有志家なるものにはこれだけの強い覚悟があったということは、言いうるのだ。いかなる目的をもっているにもせよ、人の家宅に侵入して、金銭を強奪するということは善いとはむろん言えないけれど、しかしその金をなんに使うかと言えば、政府転覆の陰謀に使うというのであるから、おのれの享楽のために使う金と違って、そのあいだには多少区別をおいて見てやらなければならぬ。その掠奪が巧くいって事を起したところで、政府を倒しうるかどうかということは、はなはだ疑問としなければならぬが、その点より考えればもとより無謀の挙ではあるけれど、自分の身を殺して、一国の政治を改革したいという心から起ってきての行為であるから、これを以てただただ軽卒であるとか暴挙であるとかいう点からばかり論じて排斥しさるというのは、批評の当を得たものではない。

されぱとて、政治運動をする者にこういう点までは、進んでいってもよいということを教えるわけではないが、とにかく多少の宥恕《ゆうじょ》すべき事情があるというにすぎないのである。

いまの政党員なる者は、多くの人の蔭に隠れ、卑劣な手段を以て、巧みに金儲けするということばかり考えていて、さてその金をなにごとに使うかというと別荘を建てたり、酒色に費やすほかなんの考えもないのである。自分の身を殺して、政治の改革をしようなどと、いう考えは薬にしたくももっておるまい、ただ一意専心、金を造るために、いかなる不正なる手段も撰ばないといって集まっているのが政党員の多くであるということを思うと、いまの政党なるものは、一個の金儲け組合であって、真の政治を意味した組合ということはできない。昔の政党員には、その行為や言説にこそ、粗暴なことも軽挙な点もあったろうが、身を殺して仁をなすということだけは、どこまでも忘れずにいたのだから、たんに浅薄な行動などをやったから、その人の心術までが賤《いや》しいというて排斥することはできないのである。

この事件が露顕して、一同が縛に就くときの名古屋の騒ぎと言ったら、ほとんど一揆が押し寄せてでも来るというがごとき状態で、非常な混乱の状態に陥ったということを聞いている。平田橋の巡査殺しと称する一事は、新聞雑報を賑わしたくらいの大事件であって、その関係者も数十名の多きに上っていたから、堀川の監獄は非常に賑わったものである。死刑になった者も数名あって、多くは十年以上の懲役になって、北海道へ送られた。そのなかの塚原は前の海軍大臣八代六郎《やしろろくろう》と血族の関係があって、いまは大森あたりに晩年を気やすく送っているということである。久野は、浜松の歌舞伎株式会社の社長として、かたわら質屋と金貸しをやっておるが、相当の資産もできて、いまではちょっと顔も利くようになっている。その他の連中はたいがい凋落《ちょうらく》して、なんら聞くところもない。ただただ温和派であったために、入獄はしたが罪は免《のが》れ、いまなお政友会員として、すこぶる勢力をもっているのは新愛知［新聞］の社長大島宇吉である。渋谷は非常に金を儲けてその子どもは、みなよいのができて昨今では楽隠居《らくいんきょ》で、世を送っているが、その悴のひとりは先年東京市会議員になった工学士の三浦良観《みうらりょうかん》である。

健之はこの事件によって、巡査殺しの正犯であるから、どうしても死刑にならなければならなかったのだが、兄の正治が非常に心配して、それがためでもなかろうが、死一等を減ぜられて無期徒刑となった。北海道の獄に十余年勤めて出てきたが、前に言ったような事情で、ついに死刑になってしまったのは、自業自得とは言いながら、その才智のあることと、文字の深いことにおいては惜しむべき人であった。

飯田事件

議会が開かれてから、日本製糖株式会社の疑獄が起った。代議士の拘引された者も十数名にわたって、社長の酒匂常明《さこうつねあき》が、短銃《ピストル》自殺をしたり、磯村音介《いそむらおとすけ》や秋山一裕《あきやまいちゆう》などが入獄して、評判の事件であったが、その代議士のなかに村松愛蔵《むらまつあいぞう》という人があった。三州田原《さんしゅうたはら》の出身で、あの方面における志士としては、すこぶる人望のあった人である。早く「ニコライ堂の」「ニコライ」の信者になってシベリヤを渡り、非常な苦労をしてモスコー「モスクワ」まで行ったこともあるくらいで、露語は相当に修養が積んでいた。その人となりは堅実な、金銭に対する信用はすこぶる厚い人であった。こういう人物があのような疑獄に引っかかったのは、いまから考えても、じつに不思議だと思うくらいであるが、しかし実際においてまったく関係があったのだから、いたしかたがない。

聞くところによれば、その収賄した金は五千円だという。当時村松は、政友会本部の幹事をしていて例の横井時雄《よこいときお》と、同列の人であった。横井の収賄も五千円であったがどちらも選挙費用に窮しているところへ、秋山がその応援の意味において送ったので、多少の疑いはあったが、これを受け収めて、選挙は無事に終り、どちらも当選してきた。秋山が金を送った趣意は「製糖会社を政府へ売りつける運動の補助をしてもらいたい」という意味であった。これはのちになって起った問題で、これを送る時分にそういう約束はなかったのであるが、金を出したほうの考えが、それであったから、けっきょくは義理に絡まれてふたりともに秋山の請託を容《い》れた。これが法律上の罪となって、疑獄中のひとりになったわけである。

横井は小楠《しょうなん》先生の遺子である。どちらかといえば学者肌の人で、政治向きの人物ではなく、ことに「クリスチャン」のほうでは有名な人で、その性質もきわめて温厚な、悪いことなどできる人ではなかったのだけれど、事情がいまのようなわけであったから、その金に手を触れたのが、はからずも罪を引くことになったのである。当時の被告人中、もっとも同情すべきはこのふたりであったということは、ただに著者《わたくし》ばかりでなく係りの検事もすこぶる同情されて、現に横井が第一審に有罪になったとき、執行猶予の恩典が附加されなかったのは、不当であるといって、検事が控訴したくらいである。およそ日本の裁判所が開けて、裁判官が、執行猶予を与えなかったのが、不当であるというて検事から控訴された者は、この人のほかにはなかろう。このくらいに検事の同情は深いものがあった。

村松はやはりこれと同じく検事は、努めて刑を軽くしてもらいたいという請求をしている。ああいう疑獄で捕われた者は、たいがい自分の罪を隠して、人に塗りつけようとするような、卑怯者が多いのであるが、このふたりは捕えられて訊問を受けると、一も二もなく恐れ入って、「かような不正の行為をしたことは、洵《まこと》に汗顔《かんがん》の至りであるから国法によって、しかるべく処罰してもらいたい」と明らかに自分の関係したことを自白して罪を待った。この立派な態度に対しては、いかに鬼のような検事でも重い求刑はできるものではない。ことに村松のごときは「自分が本部の幹事をしておりながら、こういう金に手を触れたのは、他の代議士が見て幹事ですらかくのごとくであるから、自分らも取ってもよかろうという考えから収賄したものであろうから、自分は、いかなる極刑に処せられても憾《うら》みはない、他の代議士に対しては努めて罪を軽くしてもらいたい」ということを言うている。

事件が済んで出獄するとただちに、政党の関係を離れて、救世軍に走った。いまでは大佐か少佐になっているが、ブーブードンドンとやりながら、街頭に立って、説教をしている。ときどきその姿を見受けるが心から過失《あやまち》と覚って、一時は政党員中の名士と謳われた人がこういうことまでやって、あえて厭わないというところに、村松の人格の一端は、仄《ほ》のめいていると思う。横井も同じように政界と縁を断って、いまでは善良な「クリスチャン」に戻って教壇に立っている。それに較べると昨今の代護士は不正な行為があって、刑を受けても平気で選挙を争う。誤って当選して議会の演壇に立って、なんの愧《は》ずるところもなく、政治に容喙《ようかい》している連中がある。その人格においては雲泥の差があると思う。

そもそも飯田《いいだ》の国事犯事件は、この村松が首領となって、伊那郡《いなぐん》の飯田に兵を挙げて、天下に檄《げき》を飛ばし、同志を募って政府の改革をしようとしたのである。

その参謀のひとりに、桜井平吉《さくらいへいきち》という人があった。これは信州人で、無声無煙の火薬を発明しかけてついにその事が成らず研究は蹉跌《さてつ》したが、一時はそれによって、世間に知られた人である。そのほかに八木重治《やぎじゅうじ》、川澄徳次《かわすみとくじ》というような連中もいて名古屋鎮台の兵士を煽動して、飯田と名古屋と相応じて、大きな事件を起そうとしたのが、本来の目的であった。それが平田橋事件から端《はし》なくも露顕して、ついに捕縛されたのである。それであるからこの事件だけは、強盗のほうには関係がなく、純然たる国事犯であって、強盗事件が露見したために押えられて取り調べが進行してゆくにしたがって、それに関係なく純粋の国事犯であるということになって、さらに国事犯で押えられた、不思議な事件である。

事を起そうとしたのが、飯田であるというために、事件は長野裁判所に移された。未決中は松本の監獄にいたが、裁判は長野重罪裁判所で受けることになった。この時分に自由党の陰謀が続々起ってくるので政府の方針が、すべて附帯した常事犯で処罰するということになっていた。また純粋の国事犯でも、法律の上から言えば東京に高等法院を開いて、訊問すべきはずであるが、そうすると名誉心に駆られる者がその真似をするといかぬという変なところに考えを及ぼして、なるべく中央で裁判を開かぬことになっていたのだ。その結果飯田事件は、長野裁判所へ廻されることになったのである。数年前《ぜん》に死んだ、政友会本部の幹事翠川鉄三《みどりがわてつぞう》も、この事件で押えられた。有罪にはならなかったが、永いあいだ未決に苦しみを嘗《な》めたのである。

いよいよ公判になってから、村松が事件の経過を陳述する間に、政府の秕政《ひせい》を論じ、種々《いろいろ》な証拠を挙げて、政府の大官が不都合なることをしていることをだんだん証明していって、ついに「日本の政府はかくのごとくだから、当路の政治家に誤られつつある。この状態を以て進んでいったならばわが国の前途はどういうことになるか、と思うとじつに寒心の至りに堪えぬ」と述べ来《きた》ったときに、正直な村松は涙に咽《む》せんで、その陳述を尽すことができなかった。立会の検事ももらい泣きをする。裁判長も同じく「ハンカチ」を以て眼を蔽《おお》うというようなわけで、裁判はこれがために一時中止したというようなこともあって、村松の人格が、法廷におけるすべての人を動かして一時は到るところに評判されたのである。

しかしながら国法に触れているのであるから、判決の結果は有罪となった。村松は五年、その他の者は四年、あるいは二年一年などの刑で処分を終った。代議士として一時令名があったけれど、前に言うたような事件に引っかかって、ついに今日では、政治界に村松愛蔵の名を、聞くことを得なくなったのは、まことに惜しむべきの至りである。

平田橋事件と飯田事件とは、こういう一種の関係をもっていて、村松が廉潔の人であって、たとえ目的のために手段を選ばずとするも、掠奪まではやらぬという考えをもっていたために、純白な国事犯として、処分されたのであるが、この因縁を求めてゆくと静岡事件にも深い関係があったのである。その事件に連絡がありながら、独りこの事件だけは国事犯として処分されたのは、まったく村松の人格がこれをいたしたものと見てさしつかえないと思う。

秩父暴動

自由党員の企てた、国事犯のなかで秩父《ちちぶ》暴動だけは、一種特別のものであった。その首脳になった人は田代栄助《たしろえいすけ》、加藤織平《かとうおりへい》のふたりで、これは純然たる自由党員でなく、たんに自由党に近い人であったというにすぎなかった。ことに田代は昔のいわゆる侠客なるもので、政治運動などには、あまり深い関係はもっていなかったのだ。かえって加藤のほうが、多少足を踏みこんでいたために、田代が動かされたという傾きがあったのである。しかしながら、いずれにしても時代に反抗して、起った事件には違いない。しかるにこの事件の裏面には、ひとりの女が活躍していたというので、他の事件に比べて非常に特色のある点であった。

埼玉県の党員に、村上泰治《むらかみたいじ》という人があった。年はようやく二十三四でごく若いほうではあったが、秩父山中の一豪家であったために運動費にも事を欠かず、四方に交友を求めて、相当の勢力もあった。多少の文字もあり、胆玉も太く年の若い割合には落ち着きもあって、この方面にはことに重きをなしていた人であった。その妻が名をはん子というて、これがまた婦人には珍しい活動家で、しかも非常な急進論者であった。良人《おっと》の泰治を促がして、劇しい政治運動をやらせたのは、この夫人の力がそのなかばにあったというてもさしつかえない。

昨今になって、婦人が参政権運動を始めたり、その他さまざまの運動を起して、ずいぶん婦人のなかにも難かしい理窟を言う人が殖《す》えてきたが、明治十六七年のころにはそういう人は少なかった。全国に跨って自由党員の数は三十万と称したのだが、婦人の党員はたったひとりのみで、横浜の渋沢与三郎《しぶさわよさぶろう》という人の妾であった婦人が加入して、それが問題になって、のちに集会条例の取り締まり上、党員名簿から、警察署が削除を命じたというくらいに喧《やかま》しかったものである。その他には婦人で当然、党員に加わった者はひとりもなかった。

しかしながら種々《いろいろ》の関係から、自由党のために側面の運動をした者は相当にあった。多くは夫が党員であるというために、それに促されて起《た》ったのであるが、いまの参政権運動をしている婦人の立場とは、だいぶ相違がある。村上の妻のごとく、夫を促して強烈な政治運動をなさしめた者は、その他には多少はあったが、多くは世に知られておらぬ。

三州豊橋《とよはし》に、村雨案山子《むらさめかかし》という人があった。これは撃剣の達人で、古武士の風のあった人であるが、その妻［のぶ］はなかなかの美人で、かつ雄弁家であった。演壇に立って、よく自由民権のために、巧みな演説をしたことがある。また大阪事件の疑獄に関係のあった、景《かげ》山英子《やまひでこ》、いまの社会主義者、石川三四郎《いしかわさんしろう》の内縁の妻福田《ふくだ》英子も、有名なものではあったが、しかしこれは演壇に立って、叫ぶというようなことはさらになく、出獄ののちは多少そういうこともあったが、その以前にはさらに聞かなかった。いまは朝鮮の京城にいるが、元の代議士新井章吾の妻がやはり容姿《きりよう》もよく、弁舌も滑らかで、相当に活躍したことがある。

演壇に立って自由民権主義の叫びをもっとも強くやった者は最初の衆議院議長であった、中島信行の後妻、岸田湘煙《きしだしようえん》女史であった。この人は但馬豊岡《たじまとよおか》の生まれで、町家ではあったが相当な家柄に生まれて、夙《つと》に俊才の誉れが高く、十五歳の時分に、皇后陛下の御前で孟子の講義をしてから非常に御気に入られて、ついに宮中に勤めるというようなことになった。そののち宮仕えを辞して民間に下り、盛んに漫遊を試みて、演壇の人となった。江州大津《ごうしゆうおおつ》の演説会で、官吏侮辱罪に問われて重禁獄の刑に処せられたという履歴をもっている。多くの婦人がいたずらに気ばかり強く、あまり読書の上に力のなかった時代において、この人は英語も漢籍もともに堂に入ったもので、詩文章などは、すでに一家を成していたくらいである。姿のいかにも美しくして、態度の優雅《みや》びていたにもかかわらずその言論ははなはだ強烈な、自由主義であったために政府の圧迫もひどかったが、自由民権派のこの婦人を尊敬することは、ひととおりではなかった。

同時にその演説を聴く者が、婦人の容姿に憧憬《あこ》がれて、追い廻す者もある。万一にも身を誤るようなことがあってはせっかくの人物を、つまらない者にしてしまう虞《おそ》れがあるというので、中江兆民や栗原亮一《くりはらりょういち》が心配して当時大阪に来ていた、中島信行が妻を失うて孤独でいたのを幸いにその橋渡しをして、ついに結婚なさしめたのである。著者《わたくし》が覚えてから、女流演説家としてあるいは婦人の自由などというて、政治論を騒ぎ廻った者にその素行の修まっていた者は、ほとんどなかった。たいがいは四人や五人の情夫があり、また本人が品行を固くしていても、周囲《まわり》の男子が、それを空しく許しておくはずもなく、たいがいは株式会社の傾きがあって、誰も彼も関係があったというような醜体の下に、生涯を誤ったということは、その例に乏しくない。独り中島湘煙女史だけはそういうわけで、晩年は中島男爵夫人として身を終ることができた。

村上の妻は気性の勝れた、しっかりものではあったけれど、惜しいかな文字に乏しく、したがって強烈な議論はするが、理想の拠るべき所は一点もなく、ただ環境の刺戟から自由党というものに対して、強い信仰をもっていたというにすぎなかった。

ことに良人《おっと》の泰治が、浦和事件で入獄して自分も一時は拘引の身となり、酷い目に遭ったために、いっそうその思想が過激になって、政府に対する反抗の意はたいがいの男も及ばぬくらい、強いのであった。これというて深い聯絡はなかったのだが、秩父の山を廻ってその方面に始終往来していた。村上の関係から田代や加藤とも、一面の識があり、良人《おっと》の仇討ちをしなければならぬ、という単純な復讐心から、盛んに秩父方面に出没して、革命思想の鼓《こ》吹《すい》に努めた。田代や加藤も学問からきたまとまった思想とてはないけれど、独り政府者のみが、権勢を貪り飽食暖衣のうちに国民を虐げているという現実の事柄は、よく眼に映るからそこでなにごとか惹き起して、これらの官吏を戒めなければならぬという考えが起ったのである。つまり国定忠治《くにさだちゅうじ》が、岩鼻の代官を殺して、赤城山へ立て籠ったという筋をそのままにおこなおうとしたのが、このふたりの理想であった。

村上の妻は突然東京へ出てきて、大井憲太郎を訪ねた。そのころ大井は銀座に事務所を開いて多くの党員を指揮して盛んに活動していた時代であるが、村上とはかねての知己でもあり、かつその妻が一個の女丈夫《じょじょうふ》であるということも聞いていたので、せっかくの来訪に面会してみると、意外千万にも盛んに革命論を唱えて、一挙にして藩閥政府を倒す計画をなにゆえに起さぬかといったようなことをしきりに説きはじめた。大井という人が、元来急激な改革論者であったのにもかかわらず、かえって秩父山中の無名の婦人に訪ねてこられて、改革論を吹っかけられたのだから、さすがの大井もこれには驚いた。

だんだん立入って、その説くところを聴いてみると議論としてはさまでの値打もないが、多少拠るところがあって、来たようにも思われるし、また秩父方面には強烈な自由党の同情者もあるので、あるいはそれらとなんらかの聯絡が通じていて、一女子の身を以てかかる過激な相談に来たのであろうかということの想像も起ってきたのである。ゆえにこれをただ聞き流しに、打ち捨てておくことはできないというのが、大井の考えであったが、どうせ相手が婦人のことであるから、大井もあまり立ち入った秘密の相談はしなかったに違いない。

　大井の配下に氏家直国《うじいえなおくに》という人があった。これは仙台の旧藩士で身長六尺以上、相貌魁偉、水滸伝中の人物によくありそうな、ただ見てさえも恐しい風貌体格の人であった。腕力は十人前ぐらいあって文字もひととおりはあり、しっかりした人物であった。のちに大阪事件で入獄し、刑期が満ちて出獄してから大阪相撲の仲間に這入って、新世界泰平《しんせかいたいへい》という名で、土俵にのぼったことがある。そのころの師匠が東京へ来て、大関になった朝潮《あさしお》［初代］であるが、わずかに二三ヵ月の修業で土俵にのぼった氏家の力量は、じつに驚くべきものがあって、ただ一場所で、幕の内になったというようなわけで一時は評判であったが、もとよりそういうことで、生涯を終る考えはないので、まもなく廃《や》めてしまった。晩年は壮士の頭《かしら》になったり、侠客の仲間入りをして、いつも新聞の材料を作っていたが、ついに上海《シャンハイ》に渡って別になすこともなく、病死してしまったのは、惜しむべきことであった。

　大井は氏家を呼んで、秩父方面へ自分の代理として、遣わすことにした。その要件の大要は「同方面の有志が、あまり軽率なことをして身を過《あやま》らぬように、警告を与え、かつ団体的運動を始めるにしても、東京と聯絡をつけてやらぬと、とうてい成功するものでないから、漸進にもせよまた急進にもせよ、いずれにしても東京の同志がどういう風に動くかということを見てからのちに、事を起すことにしたら、よかろう」というようなことを説かせるつもりであった。

氏家は秩父へやってきて、田代や加藤にだんだんこのことを話しこみ、それから多くの有志に会って、きわめて穏和な説を吐くとすでに計画の大半が成っていたときであるから、有志の連中は、非常に怒って氏家を詰責《きっせき》する。はなはだしきに至っては、「われわれの秘密を探りにきたのみならず、そういう弱い議論を称《とな》えて、同志の決心を妨げるような者は殺してしまえ」という騒ぎになった。

そのときに氏家は泰然として「君らの焦燥《あせ》るのは、やがて破れるの因《もと》であって、そういうような考えでは、とても大事はなせるものでない。わが輩は身体もこのとおり大きく、することも半間《はんま》ではあるが、今日までの経歴を言えばかつて陸軍の教導団に這入って修業中、上官の命に反抗して、懲役に処せられ、それから教導団を脱して、自由民権派の仲間入りをして、今日に至ったので死を以て事を争うという点においては、諸君に一歩も譲らぬ考えである。しかしながら無謀の争いは暴虎馮河《ぼうこひょうが》の勇であって、けっして真に国家を憂うる者が、執《と》る手段でないということを考えなければいかぬ。かりに諸君が一致団結して事を挙げるとしても、相手は政府なのであるから、相当の準備をしてかからなければこれに勝つべきはずがない。政府には憲兵もあれば、軍隊もあり、かつ警察もある。それらの力がひとつになって、押し寄せてきたら五百や千の者が集まってそれと戦うたところで勝つべき見こみはない。ただ陳勝《ちんしよう》呉広《ごこう》となって、天下の人心に刺戟《しげき》を与えればよいというのならば、それまでであるが、多少の見こみを立て事を起そうという者が、人が集まったのみで、火縄銃の百挺や二百挺あれば、それでよいというような、考えをもって事を起すのは、あたかも猪《しし》狩りをするようなもので、とうていさような無謀なことには、同意のできるものでない。だいいち君らが事を起すとしても、なにをその旗幟《はたじるし》にするのであるか、薩長二藩が維新の大業をなし遂げ、徳川幕府を倒したときの旗幟は、攘《じよう》夷《い》勤《きん》王《のう》というのであった。この旗幟の下について目的を遂げたのであるが、さてそれからのちに、果して攘夷をおこなったかといえば、そんなことはさらになく、徳川を倒して自分らが政権を握った日から、外国人と交際をしているではないか、いまから考えればはなはだ矛盾したことではあるが、その当時としては、攘夷という旗幟の下に、多くの人を集めそれを勤王という二文字で引き締めて、そうして徳川を倒したのちに攘夷などという馬鹿馬鹿しき主張は抛《ほう》って、ただちに開国主義で進んでいったという、そこに面白味があるのだ。君らはそもそもどういうことを旗幟にして立とうというのであるか、ただ新政府が気に入らぬというだけでは挙兵の目的にはならぬ。政府のどういう点が悪いとか、縦《よ》しそこまでには議論が進まずとも、自分らはこういう希望をもっているが、政府がそれを容れないから事を起すのであるというくらいのことは、決めておかなければなるまい、その旗幟の下に集まってくるものならば、主張があって戦うのであるから、縦し成敗はいずれに帰するにしても、歴史の上にも書かれるし、後世《のちのよ》の人の批判もそう悪く起ってくまいと思う。どうせ腕力に訴えて、事を起そうとするのは乱暴なのであるが、しかしながらその奥には、多少の道理というものをもってかからなければならぬ。君らに果してどんな旗幟があるか、まずそれを聞いてみたい」と氏家に、だんだん説かれてみると一同も力んではみたものの、それに対する相当の答弁はできなかった。この一事から一同も氏家を信ずることが、やや深くなってきて、それから氏家も真剣になって相談を受けることになった。

大井は氏家に無謀なことをしないように、よく説諭してこいと言ったのであるが、氏家はそれをやらせてみたくて、しようがなかったのであるから、止めるような煽《おだ》てるような、両面から説きつけて、秩父暴動なるものは、ここに起るような場合になったのである。

氏家の説に基いて、このときに推し立てた旗印は、第一が地租軽減、第二が徴兵令改正であった。

そのころの政治問題としては、このくらいの好題目はなかったのだ。地方の農民が、窮迫のあまり、地租の軽減を希望することは、非常にはなはだしかったということ、また徴兵についてあまり喜んでおらぬという、人の弱点に乗じて、その根本を改正するということを、主張したのであるから、無智の良民はこれに向って、集まってくるのが当然であった。

およそ二千五百人ばかりの人数が集まり、それを軍隊の組織にして明治十七年の十月下旬に、秩父山中の大宮から、川越に抜けるところの山間に嶮《けん》を擁して、事を挙げたのである。それらのことは、すべて氏家が陰にいて指揮をしたのであったが、あるいは大井も、その議に与《あずか》っていたろうと想像される。

加波山事件が九月下旬に起って、それがために政府の狼狽はひととおりでなかった。事はわずかに数日のあいだに済んだようなものの、その遁《のが》れたり隠れたりしている者がまだすべて捕まったというようなわけでない。人心がなんとなく恟々《きようきよう》として、政府も不安の念に駆られていた折から、引きつづいての暴動で政府の狼狽したのは非常なものであった。ついに東京鎮台の兵士を一部繰り出してその鎮撫に当るというようなことになったのである。

集まった者の大半は、秩父山中の猟夫であったから、旧式の火縄銃であったけれど、狙撃がなかなかに巧く、山間の嶮岨《けんそ》な道を駈け歩くことは、あたかも鹿と同じで、人間離れのした働きをした。最初のうちは岩角や樹の繁みに隠れて、遠くから狙撃をする。それには攻めこんでいった巡査や兵隊も、よほど苦しんだけれど、けっきょくは実力の争いで、ついに一同は敗戦した。

田代・加藤をはじめ、その他の重立《おもだ》ったる者はことごとく縛に就いた。首領のふたりは裁判において死刑になったが、配下のものも、それぞれ重刑に処せられた。これが秩父暴動の概要である。

特殊の国事犯

浦和事件と大阪事件

自由党員の犯した、政治に関する犯罪は、いままでに国事犯事件としてひととおり解説したが、それ以外に特殊の事件がふたつある。そのひとつは浦和事件で、他のひとつは大阪事件である。まず浦和事件のほうから説くことにしよう。

前回までに述べた国事犯は、すべて政府顛覆を目的とした、大がかりの陰謀であるが、独り浦和事件は、それとまったく相異して、ただ一人《いちにん》の国事探偵を惨殺したために、起った疑獄である。西洋の探偵小説に、よく見るような事件といえばこれよりほかにはない。

そのころの政府は、もっとも過激な思想を有して場合によれば、命がけで政府に反抗しようとする意気組みをもっていた。自由党員をことさらに刑に触れさせて、これを獄に投じその同志を苦しめて、禍いの根を絶とうと企てたものだ。その手先になって働いた者が、当時の警視庁であった。その手段の卑劣なることは昔の岡っ引きが、よくやった方法とさらに異るところがない、元来警視庁は、国事犯取り締まりのために起ったもので、いまのように掏摸《すり》や淫売の尻を、追い廻すようになったのは、グッとのちのことでその建設されたはじめには、まったく国事に関する取締の官庁とされてあった。

それであるから、いまでも警視庁の内部においていちばんに勢力のあるのが、国事係でたくさんの機密費なるものは、多くそれに向って、支出されているのである。こういう官署を設けて、取り締まりするのも必要ではあろうが、それと同時に非常なる弊害のともなうことも考えなければならぬ。そういう役目に当っている、小さい役人が自分の働きぶりを示すために、さまでもない事件を、ことさらに世間に響かせて、おのれの手柄を現わそうと謀ることが往々にしてある。たとえば全国を通じて五十人か百人もあれば、せいぜいだと思う。共産党の十人も捕うれば、翌日の新聞紙上に、二号活字の見出しで、大げさにその顛末が記載される。その原稿の材料は、みな警視庁から出ているのであるが、ただその記事を見ればいかにも全国にわたって、共産党がたくさんいるように見えるけれど、実際においてはホンの指を折って数うるくらいのものである。警視庁ではそれを大げさに響かせなければ、自分の働きぶりが上官に見えぬので、自然そういうことをする。それが知らず知らずのあいだにかえって共産党の宣伝となって、頭の浅薄な若い連中が、一冊か二冊の西洋の書物を読んで物珍しげに、共産主義などを称《とな》うる者が起ってくるのである。だからつまり警視庁が共産主義の宣伝をしているという結果になるので、こういうやりかたでは、はなはだおもしろくないと思う。

そういう者を捕えた場合には、きわめて秘密にしておいて、かりにその顛末を発表するとしても、きわめて小さく取扱って、報告するが宜いのである。共産主義の本家本元ともいうべきロシアですら、すでにレーニンもなかば投げ出している状態で、部分的に私有財産の制度を認むるようになっているではないか〔ネップ（ＮＥＰ）のこと〕、といったような宣伝をすれば、多少の効能もあろうが、いまのようなやりかたでは、かえってこれを大きくする結果を見るばかりで、百害あって一利のないやりかたである。

昔の自由党員が、過激な話でもするとか、あるいはなにか仕事でもせんとすれば、警視庁の役人のために厳重なる取り締まりをされて、あるいは獄に投ぜられ、あるいは刑場の露と消えたる者もある。それらのものが果して悔悟したかといえば、さらに悔悟するところもなく、出獄後もあいかわらず、その前《ぜん》と同じ行動を取って、政府に反抗している。その結果がどうなったかといえば、ついに政府はそれらのことに恐れて、法律を作って抑えようとしたけれど、毫《ごう》も反省したものはなく、かえって議会を開くことになった。警視庁が使った密偵のうちで、代議士になったものもあり、いまは議会に立って、天下の政権に参与するという奇観を呈している。

こういうしだいであるから、思想から起ってくるある行為というものは、これを取り締まるのに、よほど考えなければならぬことである。警視庁の機密費なるものは、比較的多くあって、ことにその支払いを明細に報告する必要がないだけにまことに使いやすくできている。こういう性質の金を巧みに利用すれば、たしかに効能があるだろうが、また一方から見てこれほど害のともなうものはない。昔は自由党員が、激しい議論を宣伝するのが、国家に大なる弊害があるということにして、党の内情を知りたいがために機密費を散じて、ある者を買収し、党内の秘密を警視庁に密告させるというやりかたを執っていたのだ。昔の奉行政治の時代に岡っ引きなる者が、与力や同心の内命を含んで、掏摸《すり》や小泥棒を手先に使って、大きい泥棒を捕えるというので、それがために利益《りやく》するところもあるが、かえって弊害の大きいものがあることには、さらに気がつかずにいた。それをそのままに踏襲したのが、警視庁のやりくちであって、はなはだ感服ができない。

いまでも警視庁では、この岡っ引き主義を奉じてあいかわらず旧式のやりかたを、執っている。たとえば府会議員のうちにきわめて卑しい奴があっても、その取り締まりに手加減をして、私恩を売って巧みにこれを手先に使って自分の便利に働かせるというようなことは、始終あることであって、別に珍しくもないが、そういうことをするために警視庁の益するところもあるだろうが、これがために、政府を頽廃《たいはい》させるに至っては容易ならぬことであるということには少しも気づいていないのだ。もっとも警視庁の役人は、三年と続いていないから、あとは野となれ山となれという考えから、こういう捨鉢《すてばち》のやりかたをするのかもしれぬが、人民にきわめて密接の関係をもっている、役所の仕事としてはけっして軽視することはできぬ。

明治十五年から七年にかけて、若い自由党員のうちで、相当に名を知られた者に、照山《てるやま》俊三《しゅんぞう》という人があった。非常な慷慨家《こうがいか》で、いやしくも議論が国家のことに及べば、涙を流して人の心を動かすような激しい議論をして、つねに虚無党や無政府党のことなどを、例に引いて盛んに過激な議論をしていたものだ。演説会などに出れば、たいがいは臨監《りんかん》の警官から中止されるような演説ばかりしていて、照山といえばすぐに過激派であるといわれたくらいである。

しかるにこの照山が、警視庁の内意を受けて、自由党の内情を、探っていた一人《いちにん》であるということがさまざまの事情によってようやくわかってきた。それを憤慨して、秩父の山中へ追いこみ村上泰治、岩井丑五郎《いわいうしごろう》、南関三《みなみせきぞう》などいう連中が、ついに村上方の湯殿において惨殺してしまった。

その背後には、宮部襄《みやべのぼる》が潜んでいてそれとなく暗殺を勧めたという事実もあった。宮部のことは前にも述べたから、いまはこれを略すことにするが、とにかくその時分の幹事としては、自由党員中においても信用の厚い、多方面にわたって、交際の広かった人である。照山を湯殿において殺し、その顔の皮を剥《は》ぎこれを俵に詰めて、丑五郎が背負い出して人通りの少ない山中へ捨ててきた、というのだから、ずいぶん思いきったことをやったものだ「実際の殺害現場は村上宅から二キロほど離れた杉ノ峠というところ。凶器は短銃と仕込杖だったという」。

元来が警視庁の探偵であるから、照山の行方《ゆくえ》が不明になったというので、これには仔細があるだろうと警視庁では、手を替え品を代えて、その捜索に従事したところが埼玉県の本《ほん》庄町《じょうまち》から児玉町《こだままち》へ行く途中までは、照山の通ったことがわかったけれども、それから先きは、少しもわからなくなってしまった。村上の屋敷へ、誘うていって殺したのだから、容易にわかるわけはない。

だんだん捜索の結果、村上らの行動がはなはだ怪しいと睨んだ。だんだん捜索の手を進めてゆくと照山の屍体を捨てた山中を狩人が通過するとき、その屍体を発見したので、それから大騒ぎになって、よく調べてみると顔の皮が剝いであるから、どういう人であるということはわからないが、しかし頭髪の白いところから、およそ照山だということに目星がついた。年齢は二十を越して幾つでもなかったが、頭髪はすでに真っ白くなっていたので、この特長はいかんともすることはできなかった。

種々の証拠を集めて、これは村上らが殺したのだということが、ややわかってきたのでついに逮捕の巡査が、村上の邸へ乗りこんできた。逸《はや》くもそれと知った、村上、南、岩井らは、短銃を放ち、刀を振るって捕吏に対抗して、非常な奮闘をした村上と岩井はそのあいだに、一方を切抜けて逃げてしまった。

村上の妻はたいがいの男子《おとこ》も及ばぬ働きをして、捕吏の行動を妨げたというので、その場から連れられて警察の訊問を受けることになった。

これが浦和事件の概要であるが、けっきょくは宮部襄、長坂八郎《ながさかはちろう》、深井卓爾《ふかいたくじ》の三人も拘引せられて、逃げたものもみな捕えられた。裁判の結果は、村上の牢死によって、多くその証拠を失い、岩井は十五年、宮部は十三年、深井が十二年、長坂は無罪放免になって、ひとまず落着にはなったが、ただ驚くべきは、この事件について宮部は三年間未決監にいて、ただ二回の訊問を受けたきりで、捨てておかれたのだ。六畳の部屋にタッタひとりで三年も坐っていると、鼠が馴れて膝や肩に駈けのぼるようになる。共犯者がみなしっかりしていたので、宮部に触れた陳述が、すこぶる有利であった。それがために未決監に長く繋《つな》いで、いたずらに苦しめたのである。

宮部はいったん、予審免訴で出獄した。自由党の幹事、加藤平三郎が発起人となって、井生村楼に慰労会を催した。それからまもなく、また拘引されたのである。村上の死によって岩井の陳述が一変したためにふたたび捕縛されて、浦和の監獄に繋がれ、こんどは有罪の予審終結を得て公判に廻わされた。弁護人の林《はやし》和一《わいち》が、一事再理は法理の許さぬところであるという再上告までやったけれども、ついに採用されず、宮部は岩井らとともに北海道の獄に送られて、この事件は落着を告げたのである。

政府を倒すとか、大臣を殺すとかいうことからでなく、ただひとりの探偵を殺した小さい事件ではあったが、そのころには浦和事件として、なかなか有名なものであった。それと対照すれば、よほど事件の規模も大きいし、ことにそれが対外関係になっていたので、はなはだ興味があったのは、大阪事件であった。

明治十七年、朝鮮の京城に変乱が起って、わが公使館が焼き打ちされ、竹添公使は負傷して、日本へ引き揚げてきた。それに憤慨して、自由党の大井憲太郎、小林樟雄《こばやしくすお》、新井章吾、磯山清兵衛《いそやませいべえ》らが騒ぎ出したのが、この事件を生み出した原因である。もっとも朝鮮の事変は、これがはじめてでなく、毎年のように小さいことはあったのだが、公使館まで焼き打ちされたという大きい事件は明治十五年にひとつあって、さらに十七年に起ってきたのであるから、このときには日本の輿論《よろん》が征韓論に傾いて、人心の激昂は烈しいものであった。

大井は関八州の党員を抑えて、自由党中の有力者であったから、ひとたび大井が手を挙ぐれば、決死の壮士が百人や二百人は、すぐに集まるというほどの勢いをもっていたのだ。そのころには銀座に法律事務所を開いて、業務もなかなか盛んであったが、なにしろ政党運動のほうに身が入《い》って事件を粗略に扱うので、追々に依頼者も減じ、収入の金は、すべて政治運動のほうへ向けられるというわけで業務の繁昌する割合に、貯蓄のなかったばかりでなく、かえって借金で頸《くび》が廻らぬというありさまであった。

昨年［大正十一年］、貴族院議員になった、村野常右衛門《むらのつねえもん》などは、そのころ大井の配下であって、森久保作蔵《もりくぼさくぞう》なども、神奈川県の自由党として、大井派になっていたのである。小林は岡山県人で、元フランス公使館の通訳として、学者肌の人であって、政治運動などに殁頭する人ではなかったけれど、朝鮮事件については、非常に憤慨して大井と肝胆相照らし、ついにこの事件を企つるに至ったのである。

朝鮮政府の背後には、支那政府が控えていてすべてのことに干渉を加え、朝鮮政府はあたかも支那政府の出張所のごとき観があった。日本政府が朝鮮に対する政策のいつも破れるのは、これがためであって、そういう事情があるために、大井らの憤慨はいっそう烈しくあったろうが、公使館の役人が殺され、居留の日本人民が、その惨害をこうむったというようなことは、日本帝国の恥辱であって、これをも忍ぶべくんば天下なにものをか忍ぶべからざるか、という議論で、非常なる覚悟を以てこの事件を企つることになったのである。

全体どういうことを、大井らはしようとするかといえば、まず配下の壮士や同志を、朝鮮へ送り出してその政府の大官で、支那政府に通じている者を片端から打倒し、支那政府と朝鮮政府のあいだに大衝突を起して、朝鮮の独立を確保し、日本政府がその後援者となって、支那政府の勢力を朝鮮八道から駆逐してしまうというのがその目的であった。

そこで大井は総大将格で、小林の参謀長、新井章吾と磯山清兵衛らが百余名の壮士を率いて、まず朝鮮に乗りこみ、事を挙げるというにあって、あとの同志は内地に残って運動費を調達するという風にそれぞれ役廻りを定めて、事件はだんだんに進んできた。

現代の政界にあっては、廉潔なる政治家として、反対党にまで崇敬されている村野常右衛門に、強盗幇助《ごうとうほうじょ》あるいは強盗教唆《きょうさ》などの罪名があるのだから、まことに変なものだ。のちには富山県の代議士になって死んだ稲垣示《いながきしめす》という人があったが、向島《むこうじま》に別荘をもって、ここに多くの壮士を養い、窃《ひそか》に大井と相応じて、事をなさんと計っていた。稲垣の邸にゆくと、廊下や座敷に爆裂弾の缶がゴロゴロ転がっていて、じつに凄いものであった。朝鮮へ押し出すには、どうしても爆裂弾の力を俟《ま》たなければならぬというので、爆裂弾を製造して、築地の有一館《ゆういっかん》へ運んで、これを船積みにして、大阪の新井章吾の手元へ送り、新井と磯山がこれを受け取っていたのだ。

いまでは社会主義者の石川三四郎と夫婦のようになっている景山英子は、岡山の出身で相当の資産家の娘であったが、高知県人の坂崎斌《さかざきさかん》［紫瀾《しらん》］の許に通って、漢籍の修業をしていた。坂崎は板垣の秘書役という関係から、英子はいつか知らず、自由党の人と懇意になってとうとう仲間入りをしてしまった。

その時分に年齢二十二三歳、あえて美人というのではないが、ちょっと渋皮の剝けた、日本人好きのする丸顔のポチャポチャした縹緻《きりょう》が、おおいに同志の目を惹いたぐらいであったが、こういう妙齢の婦人が、稲垣の家から爆裂弾を築地の有一館へ運ぶ役目を引き受けていたのであるが、なんと恐ろしいことではないか。

いまでは本所区長になって、政党のことなどは、いっこうに知らぬといった顔で、すましこんでいる霜島幸次郎《しもじまこうじろう》は、この事件について、爆裂弾の製造方を引き受けていたのであるが、同志の田代秀吉《たしろひできち》とともにその製造所を本所《ほんじょ》の相生町《あいおいちょう》辺に選んだが、それから四十余年、その区に区長となっているなぞは、かなりに世間を茶化したものだ。

しかるにこの事件がだんだんに進行してゆくうち、いつか政府の知るところとなって、探偵がすこぶる厳重になってきた。自分らが法律の裏を潜って、窃《ひそか》に計画《たくら》んでいるので、探偵の追究が厳重になればそれだけ計画することの那辺《どこ》かに、これが触れてくるから、さては政府のほうで感づいたかもしれない、と思うようになれば、一日も早く事を起すにかぎるという、焦り気味にもなって準備は存外に早く進んでいった。

この事件に附帯した強盗のうちで、もっともおもしろいのをひとつだけ述べておこう。大和《やまと》の信貴山《しぎさん》に千手院《せんじゆいん》という寺がある。なにを祀ってあるのか、よく知らぬが、その祭日には非常な賑わいで、参詣人が群をなしてゆく。大阪方面では評判の寺院であった。関西方面へ乗り出して軍用金徴発にかかっていた一列のうちで、氏家直国《うじいえなおくに》を首領とした一組がこの千手院を襲うて祭日の賽銭を掠奪しようと企て、ある夜手を分けて押しこんだ。一日の賽銭が少くも千円以上あるという見こみで這入ってみると、案外にもその日に大阪の銀行へすでに預け済みになって住職の手元に残っているのは、五十円足らずの端銭《はしたがね》であった。そこでこの連中が坊主を縛っておいて、議論を始めたのだからじつにおもしろい。

住職の出した五十円をもってゆこうか、それとももってゆくまいかというので、議論を始めたのである「われわれの目的とするところは千円以上の金を取るというのにあったから、五十円ばかりの端金《はしたがね》を取るということは本来の目的でない、こんなものには手をつけずにゆくのがよい」という説と「本来の目的であった大金は手に入《い》らずとしても、ここに来るには、相当の入費《にゆうひ》もかかっていることであるから、もってゆこう」ということを称《とな》える者があって、大議論を惹起したが、ついにこの金はもってゆかぬというほうが勝ちを制して、引き揚げにかかったときに火の番が騒ぎ出したために、附近の村民が二三百人、おのおの得物《えもの》を携えて、千手院の表門から裏門を取り巻きそのなかには巡査も交っていて非常な騒ぎになった。

このときに秩父暴動のうちから、縛を遁れてこの仲間に這入ってきた、落合寅市《おちあいとらいち》という男があってこれは非常に胆力があり、ことに力の強いところから、真先に乗り出して群集のなかへ斬りこんだ。その勢いに怖れて一同は四方へパッと散る。その間《ま》に同志はことごとく逃げ去ることを得たのだ。

一里余というものは、息もつかずに駈けてきたが、だんだん集まった者を氏家が数えてみるとただひとり不足している。そこで氏家はすこぶる弱った。万一の場合には氏家が笛を吹く、それを合図にして引き揚げるということになっておった。だがさすがの氏家も遁れるほうに気を取られて、笛を吹くのを忘れたということを思い出したのである。しかるにその合図をせずに引き揚げたために同志がひとりでも、縛されるようなことがあっては、先輩に申しわけがないというので、この連中がさらに引き返していったが、幸い取り残されたものは引き上げてきたので、それぞれ道を分って大阪へ引き揚げてきたのである。

これがのちに公判になってから、千手院の住職が証人として呼び出されたとき、その陳述がすこぶる善かった。それは五十円の金をもってゆくのが正当であるか、あるいはもたずにゆくのがよいかという争いをしていたのを聞いて、これはふつうの賊ではない、と考えたので、その証言はすべて被告の利益になった。二人《ににん》以上が共謀して、凶器を携えて、強盗に這入れば、むろん無期徒刑であるのが、いずれも十年以下の刑であったというのは、まったくこれがためであった。

爆裂弾の用意もかろうじて調《ととの》い、渡鮮の費用もさまでに豊富というのではないけれども、ひととおり調うたから、新井章吾が先手になって、朝鮮にゆくことになり、長崎までやってきたところが、あとから送るべき約束の金がこないので、渡鮮することが不可能になったのみならず、なお多くの爆裂弾が、どこへ行ったのか、さらに届いてこないから、大阪へ電報を打って照会しているうち事件が露顕して、ついに一同は縛に就くことになった。

これについては磯山清兵衛が、大阪新町《しんまち》の芸者と深くなって、醜名を流したことはあるが、しかしこの人は茨城県の酒造家の主人で、相当の資産もあるし、人物もかなり大きいところがあり、自由党本部の幹事にもなって、さまで品格の悪い人ではなかったが、ただこのときに利害を見ることが早くて、この事件のおそらく成立しないということを見越した結果、厭気《いやけ》がさして逃げ腰になったのだろうと思うが、いずれにしても自分ひとりがその仲間を脱けようとして、その道連れが芸者であったということだけは、あまり褒めた話ではない。それであるから公判になったとき、神奈川県の武藤角之助《むとうかくのすけ》が、磯山の眉間《みけん》を打ち割って大騒ぎをやったことがある。武藤は金子と改姓して、いまでは藤沢の町長をして頭髪のなかばは、白くなっているのだから、往時を想うと一種の感慨にうたれる。

この事件は内乱陰謀罪でなく、外患に関する罪ということであって、大井以下の五百名ばかりの人は、ことごとく有罪となった。そのうちには、上告した者もあったが、すべて棄却になって、みな懲役に服することになった。

大井は自由党の先輩として、五本の指に折らるるほどの人物であったが、出獄後の凋落《ちょうらく》は、じつにはなはだしいもので、その晩年の悲惨であったことは大井の死んだ時分に、新聞の雑報記事が、十行以内で済まされたことに徴してもわかる。もしこの事件がなくして、あいかわらず自由党のために奮闘して政界にその盛名を続けていたならば、あるいは衆議院議長ぐらいにはなったであろうが、この事件のために挫折して、出獄後は右に左に、その所属が代わり、果ては自由党の立場から、改進党のほうへ飛びこんでいって、衆議院の副議長としての候補者には挙げられたけれども落選した。それからのちはいくたび争うても、ついに代議士にさえなりえず、まったく世間から忘れられて、まことに寂しい晩年を送ったのはいかにしても気の毒千万のことである。

日清戦争の表裏

明治二十六年に陸奥宗光が、一躍して外務大臣になった。松方内閣が倒れて伊藤が、後継内閣を引き受くることになった。その際に陸奥は、選挙干渉問題から、松方と意見を異にして、民間に下っていたのを伊藤が引き上げて、外相の椅子を与えたのである。

一国の大臣といえば、たいしたものではあるが、しかしながらその大臣になったために、すべての人が偉いとはいえない。また大臣になりえないで生涯を終っても、その人が偉くないともいえない。偉い者が必ずしも大臣になるときまっていないと同時に、これだけの値《あた》いのない者でも、時の事情と運勢がよければ、大臣になることがあるから、大臣の椅子に着いたために、その人を偉いと定めることはできないのである。とにかく大臣の椅子に着く者は、少くも三年や五年の先を見越して政策の上について、なんらかの意見を立てなければならぬ。縦《よ》しそれがのちになって間違ってもそれだけの用意をもっているのが、政治家の値いであろうと思う。

ただなんとなく、夢心地で大臣になったのでは、その人が必ずしも大臣たる値打ちがあるとはいえない。世間には大臣たらんがために、大臣になる人もあり、生涯に一日でもよいから、大臣になりたいというだけの野心から大臣になる馬鹿な人は少なくないが、真に大臣の値打ちがあって、大臣らしい仕事をあらかじめ頭のなかに考えておいて、その椅子に着く人は、あまり多くないように思われる。

陸奥が外相の椅子を、欲しいと思っていたのは、ずいぶん長いあいだのことでこれがために、明治十一年には、国事犯のひとりとして五年の懲役に行ったくらいであるが、そういう風に、欲しい欲しいと思うときにはかえって大臣の椅子を得ずになり、懲役になったというようなわけで、自分から進んで望まぬときには、向うからもちかけて意外にも外相の椅子を得て陸奥も長いあいだの希望を果すことができたのである。

しかし陸奥はいたずらに外相の椅子を得るがために、理由《わけ》もなく望んだのではない。外相たることを望む以上は、なんらかの仕事をして後世の人に範を遺すという考えをもっていた人だ。惜しいかな肺患がだんだんと進んで、このころには右のほうの肺は底が抜けて、左の上部がそろそろ腐りかかっていたのであるから、どうでこの劇職に就かずとも、長い命ではなかったのだろうが、こういう役目についてみれば、なおさら寿命が縮むわけで人一倍の負けぬ気性をもっていたので、多年の希望を果して、外相の椅子を獲た以上は歴史の上に、その功績の一端を遺そうという考えはあったに違いない。明治初年以来、朝鮮の問題がいつも外務省の難関となって、どの大臣もみなこれがために苦心を重ねてきた。もひとつが条約改正の問題であって、日本の勢力がまだ充実していなかったから、条約国から見ればまるで未開の国のごとく思われて、容易に改正談判が進捗しなかった。代々の外相は、その改正に着手したけれども、みな蹉跌《さてつ》して、いずれも成功していない。井上馨のごときは、明治二十年にこれがために一大政変を惹き起して、そのほかにも原因はあったが、とにかくこれが主なる原因となって、はじめての伊藤内閣は倒れたくらいであった。次には大隈重信が、井上に代わって改正談判を開いた結果が、来島恒喜《くるしまつねき》の投げた爆裂弾によってとうとう片脚を失い、それが原因《もと》となって、黒田〔清隆〕内閣は崩壊するような破目に陥ったのである。こういうようなわけで誰ひとりとして条約改正について成功した者はなかった。

陸奥は外相の椅子に着くと、これだけでもしとげたいと考えたが、これをなしとげるにはまず日本の実力を示さなければならぬ、という先決問題がある。といってむやみに意地を突っ張ったところで相手のない喧嘩はしようがないから、陸奥もこれについては、ひととおりならぬ苦心をした。ところが幸いにも、朝鮮の問題が起ってもしそれが、うまくぶつかれば、日本帝国の実力を世界に現わすことができるという機会を捉えたのである。

前回にもしばしばくりかえしたとおり、朝鮮は独立の王国であったのが、その実際においては、支那政府の干渉を受けてほとんど属国の扱いを受けていた。朝鮮政府を、そういう立場に置くということは日本に取って、はなはだ不利であるという議論はつねに朝野のあいだに唱えられていた。また朝鮮としても、支那の干渉から離れて、もし日本がその後見をすることができればそうしたほうが、朝鮮の独立のためにも好いのであるということは、みな考えていたことである。

明治十五年と十七年に、やはりこういうことが原因となって、わが公使館を焼かれるまでの事変がくりかえされたが、その裏面には、支那と日本の策士が、跳梁《ちょうりょう》していたという事実があるのだけれども、その計画はいつも日本側の敗北となって、支那はあいかわらず、朝鮮の主権にまで触れて、ほとんど属国の扱いをするまでに深く朝鮮政府に、喰いこんでいたのである。

明治二十六年の夏ごろから、全羅道《ぜんらどう》の古阜《こふ》というところに、東学党《とうがくとう》の暴動が起って、その首領の崔時亨《さいじこう》、また参謀長の全琫準《ぜんほうじゅん》、このふたりの豪傑が、多くの朝鮮人を率いて、政府に反旗を翻した。その裏面には、内田良平《うちだりようへい》、鈴木天眼《すずきてんがん》、武田範之《たけだはんし》、田中侍郎《たなかじろう》、その他の日本浪人がついていて、なかなかの活躍をしたものであるが、全琫準という人は、一種の豪傑肌の大きい人物であって、その上にこの連中がうしろのほうから力をつけたものであるから、東学党の騒動はかなり大きくなってきた。

そうなってくると朝鮮政府も、これを打ち棄てておくことができない。討伐軍を進めたけれどもかえって官軍が敗れて、東学党の勢いは日にますます旺《さか》んになってきた。ここにおいて朝鮮政府の大官は、非常に頭を痛めてそのころ支那を代表して、京城に来ていた袁世凱の袖にすがって、その援助を求めたのである。袁世凱はまだ年も若く、あまり支那政府からも、まだ認められていなかったが、非常に悧口な目先の見える男であった。

明治十五年に、京城の変乱が起ったとき、支那から馬建忠《ばけんちゅう》という傑物が、乗りこんできた。その人に知られて馬丁から引き上げられて、国際探偵の役目を引き受けそれに成功して、ついに支那政府を代表して京城に留まることになったのである。それからほとんど十年のあいだ、公使同様の役目で、朝鮮政府の内部に喰いこんで、袁の勢力は侮るべからざるものがあった。時の総理大臣閔泳駿《びんえいしゅん》が、袁世凱の袖にすがって、出兵を哀求《あいきゅう》したので袁は、李鴻章へ打電して、その許しを受け多くの兵士が、朝鮮へ乗りこんできた。かれこれするうちに日本の浪人が、手を引いてしまったから、東学党の勢力もここに尽きて、支那兵のために鎮定されてしまった。

この出兵の尻尾を押えたのが陸奥外相であって、明治十八年に結んだ天津条約のうちに「爾来《じらい》朝鮮国内に出兵する場合には、一方の国の承諾を求むる」という意味の条項がある。しかる以上、支那政府がこの場合に朝鮮へ出兵するについては、日本政府の諒解を求めなければならぬはずであるのに、なんらの協定もなくただ一片の出兵通告文をよこしただけであった。陸奥は隠忍自重して、容易に抗議を申しこまず、時経てから喧《やかま》しい談判を開くことにしたのだから、そのやりくちははなはだ狡猾《ずる》いのであったが、しかし外交の仕事というものは、この調子でゆくにかぎる。

そのころの朝鮮公使は清国公使をしていた、大鳥圭介《おおとりけいすけ》が兼任していたので、陸奥は北京から呼び返して、大鳥を京城〔漢城〕へ差し向けた。大鳥は播州《ばんしゅう》赤穂《あこう》郡《ごおり》細《さい》念《ね》村《むら》の医者の伜で、江川太郎左衛門の門人であったから、幕府に推挙されてのちに、歩兵の教官になったが、純粋の幕臣ではなかった。

しかしながら一日養われた恩に酬ゆるために、敗残の幕軍を率い官軍に抵抗して、榎本釜次郎などと、函館五稜廓《ごりようかく》に立て籠もり、最後まで奮闘したひとりであったが、その力が尽きてついに官軍に降服して朝敵の名を得、座敷牢の人となったが、赦免されると同時に、北海道開拓使の役人として重く採用され、それから種々の経歴を経て、支那および朝鮮の公使を兼任するようになったのである。年も六十一歳という高齢であったが、自分の子どもより若い袁世凱を相手に、談判を始めたのだから、その対照はすこぶる妙であった。

大鳥が京城へ行ったので、北京の公使館にも、相当の人物を置かなければならぬということになって、内閣会議の都度《つど》そのことは相談に上ったけれど、さてこういう場合に、公使としてすぐ役に立つべき人物は多くないものか、人選についての相談は、容易に定まらなかった。そのとき翻訳局長の小村寿太郎《こむらじゆたろう》を推挙して、これに北京代理公使を命じようとしたが、総理大臣の伊藤博文をはじめその他の閣僚も、小村を信ぜず、容易に陸奥の要求を容れなかった。

小村は日向《ひゆうが》の国から出てきた男で、神田の護持院《ごじいん》ケ原《はら》に開設された、大学南校に入り、明治八年卒業して米国へ官費留学生として赴き、明治十四年に帰朝してから最初は大阪上等裁判所の判事となり、それから転々して外務省へ来たのである。判事を勤めていたときの成績ははなはだ不良であったが、外務省へ転じてからは、いわゆる適材を適所に求めたわけで、小村の昇進はもっとも早く、たちまちにして権少書記官《ごんしようしよきかん》になり、明治十九年には翻訳局長にまで進んだ。しかしながら小村はいずれの藩閥にも属せず、純然たる独立独行であったから、引き上げてくれる親分はなかったけれど、そういうことには、さらに頓着なく孜々《しし》としてその職務に尽していた。さればというて、進んで新たに親分をもとうという考えもなくただ自然のなりゆきに任せていたという強情が、小村の気概の一端を現わしていると思う。

小村がはじめ東京へ留学に出てきたときには、小倉処平《おぐらしょへい》という親分があった。小倉は日向《ひゅうが》西郷《さいごう》という綽名《あだな》を取った人であるが、多くの後進生を養ってよく人の世話をしたものだ。小村はもっとも小倉の愛するところとなって、この人のおかげで洋行までもできたのであるが、小倉は明治十年西郷の戦争に加担して宮崎において切腹してしまった。小村は洋行から帰ってきて、その親分を失ってあたかも木から落ちた猿のごとく、孤独の境涯になったけれども、ふたたび親分を求めようともせず、我慢していたのが、負けじ魂の小村としては、当然のことである。その小倉が西郷の軍に投ずる前に深い関係があって、陸奥ともっとも親しかった。それであるから小村が外務省へ入ってからも、なにか用うべき場合があったら、相当に採用しようという考えをもっていたのだ。

陸奥の左右には加藤高明と原敬がいた。加藤は政務局長、原は通商局長、そして小村は翻訳局長であった。この三局長を膝元に置いて外交の衝に当っていたのであるから、陸奥も定めし楽しいことであったろう。ことに小村については深い信用をもっていたから、内閣会議の際に、小村を北京の代理公使に採用しようと言い出したのである。

しかるに小村の風采が、はなはだ揚らないところからあまり先輩は重く見ていなかったので、閣僚は彼を採用することを容易に承知しなかった。それを陸奥が無理に押しきって、北京代理公使に引き揚げたのである。そういう事情がわかってきたから、赴任する小村もじつは命懸けで、出かけるようになったのである。

京城には大鳥がいる。袁世凱と折衝し北京には小村がいて、各国公使の軽侮《けいぶ》を受けつつ、そのあいだに暗中飛躍を試み、ついに支那政府が第二回の出兵を決した。その秘密を探り出して陸奥にこの旨を報告したので、それが原因《もと》となってさすがの伊藤も、フラフラしていた腰が落ちついて伊予松山の分営長であった、陸軍少将大島義昌《おおしまよしまさ》を、混成旅団長として、朝鮮に派遣することになったのである。

支那の兵は数ヵ月前《ぜん》に、朝鮮へ乗りこんでいたが、水原《すいげん》の先のほうにいて、京城にはよほど遠ざかっていた。日本の兵はそれから見れば、非常に遅れて這入ったけれど、たちまちに京城へ這入りこんだのであるから、碁《ご》でいえば先手の一目《もく》が最後の勝利を得たのと同じ道理で、日清戦争の原因となった出兵の衝突が、まったく小村の機敏な働きによって大勝利を得ることになったのは深く記憶すべきことである。

最初に戦争を開始したのは、陸軍ではなくして、かえって海軍のほうであったからおもしろい。明治二十七年七月二十五日に、ショパイオール［蔚島／Shopaiul］の沖を日本の警備艦が出動していると、渤海《ぼっかい》の方面から支那の軍艦が四隻乗り出してきた。それを見ると警備艦隊の司令官、高千穂《たかちほ》に乗りこんでいた海軍唯一の奇才、坪井《つぼい》［航三《こうぞう》］少将が、浪速《なにわ》艦の艦長、東郷平八郎に発砲を許したのが、戦争を開く始めであった。いまの東郷大将もそのころにはまだいっこうに人も知らず、ただ海軍部内で、少し変り者くらいに言われていたが、このときに敵艦の進行を止めて、取り調べようとしたのが、端《はし》なく衝突となって、ついに発砲したのである。先手を打ったのが、勝利の原因《もと》となって、敵艦一艘を沈め一艘は火を負うて、浅瀬に乗り上げ残る一艘は、渤海のほうへ遁げ帰るという好成績を納めた。かつ遅れてきた、上海のジャージンマジソンコンパニー［ジャーディン・マセソン］の所有船、高陞《こうしょう》号《ごう》を捕獲してしまった。

その時東郷が機敏なる働きは、彼が平生のノロノロしているのに不似合なほどであった。これがのちに、国際法上の問題となって、ついには上海の海事裁判に廻されて審判を受けることになった。しかるにその際における東郷の処置が善かったために裁判の結果は、日本側の勝利となった。それから二日おいて二十七日の朝、水原《すいげん》の方面へ出動したわが陸兵は、この電報を見てただちに敵兵に向って発砲を始めたのである。本国政府からは、まだ宣戦の布告が出ないのに、海陸ともに戦いを始めたのであるから、支那政府が、各国の政府に向って「日本は、あたかも海賊のようなやりかたである」というてその事情を訴えたのも無理はない。宣戦の布告は八月の一日に出たのであるが、海陸の衝突は七月二十五と二十七日にあったのだ。その日限《にちげん》に相違のあることは、明らかに支那の主張を証明しているのであるけれど、戦争と喧嘩と賭博と競馬は、元来の勝敗を争うのであるから、負けてから苦情を言ったところが、なんの甲斐もなく勝つ者に道理があって、支那はついに見苦しき敗辱を見る場合に至ったのである。

支那政府から、わが政府が長い間押しつけられていたのは、国力の相違でいたしかたがなかった。どう贔負目《ひいきめ》に見ても、明治の初年から、この戦《いくさ》を開くまで、国力の相違は、たしかにあったに違いない。ただ日本の国体と、支那の国体が、全然相違しているのと、もひとつは国民の個々の考えがまったく違っていて、支那の国民は純然たる個人主義で国家ということについて、協同の観念はきわめて薄い、これに反して、わが国民は国家に対する概念が、支那人の考えとは違っておってどこまでも国家をひとつ主体として銘々がこれを擁護して、立たなければならぬという、この国家に対する考えの相違していることがあったために、支那に比べるとほとんど比較にならぬほど国の大小に相違もあり、人の数《すう》にも非常の懸隔があったけれど、長いあいだ隠忍していた、その悔しさが破裂していよいよ戦いになったときのありさまは、まったく開戦前に一般の人が視ていたのとは相違して、ほとんどこの戦争《いくさ》は物にならぬ程度にまでわが軍の大勝利に帰したのは、一に国民の国家に対する概念の相違が、ここに現われてきたものと視るのほかはない。

海軍も陸軍もともに連戦連勝のありさまであって、敗戦したと認むべき場合は、わずかに名古屋の師団長であった桂太郎《かつらたろう》の率いた一隊がまったく見苦しい失敗をしたくらいのもので、それも金沢の師団長であった大島久直《おおしまひさなお》が、救護の結果この失敗を取り留めたのみならず、かえってその失敗を償う以上の、大勝利を博してしまったから、桂の失敗も世間に知れずにすんだ。

翌二十八年の春を迎えたころは、すでにわが先鋒隊《せんぽうたい》は、山海関《さんかいかん》の附近まで攻め寄せて、もう一押しすれば、北京城にわが日章旗を掲げるくらいまでになってきた。威海衛《いかいえい》方面における戦いに至っては、海陸軍が共同動作に出て、これも非常な勝利を博したのみならず、支那の艦隊はほとんど全滅して、水師提督丁汝昌《すいしていとくていじょしょう》は毒を仰いで死し、その根拠地であった劉公島《りゅうこうとう》はわが軍の有に帰するというありさまであった。

このときにおもしろい挿話《エピソード》があった。吉野《よしの》艦が支那の水雷艇を逐い廻して、ついにその水雷艇をして陸に乗り上ぐるのやむなきに至らしめた。それを陸軍大佐の馬丁《べっとう》が捕獲して勲章をもらったというおもしろいことがあった。水雷艇の活動は海においてこそ用をなすが、陸においては、なんらの用をなさない。これは水雷艇がなくて陸雷艇というほうがよいくらいだ。元来軍艦が水雷艇のために、逐い廻さるるということはあろうが、水雷艇が軍艦に追い廻わされることは、海戦史の上に稀有《けう》のことであると思う。

だいたいにおいて戦いはかくのごときありさまであったから、さすがに支那政府の大官も胆を冷やして、その善後策に頭を痛めるようになった。光緒《こうちょ》皇帝は西太皇后《せいたいこうごう》とともに早くも熱河《ねっか》に走って戦争の難を避けるという状況になったのであるから、どうしても講和の途に急ぐのほかはなかったのである。しかも支那政府の財政顧問に顧《やと》われていたフォスター［ジョン・フォスター］が、しきりに講和を主張して「いまのうちに早く講和をせぬと、北京城へ日本軍が乗りこんでくる。そうなった暁には、いわゆる城下の盟《めい》をするのであるから、ど

う いう過大の要求をされても、支那政府はこれに応ぜなければならぬことになってしまう。よって講和の途をいまのうちに求められたらよかろう、それについてはアメリカ政府も相当の援助を与える」ということの意味を、李鴻章に向って説き、しきりに講和を慫慂《しょうよう》したのであった。

ここにおいて李鴻章もついに意を決して、講和の運びを着けようということになったのである。それにしても日本政府の意向が、どれほどにまで出てくるかということは、講和の談判を始めるに先だって、知っておく必要がある。当時支那政府に顧われていた、米人デットリングという人があった〔実際はドイツ人〕。ちょっと才気の利く、なんのことにも機敏の働きをする男であるから、まずこれを日本へ送って伊藤博文に会見させてみたならば、日本政府の意向のだいたいもわかるであろうという考えになって、李鴻章は自分から伊藤へあた、紹介状をデットリングに渡した。それをもって彼はフランスの軍艦に送られて、日本にやってくることになったのである。

このことはわが政府にも、早くより知られたし、またフランスの公使から、その旨を通じてきたのでデットリングの乗っている船が神戸へ着くのを待って、これに対する相当の処置をしなければならぬということが問題になった。

戦争はいまや酣《たけなわ》であるにも拘わらず、講和に関してわが政府の意向を捜《さ》ぐるために、支那人でない米人がやってくるということは、はなはだその当を得たしかたでないということが、多くの人の意見であった。これには伊藤も同様の考えをもっていたから、いっさいの取り捌《さば》きは、陸奥外相に任せることになって、伊藤やその他の閣臣は、ほとんど傍観の態度を以て、そのなりゆきを視ることになった。陸奥は部下の新しい書記官を神戸へ送って、兵庫県の警部長と打ち合わせて、デットリングの上陸を許さずに、逐《お》いかえすという方法を採った。

そういう事情になっていることは知らず、デットリングは伊藤にさえ会えたなら、日本政府の意向を捜《さぐ》って、これを土産《みやげ》にもってかえれば李鴻章から十万両の報酬がもらえるので、心窃《ひそ》かに悦んでいたのである。

しかるにいよいよその船が神戸へ着くと、水上警察の「ボート」が十数隻で、その船の周囲を取り巻いて、デットリングの上陸を拒んだので、彼の狼狽はひととおりでなかった。そこで書記官は、

「なんの用事があって、貴下《あなた》はこの場合に来られたのであるか」

ということを尋ねた。デットリングは、

「貴国の総理大臣、伊藤博文氏に会見すべく、李鴻章氏の書信を齎《もたら》してきたのである」

と答えた。そこで書記官は、

「その李鴻章氏の書翰は、わが輩が取り次いで、伊藤総理へ届けることにするから、貴下《あなた》はこの船において待ち合せることにしたらよかろう」

これを聞いてデットリングは非常に怒った、

「それはよけいなことである。さようなことはわが輩のほうでは頼まぬ、この書信は伊藤総理へ手渡しすべく、その他には何人《なんびと》の手にも渡さぬということにきまっているのだ」

と答えて、容易に李鴻章の手紙を渡そうとしない。

「そういうむつかしいわけであるから、あえて受けとるにも及ばぬから、郵便に託して送ったらよかろう、貴下《あなた》の上陸はあくまでも許すことはできない」

「それはどういうわけであるか」

「貴下《あなた》は、支那政府の雇人《やといにん》であるゆえに、上陸は許さぬ」

「わが輩は、米国人であって支那人でない」

「たとえ貴下《あなた》は、国籍上米国人であろうが、現在においては支那政府の雇人であるがゆえに、私のほうの目から見れば現在は純然たる支那政府の官吏と視るのほかはない。いまや日清両国のあいだは戦端を開いているのであるから、支那はわが国に対しては敵国である。この交戦状態の最中に貴下《あなた》が支那政府の雇人として来られることについては、純粋の支那人と同様の扱いをするほかないのであるから、お気の毒ながら上陸を許すことはできない」

「イヤ、それは君らの説が間違っている。たとえ雇われているとて、わが輩は米人であり、この場合にこの書信をもって上陸し、総理に渡すべき責任がある」

この押し問答のあいだに、警部長は書記官の背後《うしろ》に、少し離れて立っていたが、腰に携《さ》げていた「サーベル」を、ガチャリガチャリと響かせる。こうなってみるとさすがにデットリングも、いかんともすることができないで、ついに空しく支那へ引き返すことになった。

李鴻章は、デットリングからの復命を聴いて、日本政府の意向が存外に強いのに驚いた。しかしこのままに済ますことはできないから、そこでこんどは張蔭桓《ちよういんかん》と邵友濂《しようゆうれん》のふたりを自分の代理として送ることにした。これはともに支那政府の大官であって、ひとりは大臣級で他のひとりは次官級の人であるから、前のデットリングとは違って相当の人選と見るほかはない。公式に李鴻章は、講和に関する下相談をこのふたりに委任したという意味の書面をもたせてよこしたのであった。前のデットリングに対しては、ああいう手段で追いかえしたけれども、こんどは幾分か、敬意を以て迎えなければならぬから、そこでだんだん相談の上で、とにかくこのふたりは宇品《うじな》から上陸させて広島見物でもやらせて、李鴻章の書面だけは受けとって正式の講和申しこみにあらざれば、いっさい応ぜぬという意味の書面をもたせて帰そう、ということに決した。こういうしだいであるから、わざわざやってきたふたりもついにふたたび空しく広島見物の御馳走くらいで、帰ることになった。李鴻章には、伊藤にあてた書面を受けとったということを答えたにすぎなかった。こうなってみると支那政府もいよいよ窮して、日本政府の決意がかくまで強いならよんどころないとあって、李鴻章がみずから談判に出かけることに決して、その旨を公然申し送ってきた。前の連中と違って李鴻章が、みずから出てくることになれば、アヤフヤの態度も採られないから、そこで講和全権大臣の印綬を帯びて、光緒皇帝からの、講和に関する全権委任状をもってくることになった。

全体李鴻章という人は、東洋において大政治家であるのみならず、すでに世界的政治家としてその地位の上から言っても、わが伊藤よりは遥かに上位におった人で、縦《よ》し外国の書物は読めないにしても、かかる場合に講和全権の大任を帯びる者としては、どういう人物でなければならぬくらいのことや、講和の申しこみについてはどれだけの用意をしなければならぬ、というくらいのことは知らぬはずがない。しかるに前のような変則の手段を以て一時をごまかそうとしたのは、たしかに深い考えがあったのである。

それはどういうわけかというに、およそある国とある国とが、交戦状態になっている場合に、講和を申しこむのは、必ず敗戦国から申しこむもので、戦勝国が戦敗国に対して、講和を申しこんだ例は昔からないのである。まして支那政府は、現実に敗戦を続けているのであるから、その戦勝国たる日本に講和を申しこむという場合には、手続の順序として、休戦条約を結ばなければならぬ。その休戦条約の上においては、厳しい担保条件を附せらるるに違いない。そうなっては堪《たま》らないから、国際法のなんたるかさえ少しも知らぬような顔をして、李鴻章は前のような手段を採ったのであろう。しかしながら、それに引っかからずに変則の使節は、追い帰して李鴻章を引っ張り出したことはさすがに伊藤や陸奥の働きであった。

この時分にわが朝野の議論は、どんな風になっていたのかというと、それはじつに強い議論を唱える者が多かった。償金や土地の割譲、朝鮮の独立問題についても、すこぶる強硬なる意見をさかんに唱えていたのである。政府のある人は、伊藤や陸奥を憚《はばか》って表面にこれという意見を発表することはできないが、まず民間の論者や、政党員などは、しきりに政府に迫って、講和条件の明示を求め、さまざまな申しこみをして政府に鞭韃《べんたつ》を加えたのである。一部の論者のうちには、こういうことを言うた者もあった「およそ戦争を継続していながら、講和使節が一方の国へ乗りこんでくるというのが、間違っている。講和談判に来るならば、まず以て休戦の申しこみをわが前進軍の首脳に向って、交渉するのが順序であるにもかかわらず、李鴻章はこの手続きを履《ふ》まずして、戦いは戦いとして続け、自分は講和のためにくる、というのは違法のはなはだしきものである。こういう方式の違ったことをしてくる使節は、断然拒絶して逐帰《おいか》えすがよい。しかるに伊藤や陸奥がこれを許して会見するということは、はなはだ望ましからぬことである」といって、しきりに政府の態度が軟弱に失するといって、攻撃する者も少なからずあったのである。しかしながらわが政府の意向は、すでにこの講和申しこみは受けるということにきまっていたのであるから、まず以てその会見の場所を、どこにするかということが、なかなかむつかしかった。ようやくにしてその場所は下関《しものせき》の春帆楼《しゅんぱんろう》ということになって、その旨を支那政府へも回答に及んだ。

ここにおいて李鴻章は、多くの従者とともに下関へ乗りこんできた。広島の大本営においては、いくたびとなくこれに対する御前会議が開かれ、伊藤は全権大使となり、陸奥はその副使として、とにかく李鴻章に会見することになったのであるから、いずれも多くの従者を連れて下関に乗りこみ、伊藤は春帆楼の一室に宿り、陸奥は大吉楼《だいきちろう》に宿ることになった。

この時分の陸奥は例の肺病が、だんだんひどくなってきて、三日にあげず発熱や喀血《かっけつ》に苦しみ、いよいよ談判を開いてからも、つねに発熱は多く床を離れるのさえやっとのことであるというありさまであった。償金とか土地の割譲とか、あるいは朝鮮の問題に触れたときには、病を推《お》して出席したが、他の小問題には欠席がちであった。

明治二十八年三月になって、李鴻章は下関へ着いた。かねてわが政府から定められてあった引接寺《いんじょうじ》に入ることになった。これは李大使のために旅館として当てられてあったけれども、どういうものか、李大使は引接寺に、一泊もしないで、天津から乗ってきた操江号《そうこうごう》という船に寝泊まりしていた。したがって引接寺は、一時の休憩所に当てられてあった。

李大使の随行員には、李経芳《りけいほう》、伍廷芳《ごていほう》、羅豊禄《らほうろく》、馬建忠、陶大均《とうたいきん》、盧永銘《ろえいめい》などの人びとで、一般の従者を合せてほとんど百人以上もあった。わが大使の随行員は、伊東巳代治《いとうみよじ》、井上勝之助《いのうえかつのすけ》、鮫島武之助《さめじまたけのすけ》、中田敬義《なかたたかのり》、鄭永寧《ていえいねい》、楢原陳政《ならはらのぶまさ》、陸奥広吉《むつひろきち》などの連中であった。

三月二十日に第一回の会議は開かれたが、そのときにはただ相互に、ひととおりの挨拶があって、委任状の交換をしただけにすぎなかった。その翌日から談判に入るのだが、しかし講和の条件に立ち入るに先立ち、談判はまず休戦のことから始まるのである。戦争を継続しながら、講和の談判が開かれるようになったのであるから、どうしても休戦条約に関する談判をまず開くのが、順序になっているのだ。

これは双方に取って、なかなか容易ならぬことであって、わが政府の主張としては「戦争をこのままに継続するものとして、将来得べき利益を確実に保証しうるだけの担保が取れない以上は、休戦に応ずるのことはできない」と、いうことになり、支那政府のほうよりすれば「そういう条件付きの休戦なら強いて望まぬから、休戦条約には触れずに、ただちに本談判に入ろう」として、しきりに休戦談判を避けようとするのであった。

したがって利害の立場が違うから、これはよほど面倒なものであった。いよいよ休戦条約のことに談判が移ると、李鴻章は言を左右にして、なかなか休戦談判と担保の点に触れてゆこうとしない。それを伊藤と陸奥はしきりに押えつけて、休戦に関するなんらかの保証を得ようとする。この争いは相当に激しいものであったが、立ち入って言えば「一方においては、戦わずしてまず山海関を得、一方においては威海衛の艦隊を受けとり、さらにそれから相当の距離を置いて、支那兵の退却を要求し、かつ前進軍隊に対する武装の解除を求むる」考えであった。それと明らかには言わないが、ほぼそういう意向を漏らしたので、これには李大使も容易ならぬこととして、しきりに抗弁して、あるときのごときはドイツやロシアの救援を仄《ほの》めかして「もし日本政府が、あまりに頑強なる態度を採るならば、この両国の助言くらいは出るだろう」ということを、それとなく暗示《ほのめか》したけれども、それに対しては陸奥が、峻烈なる弁舌を以てとうとうやりつけてしまった。

いずれにしても談判がこういう風にもつれてくると、李鴻章といえども一存で引き受けるということはできぬ。光緒皇帝の御内意を伺うまでは、この談判は休止してもらいたいといい出した。それには伊藤や陸奥も承諾を与えて、談判は休止ということになった。もっともこれは三日間という日限は定めてあったのだが、とにかく休戦条約で、談判の行き詰まりとなったのは事実である。

それから互いに打ち解けて、種々の雑談もあって時を移し、李大使は引接寺へ引き揚げてゆく。陸奥はいままでの疲れに、日あたりのよいところへ寝台を運ばせて、横になっていた。伊藤は廊下の一端に立って、太い柱に凭《よ》りかかりながら、関門の風光を眺めていた。李大使の一行が引接寺の表門あたりへ着いたと思うころに、時ならぬ銃声が聞えた。とたんに内閣書記官長の伊東巳代治が、ケタたましく梯子段をかけ登ってきて、

「閣下閣下」と、伊藤を呼ぶ声も、なんとなくあわただしい。伊藤はしずかに振り返って、

「なんじゃ」

「エライことができました」

「どうした」

「ただいま、李大使が狙撃されたのです」

「やッそれでは、いま聞えた銃声が、それであったか」

「そうです」

「李大使の傷は」

「まだハッキリしたことはわかりませんが、重傷のようです」

「兇漢はなにものか」

「これもまだくわしくわかりませんが、東京から入りこんできた壮士ということで、姓名は小山六之助《こやまろくのすけ》ということだけわかりました」

「それは容易ならんことが起った」

伊藤の顔には、沈痛の色が漂うている。陸奥は寝台から起き上った。

「エライことになったのう」

「じつに馬鹿な奴があって困る、どうせ殺すならわが輩を殺せばよいのに……」

「いまさらなんというても効《こう》がない、つまりはこのほうに油断があったのじゃ、わが輩はいま熱が出てきたので、動くことができぬ。とりあえず見舞いに行ってもらいたい」

「よろしい、善後策はそれからのことじゃ」

伊藤は見舞いに出かけた。

李大使を狙撃した兇漢は、群馬県邑楽郡《おうらごおり》の出身で、小山豊太郎《こやまとよたろう》という者であった。このときにどういう事情があってか、六之助と変名していた。その父は孝八郎《こうはちろう》といって、一時は県会議員ともなり、相当の勢力をもっていた人で例の田中正造《たなかしょうぞう》は、この人の後援を得て世に出たのであった。小山は群馬県で田中は栃木県であるから県地の相違はあるが、つねに孝八郎の援助を受けておったのは事実である。

豊太郎はその当時、著者《わたくし》の家にいた書生であって、下関へゆくとき、旅費を与えたり、かつその際に門司《もじ》の石田［旅館］に宿っていた、中島信行へあてて紹介状を書いてやった。その豊太郎が、李大使を狙撃したために、著者《わたくし》のこうむった迷惑はひととおりではなかった。世間からは著者《わたくし》が、豊太郎を使嗾《しそう》してこういうことをさせたろう、との噂を立てられ、政府筋ではまったくそう観察していたに違いない。著者《わたくし》はこの事件の起った翌朝、多くの巡査に踏みこまれて、警察署へ拘引されたのであった。

そのときの光景と言ったら、まるで芝居の捕物そっくりで、著者《わたくし》のような者を押えるに巡査が数十人も押してきて警察へ同行を求めた。その当時著者《わたくし》は下谷《したや》の青石横町《あおいしよこちょう》にいたが、町の両側には、多くの巡査が整列して、じつに馬鹿らしい騒ぎであった。附近の者はどんな事件が起ったかと非常に驚きの目を以て人垣を築くほどであった。

どういうしだいで豊太郎が、こういう無謀なことをやったかというに、じつは戦争継続の希望から、この暴挙に出たのである。もっともそれは著者《わたくし》も平常《ふだん》から唱えていた議論であって「この千歳一遇ともいうべき機会を失っては、ふたたび支那政府の頭を押えて、東洋の平和を期することはできないのであるから、北京城頭にわが日章旗を輝かし、確実に城下の誓を結ばせて、東洋における平和を確保したい。そうするまでにやりつけなければ、駄目であるからどうしても北京までは、乗りこむ必要がある」ということは著者《わたくし》からも聞いていたのである。そこで小山はかくのごとき議論を基礎として、戦争を継続させようとの考えから、李大使を殺しさえすれば、あるいは講和が破れるだろう、と浅薄《あさはか》な考えを以てこういうことをしたものであろう、と思う。

当時の新聞が小山を、狂人のごとくに書き立てたがそれは違う。たとえこの覚悟に相当の道理はなくとも、本人の考えは真面目であった。著者《わたくし》は事件の内容になんらの関係なく、また当人を教唆などしたということもないのであるから、二三日の拘留で、激しい訊問は受けたけれどやがて事なく放免されたのであった。

これについて少し事件のいきさつを陳べておくが、小山は公判に廻されて、ついに無期徒刑に処せられ、北海道空知《そらち》の監獄へ送られ、特赦出獄ののち、方向を誤っていまではどこにいるのかわからぬような境遇になっている。著者《わたくし》は彼が出獄してきたときに「二三年は謹慎して、慎重に自分の進むべき前途を考えなければならぬ」ということを諭したが、彼を煽《おだ》てあげる者があって、くだらない下足料稼ぎの演説会などに入ったりして、とうとうその後の半生を誤まらせてしまった。彼がまだ獄にいるときに日露戦争がはじまって、翌年には講和談判が開かれることになった。彼は獄中で認《したた》めた伊藤博文に与うる意見書を放免されて出る者に託して、私のところへよこした。それは看守の目を窃《ぬす》んで竹楊子《たけようじ》で認めた、長文の意見書であるが、それによってみると「露国に対する講和談判の大使としては、ぜひとも伊藤にかぎる」という意見が書いてあって「日清戦争の講和談判の際、貴下《あなた》を殺してしまおうとして、つけ狙って広島の町で、貴下《あなた》の芸者を連れて歩いている態度を見たが、この難局に処して、なおかつこの余裕があるかと思ったら、殺してしまうのが惜しいという考えになって、思いとどまったが、こんどの談判はこれに比するといっそうの難関であるから、その影響するところは世界的である。この談判こそ貴下《あなた》がみずから任じて往年の失敗を、取り返してもらいたい」という意味のことが、認めてあった。この意見書はいまも著者《わたくし》のところに保存してあるが、先ごろもこれを中田敬義に見せたことがあった。またその当時には伊藤に送ることはしなかったが、ある場所で伊藤に出逢うたとき、これを見せて伊藤を驚かしたことがあった。参考のためにその全文を、ここに掲載することにする。

伊藤侯閣下々々、試みに頭《こうべ》を回《めぐ》らして、明治政界の仕合せ者を数へ見よ。先づ浮ぶ者は閣下自身にあらざるなきか。治乱の世、茲《ここ》に卅七年、閣下其間《そのかん》に処して動労尠《すく》なからずと雖《いえど》も、未《いま》だ彼の西郷・木戸・大久保の諸公が手に唾して成し遂げたる維新の大功に比すれば聊《いささ》か遜《ゆず》る所なかるべからず。而《しか》して西郷・木戸・大久保の諸公は、劬労《くろう》彼が如くにして夭折し、閣下は安逸斯《あんいつか》くの如くにして長命す。是余《これよ》が閣下を呼んで仕合せ者なりと云ふも強《あなが》ち無稽《むけい》にあらざるべきか。且又《かつまた》人情の不可思議なる、時として己を愛する者をば結局与《く》みし易しとして之《これ》を軽んじ、己を愛せざる者をば其狎難《そのなれがた》きに恐れて却《かえ》つて之を欽仰《きんぎよう》するの奇態なき能はず。殊に我浮誇的《わがふこてき》国民の如きは、彼等のために憂ひ、彼等のために慨《なげ》き、彼等のために図り、彼等のために動き、終に彼等のために政党的往生を遂げたる平民的偉人板垣氏をば頑固と笑ひ、不融通と詈《ののし》り、却《かえつ》て［その一方で］彼等の膏血《こうけつ》を吸ひ、彼等の骨肉を啖《くら》ひ、鹿鳴館裡《ろくめいかんり》舞踏面白く貴女《きじよ》に親しみ、滄浪閣上《そうろうかくじよう》冬暖く美人と戯れ［滄浪閣とは伊藤の邸宅の名称］、窮民疾苦《きゆうみんしつく》の声の如き、恰《あたか》も一種の音楽にてあるかの如くに聞き流しつつ、来りたる貴族的紳士閣下をば英雄として大政治家として崇拝す。是れ実に閣下に取りて特に僥倖にてありき。

閣下よ誤解する勿《なか》れ。余は妄《みだ》りに閣下を塗抹《とまつ》する者に非ず。閣下は維新の元老なり、然《しか》らざるも明治の元老に相違なし。大は憲法の制定より小は地方の行政に至る迄、十中の七八迄は閣下の頭脳を煩はしたるものにして、其功《そのこう》実に紛々たる群小を抜くこと数等なり。夫《そ》れ唯《ただ》明治の元老なりと雖も、閣下時として千百の非難を其身に招くことなきに非ず。併《しか》しながら非難の蝟集《いしゆう》するは即《すなわ》ち閣下の大なる所以にして此点に於ては非難者自身と雖も心中窃《ひそか》に首肯しつ、あるならんか。若《も》し夫れ閣下を責むるに好色の故を以てし、閣下に附するに淫乱の名を以てするが如きは、畢竟《ひつきよう》、略服的伊藤氏に対する所置にして、別に正服端座せる曩《さき》の内閣総理大臣及び枢密院議長、若しくは政友会頭若しくは韓国特命全権大使、而して恐らくは未来の日露講和談判委員伊藤博文侯たる身分には更に関係なきなり。由之観之《これによりこれをみれば》、閣下は如何に老ふるも閣下は我国の英雄なり、大政治家なり。斯く云へばとて閣下傲る勿れ。畢竟比較的の言にして此れ彼より善しと云ふに過ぎず。見ずやコフテング［コブデンのことか？］はグラッドストンより数ふれば英国二三流の政治家にてありき。然りと雖も是れ英国に於て然るのみ。仮りにコ氏をして我国に現在せしめんか、御気の毒ながら閣下は最早二三流に落ちざるべからず。閣下傲る勿れ、兎に角にも閣下を現今我国唯一の大政治家として、偖其次《さてそのつぎ》に余輩の胸中に浮び来る問題は何か。

聞く、近来、日露兵を構へて啻《ただ》に東洋の天地穏ならざる而已《のみ》ならず、其影響は遠く欧米各国に迄及ぼさんとして雌雄容易に決すべくもあらずと。誠に然らば是れ我国危急存亡の秋《とき》なり。余《よ》嘗《かつ》て露史を読む。国祖ルーリック［リューリック］よりアイバン大王［イワン雷帝］よりローマノフよりペートル［ピョートル］大帝は云ふも更なり。近くは現代に至るまで露西亜《ロシア》が他国に対するの所為は唯利之れ貪り、徳義の如きは毛頭眼中に措かざるものに似たり。荘子《そうじ》の所謂《いわゆる》「以身殉利《みをもってりにじゅんず》」とは移して以て露人を形容するに足る。されば彼等の進むや利必ず前に在り。彼等の退くや利必ず後に在り。起つや利を思ひ、伏すや亦利を思ふ。夫れ唯非道強慾の心あり。之に亜《つ》ぐに流石《さすが》の支那人すら遠く及ばざる猛獣的勇気を以てす。誠に油断のならぬ国民と云はざるべからず。昔はナポレオン一世、不世出の姿を以て天下を蹂躪《じゅうりん》し、其足漸《ようや》く露西亜に向はんとす。露人関を開きて之を延《ひ》く。モスコーの一炬、仏蘭西《ふらんす》卅万の精兵忽ち焦土と化し、ナポレオン僅かに身を以て免る。是れ普《あまね》く人の知る所なりき。瑞典《スウエーデン》王チャールス［カール］十二世は十七世紀に於ける欧洲屈指の英主にてありき。アルバを陥れ口馬《［ママ］》に勝ち英仏を脅かし且予漸く露西亜に及ばんとす。露帝ペートル、使者を国境外に出し百拝稽顙《ひやっぱいけいそう》［地に頭をこすりつけんばかりに］して以て和を乞ふ。チャールス肯《がえ》んぜず、戦勝の余勇に乗じ万余の貔貅《ひきゅう》［勇ましい兵隊］を磨きて旗鼓堂々露西亜に入りしが、一冬指を堕すの極寒に会ひ、兵気全く沮喪《そそう》しチャールス滔天の武力も一蹙《いっしゅく》して亦《また》起たず。由之観之、彼等は優柔為すなきの体を装ふて敵を国内に延き、敵已《すで》に入るや満身の獣力を振ひ、天候を利用して以て之を掩撃《えんげき》［不意打ち］す。所謂初は処女の如くして終りは脱兎の如きものは彼等戦略上の秘訣なるか。戦略夫れ斯《かく》の如くにして能く強敵を挫き、多慾亦彼が如くにして能く疆土を拡む。此を以て其疆土や延袤《えんぼう》万余里、其人口や二億幾万、欧洲の東部に崛起して傲然尊大を極む。其状豈《あに》憎むべからずや。近頃監獄号外子は屢々《しばしば》余に告げて曰く仁川沖に於ては敵艦十余隻を撃沈せしめ、我艦隊には一隻の破損なく亦一人の負傷なし、九連城に於ては敵の死者千を以て数ふべくして我軍の死者は十余人に過ぎずと。鴨緑江の大勝。金州の勝利。旅順の総攻撃。顧みて我国豪族の献金。有志者の義捐。壮士の運動。国民敵愾心の最高潮。耳にする所は何れも皆我国の壮烈談なり、然らざれば露兵の醜聞のみ。鉄窓の閑話、真偽固《もと》より容易に弁ずべきに非ず、且つ又国人之を記き、国人之を伝ふ。記事の美麗なるは固より其処なれば、中ばを疑問に附し中ばを信ずるとしても意喜び気昂《たかぶ》り、思はず快哉を絶叫せずんばあらざるなり。

然りと雖も閣下よ、余は武人に向つて一語談ずるの要なし。何となれば武人戦場に臨むや吶喊《とつかん》山を撼《うご》かし鯨波《げいは》［鬨の声］地を捲くの概ありと雖も、是れ道行のみ荒削りのみ。仕上の流々に到りては必ず政治家の手を待たざるべからざればなり。故を以て余は武人戦争の効果は政治家の伎倆如何に因り死活せらるべしと断言するものなり。然り而して現に戦ひつゝある日露未来の講和談判委員は誰ぞ、小村寿太郎・加藤高明の両氏こそ陸奥氏以来我国外交家中の錚々たる者なり。然りと雖も政治上の運動、殊に外交上の駆引は機智を要し弁舌を要し学識を要し胆力を要するの外、一種他に云ふべからざる魔力の力に添はざるべからざる事は黄口《こうこう》［嘴の黄色い未熟者］の余尚之《なおこれ》を知る。而して此資格を併有するの国士は当時［現在］閣下を措て他に其人を見ざるなり。（胆力の点に於ては覚束なけれども）加藤氏小村氏の如きは副使として或は可ならん正使としては則ち未だし。閣下老ひたりと雖も当年の余勇尚存するものあらんか。閣下よ、閣下は日露の交戦が那辺に於て終るべしと思ふや。宣戦の詔勅に因れば在満洲の露兵を撤退せしむるにあるが如く、国民の気焔を望めば浦塩《ウラジオ》斯《ス》徳《トック》を蹂躙して首都モスコーを衝かざれば已まざるものに似たり。翻つて局外諸国の向背を察すれば離婁《りろう》の明《めい》［鋭い眼力］と雖も未だ容易に端睨《たんげい》すべからざるものあり。此間に立ち例の魔力と天授の雄材とを以て国家百年の長計を定む、閣下講和の任亦重からずや。

夫れ武器の鋭鈍を論じ、分捕品の軽重を数へ、死傷の多寡を比較し、而して以て勝敗の数を喋喋《ちょうちょう》するが如きは畢竟近眼者流の事のみ。苟《いやしく》も一片経国の志ある者は斯くも眼先二三十年の後を照らさゞるべからず。夫れ唯此眼先を以て大局を見る戦争の如きは或は旅順陥落を限りとして和を許すも不可なく、或はモスコー城頭白旗を翩翻《へんぽん》たらしむるも尚ほ満足する能はざる場合もあるべし。要は機宜を制して東洋の平和を克復せしむるに在り。此処が則ち政治家たる者の最も苦心すべき処にして識者嘱目の焦点も亦此処に在りと云はざるべからず。されば上陛下の信任を蒙《こうむ》り下民衆の輿望《よぼう》を負ひ、頼て以て此難局に当るの士は、諤《がく》［直言］以て国を興すべく、一諾以て国を辱しむべければ、至誠宜《よろ》敷《しく》良心に誓ひ、時に或は社会幾万群盲を敵として相争ふの覚悟なかるべからず。而して其人は誰ぞ、凡《およ》そ饑餲《きかつ》に飲食を思ひ、大旱《たいかん》に雲霓《うんげい》［雲と虹。雨の予兆］を思ひ、家貧しふしても良妻を思ひ、国危ふして英雄を思ふは人情の然らしむる処、余近来閣下を思ふの情切なり。人或は曰く閣下は泰平の英雄也と、或は然らん。然りと雖も君子は豹変す。其平時に於ては児女之に戯れ、僕隷傍らに嬉笑すべしと雖も、一朝事あるに当りては風を起し、雨を呼び、神龍雲に躍るの観なくんばあらず。之れ英雄の本色にして［イギリスの］ピット然り［イタリアの］カブール然り［アメリカの］ワシントン然り李世《りせい》民《みん》［唐の太宗］亦然り。特に閣下に於て然らざる理あらんや。閣下出でずんば蒼生を如何にするか。閣下よ、さなきだに余は無経験なる白面の書生なり、況んや獄中の杞憂《きゆう》、或は痴人夢を説くの譏《そし》りは有るべしと雖もそれ等は小生の固より甘受する所、唯万一にも閣下愚衷《ぐちゅう》を容《い》れ日露交渉の上に一気相加はる事あらば、啻に余の幸福なるのみにあらざるべきか。閣下よ、余は未だ閣下と一面の識なし、然るに尚此言をなして閣下を煩はさんとするは、余の閣下に於ける浅からざる奇縁の存するものあるを信ずればなり。閣下知るや知らずや、余は二十八年征西の途、広島に立ち寄り三四泊したりき。而して市人の相語るを聞くに曰く昨夜○吉（芸妓の名）は閣下の旅館に聘《へい》せられ、終宵絃歌《しゅうしょうげんか》の声四隣に徹せりと。或は曰く昨朝小○（芸妓の名）は緑鬢央《りょくびんなか》ば乱れ紅粉斑々たる顔を粧ふて某家（閣下の旅館）を退出したりと。流言一として閣下の特色を暴露せざるはなく、凶器を懐《ふところ》にし易水《えきすい》の悲歌を歌ひつゝある余にして此言を聞く、悉く肝癪の種子ならざるはなかりき。嗚呼《ああ》閣下は如何なれば此危機に際して斯る痴戯を演ずるぞ。若《し》かず李氏を斃すの手を反《か》へして先づ閣下を無きものとし将来色好みの英雄を戒しめんものと余の血性は一度斯くの如くに燃えたりき。其後《そのご》一二日、余は閣下が中田秘書官（？）を伴ひつつ酔顔朦朧として市中を横行するを見て忽ち思ひ浮べたりき。閣下が彼の如く醇《じゅん》酒《しゅ》に酔ひ、美人に戯れ、恰も大事の前に横たはるを知らざるが如きは所謂英雄胸中の閑日月のみ。余裕、彼が如くにして初めて大事を処するに足る。余が小人の心を以て大人の胸臆を忖度《そんたく》したる愚かしさよ、余は思ひ誤れりと。翌二十九年は余既に配処に在り。鉄窓月白く風冷かなる一夜、看守窃に余に告げて曰く、閣下昨年馬関条約に因りて一旦取得したる遼島半島をば表面上支那へ還附し其実露国の為めに強奪せられて輿論の大打撃に遇ひ周章為す所を知らざりきと。事看守の口より伝はれりと雖、閣下従来の言動に徴して悉く打消すべからざるものあり。此に於てか余は曩に閣下を買ひ冠りたるを悔ひたりき。越えて卅三四年の頃に至り、同囚間に散見する書物中に日清の交戦に関する記事ありて其筋に云へり。先に余が凶変の閣下の耳朶《じだ》に達するや閣下咄嗟《とつさ》して曰く、嗚呼、凶夫乃公《だいこう》の事を破りたるが若《ごと》し、彼れにして講和異見あらば何為《なんす》れぞ先づ予を殺さざる、敵国の使臣に危害を加ふるが如きは寧《むし》ろ我国の蛮風を諸外国に披露するに等し、嗚呼凶夫乃公の事を破りたるかと。此語誠に閣下の口より出でたりとせば、閣下は慥《たし》かに英雄一半の資格を具へたる者なり。殊に余が先に在広中思浮べたる妄想と暗合せるを。

聞く、閣下、本年六十有余と。余命幾許《いくばく》もあらざるべく、事業亦従《したがつ》て遠きを期すべからず。閣下よ、最期《さいご》の思出に見事日露の葛藤を始末し、一面は将《まさ》に死せんとする社会幾万の生霊を未だ死せざるの危地に救ひ、他方には武力的戦争に勝つて簿書的外交に破る、従来嘗め来りたる苦きが経験を重ぬることなく、宜敷立憲的政治家の模型を垂れよ。是敢《これあえ》て閣下に於ける至難の策に非らざるなり。嗚呼閣下よ、余は多言せり。余は身分を忘れて多言せり。要するに胸中に欝積せる磊塊《らいかい》は吐かざらんと欲して吐かざる能はざるを如何せん。辞に酌量《しやくりよう》なく、意通ぜざるが如きは余が不文の致す所、高材脱俗の大人幸ひに不遜の罪を宥して其衷情《そのちゅうじょう》を容《い》れよ。

死罪々々

卅七年六月三日

小山の狙撃事件によって、談判は頓挫したけれども明治天皇の御英断によって、幸いにたいした支障もなく、談判が継続されることになった。それについては、明治天皇の御聖徳として、この問題に関する陛下の宏大なる御聖徳を、明らかにしておきたいと思う。

広島の大本営にこのことが伝わってくると、左右に連なる者は、みな顔色を失うた。誰ひとりとして事件の奏請をする者はない。互いに譲り合って、御叱りを受けることを惧《おそ》れて、奏請の役目を避けようとした。宮内大臣の土方久元《ひじかたひさもと》が、奏請の役目を勤めることとなって、御前に伺候した。そのとき、陛下は、

「不時のできごとはやむをえぬ、この上は善後の策を誤まってはならぬ。休戦条約はいずれも日限を定めて、無条件にいたしてつかわせ、本談判の上には、償金の多少の手心を加え、これを以て事件の処置をつけるよう博文に伝達せよ」

こういう仰せであった、さしもの大問題も、事なく済んだ。

かかる場合に、平静の御態度を以て、ただちにこういう御沙汰のあったことは、じつに恐《きょう》懼《く》の至りである。かような事件を処するに当って、この御英断を以てせられるということ

が、明治天皇の偉大なるところである。

それであるから、償金は、二億両《テール》の見こみであったのを、一億両に切り詰めてしまった〔これは痴遊の勘違いと思われる。実際の賠償金は二億両〕。畢竟《つまり》、小山の放った銃丸の一発が、一億両の値打ちを生じたわけである。ことにおもしろかったのは、佐藤〔進〕博士が陛下の御沙汰によって、李鴻章の見舞いに行ったとき、その弾は、右の頬に当っていたので、これを切開して引き出そうとすると、

「この弾は、取り出さずにおいても、体には障りはないか」

と、李大使が尋ねた。佐藤博士は、

「これはこのままにしておいても、生命に別条がない」

と答えた。李大使は笑いながら、

「せっかく入った弾であるから、このままにしておきたい」

と言ったので、ついに切開はせずにすませた。こういうところは、さすがに李鴻章であった。たとえどういう蹉跌はあっても、けっきょくは、戦争に勝っているのだから、四月十五日を以て、仮条約の調印ということになり、償金一億両に、遼東半島および台湾の割譲、朝鮮の独立確保に関する問題は、わが政府の主張どおりになったのである。しかるに、仮条約に調印して、李大使が引き揚げてから七日目、すなわち四月二十一日になって、露、独、仏の三国の公使がにわかに外務省へ迫って、遼東半島の還附を要求してきた。

その理由としては、日本は宣戦の布告において、明らかに書いてあるとおり、東洋の平和を確保するため、この戦いを起した、というにもかかわらず、遼東半島を割いて取るということは、かえって東洋の平和を阻害することになる。東洋の平和のためには、黙っておられぬ、われわれ局外の国から見ても、さようなことをするのは宣戦の布告に反すると思うから、速やかに遼東半島は、支那政府へ還附すべし」ということを申しこんできたのだ。同時に、三国の東洋艦隊は、日本海を往来して、この要求を聞かなければ、支那に代わって相手になろう、という勢いを示した。当時のわが海軍力は、とうてい三国聯合の艦隊には、敵対する実力もなし、ことに支那と戦かって相当に国力も疲れている。かたがた以て、強硬な態度を以て、これを拒絶するということは、とてもできなかったのであるから、ついに目をつぶって、遼東半島は支那へ還附することになったけれども、ただいたずらに遼東半島を還附しては、日本帝国の体面は保てぬ。ことに病床に呻吟している陸奥は非常に残念がり、伊東巳代治を弁理大臣として、支那へ送りその問題については、仮条約を本条約と引き換えた上、批准をすませたのちに、日本帝国の発意を以て、遼東半島を返還する、という形式を採らしめた。しかるのちに伊東は、支那の代表者を責めて、四千万両の代償金を受け取って帰ってきたのは、巳代治の腕もなかなか凄いものであった。内閣書記官長という低い役人でありながら、男爵の肩書を得たのは、これがためであった。

このことはやがて議会の問題となって、衆議院においては「三国の干渉を受けることを予知せずして、講和条約の上に拭うべからざる失敗をきたしたのは、当局者の過失である」という意味の上奏案を提出することになった。しかしながら、それは反対する者もあって、上奏案は否決され、わずかに決議案として通過した。

このことが終ると、陸奥は病の重ってゆくにもかかわらず、条約改正の談判に、着手しはじめた。いままでは日本の実力を、世界で認めておらなかったけれど、この一戦から相当の国柄であるということが認められるようになって、いままでに失敗を重ねてきた、条約改正はついに運びがついて、あえて対等とまではならなかったが、ややそれに近い条約を結ぶことになった。

陸奥はこの二大功績を土産にして、病気辞職を申し出で、ここに閑散の身となったが、まもなく病革《あらた》まり、伯爵に叙せられて死んだ。紀州の出身《い》で明治十一年に、国事犯の名によりて、獄に投ぜられ、士族からただの平民となって、外務大臣の椅子に着いたときは、一個の平民であったが、死に臨んでは一躍して伯爵になった。日清戦争については、なお語るべきことも多くあるが、これでだいたいの事柄だけは述べつくしたつもりである。

日露戦争の顛末

ロシアが東の明るい方面に、不凍港を求めていたのは、ずいぶん長いあいだのことであったが、しかしそれは容易に実現されない問題であった。ロシアは他の文明国に比して、もっとも遅れて、世界に認められただけ、それだけ、国力の発展も遅れていたのである。ただロシア帝国なるものの領土がきわめて広大なるがために、したがって物資も豊富であり、世界の北方に僻在している関係から物質的にもまた精神的にも、いわゆる文明国の空気に触れることがはなはだ少なく、ただなんとなく大きく国力が発展してきた、というようなしだいであるから、世界に対する領土も、英仏米独等に比較すれば割合に少ない。わずかにシベリアの広原を縦貫して、ウラジオストックの一港を有するばかりであった。このウラジオストックといえども、一年中のなかばは氷に鎖《とざ》され、真に港湾としての効用はなしえなかったのである。

ゆえにそのほかに不凍港を求むるの必要があって、それが日清戦争の終末に起った、遼東半島還附の問題に触れてきたのである、ということは、すでに一般識者の知るところである。日本帝国の実力が薄弱なるに乗じ、ことに戦後の疲弊困憊《ひへいこんぱい》に陥れる国力を見越して、じつに無法きわまる手段を以て、せっかくに日本帝国が支那から割譲せしめたる、旅順口を二十五ヵ年の期限にて、支那政府から租借《そしやく》してしまったのである。これに対するわが日本国民の遺憾は、とうていひととおりのことではなかった。しかして長いあいだ、これが恢復《かいふく》については非常なる苦心を重ねていたことは、いやしくも日本国民としてこれを知らぬものはないはずである。

モスコーからウラジオストックへ貫通する鉄道の敷設《ふせつ》は、じつに大問題であって、金の力を惜しんでは、とうてい解決のできぬことであったが、さすがにロシア政府はこれを敢行して、ほとんど十年の日子を費やし、莫大なる金をかけた。鉄道が成功すると前後して、ニコラス皇帝〔ニコライ二世〕が即位式をおこなうというがごときしだいにて、ロシアの東方に対するある野心は、ようやく露骨となってきたのであった。

明治三十三年に起った支那の団匪《だんぴ》事件、これは支那皇室に深き夤縁《いんえん》を有する、端郡王《たんぐんおう》〔載《さい》漪《い》。光緒帝のいとこ〕が首領となって、義和団《ぎわだん》と称する大きな集団ができていた。別に宗教上の徹底したる意見があるというのでもなく、また科学的にあることを捉えて集まった、というのでもなく、一種の迷信を利用して科学の上において智識の欠如せる、愚民を多く集めたものが、すなわちこの義和団なるものであって、要するに排外思想を基礎にしたというにすぎないものであって。これが遽《にわ》かに騒擾を醸し、ついに北京城は彼らの包囲するところとなり、皇帝は熱河に蒙塵《もうじん》するのやむなきに至った。

はじめ各国においてもきわめて軽微なる問題として、よく支那内地にある土匪の類《るい》にすぎないくらいに考えていたので、存外に勢力も強く、北京城が重囲の裡《うち》に陥ったので、遽かに騒ぎ出し、とにかく支那にもっとも近接せるわが日本政府に向って、各国政府よりその救援を求めてきたのである。しかしながら、たとえ一揆同様のものなるものにもせよ、武器を携えた多くのものが、北京城を囲み、各国居留民が、城内に籠城するほかなき状態になったので、その解決法としては、武力を以てするよりほかに策はなかったのである。要するに各国政府の要求も、武力解決を求めてきたに違いない。ここにおいてわが政府は蹶然《けつぜん》として起ち、武力解決の手段を執ることになったのである。その戦闘の状況を述ぶれば、いたずらに長くなるのみだから、それはいっさい省略するとして、とにかく四ヵ月の長きにわたって、義和団との戦いは主として、わが軍隊と軍艦がその衝《しょう》に当りわずか北京城を包囲の裡《うち》より救い出したのである。そのときに各国の兵士も、それぞれに派出されたが、もとよりその数《すう》においては多少の相違もあり、わが軍が首脳となって聯合軍のかたちにおいて、わが陸軍の福島安正《ふくしまやすまさ》が、総指揮官の格で、義和団に向って突進したのである。

幸いにしてこのことは成功し、重囲は解かれたが、この際にロシア政府は、きわめて少数の兵士を北京に送り、容易に大兵を送ることをしなかった。その代わりシベリア鉄道に沿うて、その要所要所に向っては、北京に兵士を派遣するがごとく装うて、狐鼠狐鼠《こそこそ》と、兵備を整うるの政策を執ったのだ。この手段によりて支那の領土を多く侵略すると同時に、日本の国力が満洲方面に向って発展すべきその前途に対し、大なる障害物となすべく、日本を苦しめにかかったのである。

この事実は外務省をはじめ、わが当局者は多く知っていたのであるけれども、なにしろ相手が大国ロシア帝国であるというので、容易に手の下しようがなかった。したがって、徹底的に抗議を申しこむこともできず、ただ微温的なる対抗策を執っていたのである。

ロシア政府はあくまで、日本政府の力の薄弱なるを見くびり、なんらの遠慮もなく、支那の領土に、その兵備はますます大きく拡がってきたのである。

このときに当りわが帝国大学に、ローマ法の講座を受けもっていた戸水寛人《とみずひろんど》が、シベリアを跋渉《ばっしょう》して帰り、ロシアのシベリアにおける、計画のいかにも恐るべきを説き、東方アジアを脅威するの手段の徹底している点を指摘して、盛んに外務省に向い、ロシアの勢力を、支那国境より駆逐しなければならぬ、という議論を提唱した。けれどもその主張は、外務省の容れるところとならず、効果はさらになかった。戸水の唱うることは、一個の学者の議論として、軽く取り扱われていたのであった。

ここにおいて戸水は躍起となり、自分の同僚を語らい、ここに寺尾亨《てらおとおる》、中村進午《なかむらしんご》、その他の博士に同意を得て盛んなる活動を開始した。当時これを七博士の運動と称して、相当国民に刺戟を与えたのであったが、政府はこの連中の活動が、漸次猛烈となるにしたがい、一般国民がその刺戟を受けて、盛んに対露策を高唱するに至ったので、まず七博士に向って、強い圧迫を加えた。しかし彼らは日本帝国の危機眼前に迫れりと称して、国論の喚起に努め、容易に政府の圧迫には、辟易《へきえき》しなかった。これがために当時の文科大学長山川健次郎《やまかわけんじろう》までが、文部省から余儀なくされて、七博士を、自分の邸《がえん》に喚《よ》び、懇々内談を遂げたのであったが、七博士は、山川の意見すらも用うることを肯ぜず、各自に辞表を懐にして、活動を続けた。これらのことがすべて新聞記事として、現われてくるのみならず、ついには論説の上においても、七博士の活動を批評するようになってきたので、上下の輿論はようやく擡頭したり、外務省の対露外交は、はなはだ軟弱なりとて、外交政策の不徹底を、非難攻撃するの傾向となってきた。

この場合に、ちょっとおもしろい挿話があるから、それを述べておくことにする。日清戦争が終局してのち、参謀本部総長の川上操六《かわかみそうろく》は、盛んに陸軍の拡張を策し、これを議会に提出した。戦後の増税に苦しめる実業家などは「かくのごとく軍備の拡張をおこなわれては困る、とうていこれ以上の負担に堪ええない」とて盛んに反対運動を開始した。その主脳者のひとりたる近藤廉平は、平常《へいぜい》から川上総長と、昵懇《じっこん》なる間柄であるのを幸い、ある日川上を訪ねて、「現在の状態においては、とうていこれ以上の増税に堪ゆるものでない」という意見を、縷々《るる》陳述した。川上は近藤の意見を長いあいだ黙って聴いていたが、それからの問答がおもしろい。

「君の議論に対しては、いま答える必要を認めない。われわれは陸軍の首脳の一人《いちにん》として、かくのごとく軍備を拡張しなければならぬ、という意見は、種々なる材料と確信を以て作られたのであって、いまさら変更することはできないが、とにかく、君も一度シベリア鉄道の視察に行ったらどうか」

「私はシベリア鉄道の相談に来たのではないのです、この上は軍備拡張に対する増税には堪ええられないことを、貴下《あなた》に申し述べれば、私の現在の意見はそれで十分なのであります」

「イヤ、そうでもあろうが、とにかく、シベリア鉄道の見物だけしてきたまえ、議論はそれからのことだ」

こういわれたので、近藤もそれ以上に返す言葉もなく、川上の邸を辞して帰宅したが、なんとなく意味のありそうな、川上の一言《げん》に近藤は、シベリア鉄道の視察にゆくこととなった。かくて近藤は、ウラジオストックからモスコーに至り、ヨーロッパを廻って、帰朝すると、すぐにその足で、川上の邸を訪問した。ちょっと面会したい、と申しこむと、川上は快く自分の室に招じた。近藤は慇懃《いんぎん》に頭を下げて、

「はじめて将軍のお考えがわかりましたから、これ以上私は軍備の拡張には、反対いたしません」

というたので、川上は笑いながら、

「どうじゃわかったかね」

「すっかりわかりました」

その後はかえって近藤自身が、増税反対の実業家を宥《なだ》めたり、反対運動を抑制するために、力を注いだのであって。やがてこの軍備拡張案は、議会を通過することになった。

近藤が、シベリア鉄道を視察に行って、すぐ驚いたことは、莫大な金を費やしたこの鉄道は、人間や貨物の運搬をするのが目的でなく、じつは一朝有事の場合において、軍隊はもちろん軍器の輸送をなすべく、いっさいの設備が整えられてあった。これを見た近藤は、はじ

めて川上の烱眼《けいがん》なる、やがて日本とロシアの、衝突の場合において、シベリア鉄道なるものが、大なる禍根をなすものであることを知り、ここに軍備拡張案を立てたのであるということも、十分に了解ができたので、ついに反対論を抑えて、川上の拡張論を、かえって援助することになったのである。

ほかになおひとつの挿話がある。そのころの自由党の総務の一人《いちにん》であった河野広中についてのことで、当時自由党も、また党議として、この軍備拡張案を、無謀なる計画として、盛んに反対を高唱したのである。ある日川上は、とくに河野を喚《よ》んで懇談した。そのとき川上は、河野に対して、

「君らが議会において、この拡張案に反対せらるることは、やはり国政に参与する議員の資格として、国家を思う一念からせらるるものであって、あえて悪いとはいわぬが、しかしながらそれよりも、なお大切なるものは、この拡張案であるから、よくわが輩の説明を聴いてもらいたい」

というて、傍らの書類を取出し、このころロシアが東方アジアに向って、その尨大《ぼうだい》なる武力を揮うべく、まず以てシベリア鉄道の完成を急ぎ、徐々に毒牙を進めているという計画の内容を示したもので、ここに河野が、はじめてロシア政府の方針が判明し、わが日本および支那に対し、武力を以て、侵略政策をおこなわんとする野心が明確になってきたので、河野は自由党本部に帰るや、すぐさま主立ちたるものを集めて、川上との会見顚末を報告し、み

ずから議会における党の軍備拡張反対意見を撤回し、ここに陸軍の意嚮《いこう》を迎うることとなり、拡張案は、無事に議会を通過することになったのだ。このふたつの挿話は、以て川上が対露政策についての苦心と、当時の政府がどれほどロシアを恐れていたかということが、明らかになると同時に、ロシアの東方政策が、明らかに武力を以て、侵略をおこなわんとするにあったことを、証明されうると思う。

かくのごとき事情であるから、義和団の騒動につけこんでロシアが変則の手段によりて、支那の国境を侵迫《しんぱく》しきたれるに、なんの不思議はない。その実況を観てきた戸水博士らが、日本の危機爰《ここ》に迫れりとして、噪《さわ》いだのも当然のことであって、けっして世間一般のお祭り騒ぎとは、同一に視ることはできないのである。

しかるにロシア政府は、あくまでも日本政府を軽視し、わが外務省の抗議なるものに対し、いつも瓢簞鯰《ひょうたんなまず》の答えをなして、さらに顧みないのみならず、支那国境における彼の軍備は、日一日と進捗し、増大するばかりであった。さらに撤廃するようなようすは見えなかった。平素から弱腰でいたわが外務省も、追々実地調査の結果によれば、戸水博士の言のごとく、じつに将来恐るべき不安の状態になっているので、これではならぬとようやく腰を据え、ロシア政府に向って、強硬なる談判をもちかけてみたのであるが、さらにその効果は見えなかった。聞くところによれば、支那国境内の軍備撤廃の要求は、五十何回も発した、ということであるが、それに対してロシア政府は、不遜なる態度を以て、いつも曖昧なる返事のみをしていた。わが外務省の抗議を発せらるるごとに、軍備は、かえって増大するの形勢であった。

かれこれするうちに、陸軍大臣「クロパトキン」が日本視察を名《な》として、やってくる。もはやこのころには、国民の多数は、ロシアが大なる野心を、包蔵せることを知っていたので、どうせ「クロパトキン」がやってくる以上、日本の軍備を、それとなく視察せんためである、というがごとき風説も起り「クロパトキン」に対する感情は、はなはだ善くなかった。それと前後して、関東総督［極東総督］たりし「アンキセーフ」［アレクセーエフ］が、氏名を詐《いつわ》って、横浜の「グランド・ホテル」に潜伏していた、という事実も明らかになり、国民の対露敵愾心《てきがいしん》は、ようやく熾烈《しれつ》となり、対露運動なるものが、表面に現われてきたのである。

ロシアの武力が、支那の国境を完全に侵してくれれば、それだけ日本の独立を危うくするのであるから、いまは外務省の交渉ぐらいに、委しておくことはできないと、平常《へいぜい》より外交問題等に対し、献身的努力をなす、民間の有士あるいはいわゆる浪人組なるものが、容易ならぬ事態なりとして、噪《さわ》ぎ出したのである。その結果は、歌舞伎座に開かれたる、国民大会となって現われ、ロシアに対する、強烈なる宣言までも決議されたのであったが、これは外務省の懇請によりて世間に発表することだけは中止した。それに加うるに頭山満《とうやまみつる》、神鞭知常《こうむちともつね》らが、外務省へ乗りこんで時の外務大臣小村寿太郎に対して、膝詰め談判をしたのも、このときのことであった。たとえいかに強硬な談判を開いたところで、外交の機密に関することなれば、小村の答弁は、はなはだ要領を得なかった。訪問したものに満足を与えるような言明は、もちろんできなかったに違いない。またそれは満足するだけ、説明しえないのが、役目の上からいうて、あるいは当然のことであったろう。

しかしながら、かくのごとき事情によりて、運動を中止するような連中ではないのだ。彼らは、さらに総理大臣の桂太郎を直接訪問して、盛んなる議論をもちかけた。そのときには主として神鞭が、議論をしたのであるが、桂はただ黙々として、その説を聴くのみであった。神鞭という人は、京都府選出の代議士として長く知られ、国士の典型として、多くの有士から尊敬されていた。のちに支那公使となって、北京に客死した、山座円次郎《やまざえんじろう》の妻が神鞭の娘であった。著者《わたくし》も長く神鞭を知っていたが、いわゆる昔の国士なるものは、かくのごとき人を指すのであるかと、思わるるほど、まったく立派な人物であった。学問もあり見識も備わり、至誠国家のために尽瘁《じんすい》するの念、一時たりとも絶えたことのないきわめて真面目な人物であった。はじめ故郷の丹後《たんご》をあとにして以来、長いあいだ、書生生活をしていたのであるが、明治四年星亨が、横浜税関長になったとき、はじめて星と相識《あいし》るに至り、その部下の翻訳係を勤めていた。

世間からは、星を観るに、きわめて不良なる政治家なるがごとくいっているが、しかし神鞭のごとき、純潔なる国士が星と相許してその死に至るまで、親しく交際していたところから見れば、星は必ずしも、不良の政治家でなかったに違いない。もし世間のいうごとく、星に悪いことがあるならば、神鞭のごとき純潔なる人が、兄弟同様に、最後まで交際するはずはない。百の議論よりは、一の事実がなによりの証拠であると思う。政治家としての立場からいえば、神鞭は、いつも星と反対の側に立っていた。したがって議会においては、多く星に反対してずいぶんひどい攻撃を加えたこともあるが、その帰途には星を訪ねて、こういう問答の交換をされるのが、その常であった。

「どうだ、今日は少し怺《こら》えたろう」

「莫迦なことをいえ、きさまの議論などは、百も承知じゃ、俺などはきさまのような小さな議論を以て国家を経営してゆこうとは思わない。きさまのは議論好きの議論倒れというものだ。政治を実際におこなう上には、なんの効能もない。したがってきさまの攻撃なんか、俺などは、河童《かっぱ》の屁とも思っていない』

「まだ、そういう負け惜《おし》みをいうているか。よし！　この次にはうんと叩きつけるぞ」

「よし、いつでももってこい」

と、いったような、応酬が幾度かあって、議政壇上では顔を赤めて戦っても、邸へ帰ってくると、兄弟もただならぬ、深い親交を重ねていたのであった。

桂総理大臣のところへ、直接談判に出かけた連中は、みな議論家であった。それぞれ相当の意見を述べたが、神鞭のごときはほとんど一時間も、続けて論じかけるので、さすがに我

慢強い桂も、このときには閉口して、

「君の議論も十分に承わって、その論旨もわかりましたから、御安心の上御引き取りを願いたい」

「いや、けっして安心して引き取ることはできぬ。ロシアに対しての外交ぶりが、はなはだ軟弱であって日本の前途も心配である。われわれはこうして寝食を忘れて、運動しているのであるが、安心して引き取れというのは、もしわが要求を、ロシア政府が容れぬときは戦端を開くまで、やるという覚悟であるか、その最後の答えを聴かせぬまでは、けっしてこの場は去らぬ考えである」

「そこまで、わが輩に言わせようとするのは、いかになんでも無理であろうと思う。まあとにかく君らの議論は、よく了解して御希望に副《そ》う、と答えたら、それでよいじゃないか」

「そういう曖昧なる答えでは引き取らぬ。戦うならば戦う、戦わなければ戦わないと、瞭然《はっきり》言ってくれぬと、同志へ対して報告もできぬ。ぜひ最後の返事を聴きたい」

と、いって、桂に迫ったときに桂は、いかにも夏蠅《うるさい》というような顔容《かおつき》をしながら、

「こんどの問題は、いままでの問題と違って、よほどわが帝国に対しても、重大な関係があるのだから、わが輩にも相当の決心をもっている、ということだけで、御諒察を願いたい。万一諸君の憂慮せらるる点に、わが輩の執る方針が触れていないことになったならば、そのときこそ、桂も男子であるから、諸君の前に……」

といって、自分の頸へ手を当てて、

「これを差し出すまでのことである」

と、言明したので、さすがに強硬な連中も、桂が首まで懸けて、保証するといわれてみれば、それ以上迫ることもできないが、お互いに顔を見合せた。このときに頭山は、例の黙々としたようすで、じっと桂の顔を凝視《みつめ》ていたが、やがて膝を乗り出して、

「太郎さん！」

桂は妙な顔をした。桂太郎という名前であるから「太郎さん」といったとて、別に不思議はないのであるが、いやしくも一国の総理大臣を「太郎さん」といったところに、ちょっとおもしろい。桂はニヤリと笑って、

「頭山さん、なにか御意見でもあるのですか」

「うん！　別に意見はないが、あんたな、いま首を懸けるといわしゃったが、その首は誰に断りをいうて、懸けなさるのじゃ」

不意に、こういうことをいわれたので、桂も面喰《めんくら》い、ますます変な顔をして、

「誰に断りをいうて、懸けるかといわれてもお答えはできぬ。自分の首を自分で懸けるのに、断りをいうべきはずはないが……」

頭山は、落ちつきはらった調子で、

「その首は、あんたに預けてあるはずじゃ、儂《わし》に断りをいわんと懸けなさるのは、どういう

理由《わけ》じゃな」

暗闇から牛を曳き出したように、緩々《のろのろ》した頭山が、こういう恐ろしいことをいったのは、口角泡を飛ばして、神鞭らが声を嗄《から》し、二三時間も談判した以上に、この簡単な一語の効験《ききめ》はあったらしい。桂は総身に、水を浴《あび》せかけられたような気がして、急に顔色が変った、ということだ。頭山の一語が、いかに桂の決心を固めしめるに、力強かったかは想像するにあまりある。さすがに浪人組の首領なる頭山は、こういう点において、きわめて貫目《かんめ》のあった人であった。平時においては、多くの議論を交えず、いかなる天下の大事に対しても、ただ一言を以て、決してゆくところに、頭山の本領は、躍如《やくじょ》たる感がある。

わが国の人が、露国に対して、懐《いだ》いている反感とは、いささか趣を異にしてはいるが、露国人のわが国に対する、反感もまた深いものがあった。要するに朝鮮を踏み台にして、鴨《おう》緑江《りょくこう》の対岸に日本の勢力が漸次《ぜんじ》伸展されてゆくことは、その大陸続きに勢力を張っている、ロシア政府としては、あまりよい感じをもたないのは、当然のことであって、ロシアと日本が、その国力においてすべて相違があり、とうてい日本は、ロシアの敵でないということは、世界各国の斉《ひと》しく認むるところであったろうし、露国人側から観れば、もちろんそう信じていたに違いない。しかしながら、負けぬ気の日本人から観れば、たとえ露国がいかなる実力を有するとしても、とにかく一度は、ぶつかってみなければ、その強弱は判明しないという、感じはつねにもっていたのと、たとえ外務省の対露策が、どれほど弱腰であっても、国民のすべてが、それと同じように、弱腰であるとはいえない。したがって新聞の論調なども、露国政府に対しては、きわめて強硬なる筆法を以て当ってゆくので、それが露国政府に、強く響いていくのは、むしろ当然のことである。これらに対する反感は、ロシアの政治家にも、むろんあったに違いない。かくて長いあいだの関係により、各種のわだかまりがようやくもつれてきたのが、あたかも義和団事件よりして、支那の領土に向い、ロシアの勢力を伸ばしてきた。これに対してわが政府が、抗議を申しこんだ、ということによりて、両国の関係はますます危機を醸成してきたのである。

ロシアも、例の革命以来レーニン政府によりて統治され、今日においては、ほとんど昔日の国力を失ったが、しかし、それにしてもかの大なる領土を抱擁し以て、あいかわらず世界の脅威の一には、なっているのである。ゆえに現在においても、日本に対するロシア人個々の考えをいえば、日本ぐらいはあえて歯牙にかけるに足らぬ、と思っているかもしれない。ことに明治三十六七年ごろの、ロシア政府の力といえば、ほとんど世界にその比類なきほどに、強いものとされてあったので、東洋の尖端に小さくなっている、日本の力をきわめて微弱なるものと観て、頭の上から、無理に押さえつけにかかったことは、ただにこの問題ばかりではなかった。

彼我の国情は日を追うて、ますます険悪になってゆくばかりであったが、ついに国交が破裂したのは、明治三十六年十二月に入ってからである。ローゼン公使が、日本を引き揚げ、わが栗野《くりの》［慎一郎《しんいちろう》］公使が聖都《せいと》［サンクト・ペテルブルク］を退去したのは、翌年の一月に入ってからであるが、実際における平和破裂は、前年の十二月と見るのが相当であろう。公使が国旗を捲《ま》いて引き揚げたとなれば、ここに国交は断絶したことになるのだ。

当時の桂内閣が、いよいよ開戦とまで決心するあいだの苦心は、察するにあまりあるが、しかしながら、どうせ一度は衝突を見なければやまない運命に逢着《ほうちゃく》せる日露両国は、前にも述べたとおり、日清戦争ののちにおいて、すでに明白なることとされてあったのだから、桂内閣の覚悟も意外に強くなったのは、無理なきしだいである。ことに国民の意気ごみが、相当に猛烈なものであったから、当時の政府としては、幾分か断行する気もあったろう。

海陸軍の人たちは、どうせ戦争が商売なのであるから、時と場合のいかんを問わず、いよいよ開戦となれば、みな喜んでそれに赴くというのは、むしろ当然にしてたいていの場合においても、開戦に対し軍人が反対するはずはない。これは議論の上からでなく、その職責上から見ても、かくなければならぬはずである。しかしながら巨細《こさい》に考えてゆけば、薄気味の悪い感じはあったに違いない。なにしろ大ロシア帝国を相手にして、これから戦うという以上、容易ならぬことであるくらいの考えは、十分もっていたであろう。前の支那を相手に戦ったときとは、すこぶるその事情が異なっていたのだ。それだけにまた奮発する力も強く戦争の結果が、じつに意想外に調子よくいったのも、無理はない。

さりながら、冷静に考うれば、この戦いほど危険なものはなかったのだ。その昔、日本内地におこなわれた戦いと異なり、敵はその兵数においても、また武器の点においても、すべて有利の立場におったのみならず、たとえこの戦いが日本の勝利になったところで、モスコーまで、もしくは聖都まで押しかけてゆくというがごとき無謀なことはむろんできないので、ロシアをして、城下の誓をなさしむることは、絶対に不可能といわねばならぬ。しかる以上は、最終の勝利の得ることの困難なることは、はじめから決まっていたのであって、要するに双方の兵士が出会い頭に戦うて、勝敗を決するというにすぎない。したがって相手のとどめを刺す、というような、気の利いたことはできないものと、初めから定《き》まっていたのであって、かくのごとき戦いに対して、わが国力のすべてを挙げて、応戦しようとするのだから、考えてみればはなはだ危険なる戦いであった。

明治三十七年二月になって、まず仁川《じんせん》において、敵艦隊と日本艦隊とのあいだに、小競り合いがありそれを手はじめにしてここに百万の兵は。満鮮方面に繰り出されることになった。露国政府は、シベリア鉄道の便を藉《か》りて、これに応戦すべく盛んなる宣伝もすればその軍備のごときも、日本のような小弱国を相手にするものとしては、意外に力を入れてかかったのであるから、ほとんど世界の視聴が、この一戦に集まったというても不可はない。戦争の事情を多く語ることは、この小冊子に尽しえられないところであるから、それは省略するとしても、とにかくこの大戦争について、もっとも人の視聴を傾けさせたものは、日本海の海戦と、陸軍においては、旅順《りよじゆん》奉天《ほうてん》の戦いであったろう、と思う。

旅順は、彼のベルナンデ将軍［誰のことを指すのか不明。あるいはコンドラチェンコ将軍か?］が、ほとんど十年の歳月を費やし、約一億ルーブルの金をかけてあらゆる戦術学上から研究した、すべての力を尽し傾けて、築造した要塞であるから、これに向って、陥落するまでの攻撃を加うることは、けっして容易なことではなかった。いわんや、わが国はいままでは、他国と烈しい戦いを開いた前例に乏しく、戦術の上においては、相当の研究をしていてもいよいよ実戦ということになれば、幾分か危惧の念もないわけではなかった。前《ぜん》に支那との戦争はあったけれども、これは最初より勝利と決まっていたほど、支那の兵の弱いことを、認められていたので、二種の演習を、観るくらいの程度のものであった。しかるに、今次のロシアとの戦いに至っては、まったくそれと事情を異にして、一歩を誤れば、わが国の興廃にも関する、非常に重大な場合であったから、海陸の謀将が、この戦争に対する苦心は、まったくひととおりではなかったに違いない。

ことに要塞戦については、無経験であったのみならず、肝腎の攻城砲すら、一門も所有していなかった、わが陸軍の力が、たとえどれほど強くあろうとも、旅順陥落について、多くの犠牲を払った、ということは、じつをいえばやむをえざるしだいにして、最初から肉弾を以て当るほかなしとは、その道の人の考えていたところであったろう。一般の国民から観れば、日清の役に、彼のごとき大勝利を得た夢が、まだ醒めずにいたから、たとえいかに強いとはいうものの、ロシアぐらいはなんの雑作もなかろう、というごく浅薄《せんぱく》なる考えを、もっていたものも、少なからずあって、旅順攻撃軍が、いよいよ出発するという時分には、気の早い連中は、勝利の祝い仕度までしていたくらいで、これが約半歳以上も、要《かか》るということを、予期していたものは、多くなかったのである。

旅順の背面に続いている、二龍山《にりゆうざん》、松樹山《しようじゆさん》、盤龍山《ばんりようざん》、二〇三高地、望台《ぼうだい》その他の丘陵を基礎として、新たに起した要塞の土工は、じつに容易ならぬものであって、今日でもその形骸は残っているが、戦争当時に、その大部分は破壊され、いま残っている一部分について観ても、よく人間の力で、これだけの防備を施したところが、陥落しえたものであるという感じは、いかなる人といえども、必ず起るに相違ない。ことにその丘陵の前面は、まったく展開されたる原野のごときものであって、一の遮蔽物《しやへいぶつ》すらないところである。そこを平押しに、押していったのだから、約三万の死傷者を出したのも、当然のことであった。

当時乃木将軍が、十二万の兵を率いて、旅順攻撃に着手したが、容易に陥落せざるのみならず、多くの死傷者を出したことについては、乃木の戦術が、いかにも旧式にして、かくのごとき新設備の要塞戦に向うことは、そもそも間違いであるという、非難を加えたものもあったが、いやしくも一度実地を視察したならば、たとえ乃木将軍ならざる、他の新智識をもった人を差し向けたところで、あれ以上の戦いをなしうるはずはないとの感じを起すに決まっている。ハイカラ式の将軍などに、ああいう猛烈な戦闘を交え、力攻めに攻め落すというような向う見ずなことは、とうていなしうるものでない。これを持久戦にして、兵糧攻めにするくらいが関の山であって、一日を争い、多くの死傷者を出すのも厭わず、猛進せる力が、割合に早く、旅順陥落を見たのであって、これは乃木将軍にして、はじめてなしうるところで、ふつうのハイカラ将軍の、とうてい学ぶことのできない点は、けだしそこにあったろうと考える。ことに二人の愛児までも、この戦いのために喪《うしな》って、一滴の涙をすら見せず、ただ自分の無事に凱旋することを、無上の恥辱なるがごとく、考えていたという、この意気そのものが、すなわち旅順の陥落の捷報《しょうほう》を、早く聞くことを得せしめた原因であったことは、長く国民は記念しなければならぬはずである。

もっともこの陸戦については、海軍の間接に応援せる力も、見逃すことはできない。すなわち例の閉塞船をはじめ、黒川［勇熊《ゆうくま》］少将が、軍艦の重砲を引き揚げ、これを水師営《すいしえい》の後方より、要塞方面に向って、あの大きな弾丸を打ちかけ、盛んに応援したということは、いかに露国の将士が強くあろうとも、それに対する脅威は、はなはだしきものであったと聞いている。この戦について、総進撃をなしたことは、前後三回に及んでいるが、そのあいだに失うた将卒の数も多く、非常な惨状をきわめたが、それに耐え忍び、三十七年十二月に入ったとき、例の「ベルナンデ」将軍が、松樹山砲台内に戦死を遂げたことは、尠《すくな》からず露軍将卒の意気をして、沮喪《そそう》せしめたのである。その後は戦いもやや順調となり、ついに三十八年一月一日に至り、敵軍より降服を申しこみきたり、そのころの敵将「ステッセル」は、乃木将軍と、水師営において、旅順開城の談判を開く運びになったのである。「ステッセル」が降服したのは、ロシア側から見れば、少し早すぎたようにも思われようが、理窟の上ではそうなっているにしても、それ以上、戦争を継続したところで、とうてい陥落の憂き目を避けることはできない。失うのは多くの人命である、ということに考えつき、その降服を早めたのは「ステッセル」としては、当然の処置であったろうと思う。

日本海の海戦に至っては、有名なるバルチック艦隊を殲滅《せんめつ》して、まったく海上の覇権は、わが海軍の手に帰してしまったのだ。これがために、ロシア人の受けた脅威はひととおりではなかった。東郷平八郎という人は、ただ見れば、僻村《へきそん》の村長然たる風をしているが、かように大きな戦いになると部下のものにいっさいを委せ、終始無言のあいだに進んでゆくところに、軍将としての大なる面影が見えた。しかもはじめは島村速雄《しまむらはやお》が参謀長で、日本海の大海戦を開く時分には、加藤友三郎《かとうともさぶろう》が参謀長になっていた、ともに当時の海軍部内においては、頭脳明断の人として知られていたが、加藤が代わって参謀長になってからは、一般の人には、さらに知られぬ軍将であったから、あまり人気はなかった。けれども海軍部内には相当に重きをなしていた。東郷によく似て、地味なところがあり、なんとなく弱々しく見えるが、いざとなったときの勇断は、すこぶる強いものがあった。いまではわが政府の総理大臣として、毀誉褒貶《きよほうへんあい》相なかばしているが、とにかく、広島の浅野家に仕えて、父は稀《まれ》に見るの学者であったが、名を十郎兵衛といって、きわめて軽輩であった。その長男種之助《たねのすけ》が、海軍に入ったため、友三郎もまた連れられて、海軍に入ったのであるが、兄の種之助は、早く死んだが、非常な傑物にして、多くの先輩から、望みを嘱《しょく》され、同僚からもその死を惜しまれたくらいの俊才であった。父と兄の血を承《う》けた友三郎も、また尋常一様の軍将とは違うところがあり、ついに今日の地位を贏《か》ち得たのであるが、しかし真に、友三郎の価値を示したのは、日本海の海戦であるといわなければならぬ。バルチック艦隊とウラジオ艦隊が、もしその力を一にして日本海を荒し廻ったならば、これから受くる不利益は多大であるばかりでなく、満洲深く攻めこんでいるわが陸軍に対する影響は少なくなかったろうと思う。幸いにしてこの海戦において敵艦隊を全滅せしめたことは、まったく天佑と称すべきしだいである。

陸軍においては、遼陽《りょうよう》の戦いを経て、さらに引きつづき開始されたのが、奉天《ほうてん》の遭遇戦であった。先ごろあった世界大戦争に比較すれば、小さいものであったが、しかしその以前においては、開闢《かいびゃく》以来の激戦ともいうべきものは、じつに奉天戦を措《お》いて他にない。戦線の延長されたること、ほとんど百マイルに及んでいたとも聞いている。双方の兵数を合すれば、かれこれ二百万近くに達する。しかもこれに要する、軍器その他のものを考えたならば、じつに身の毛も悚立《よだ》つような、烈しい戦いであった。しかして当時においては、わが国はすべての力を、これに傾注し兵士のごときも、後備の籍にあるものまでも、引き出していったほどで、親子が同じ隊に連なって、戦線に臨むというがごときありさまであった。このことを以てしても、他のすべての事柄を、想像するにあまりあると思う。

しかるにこれほどの大戦争を、続けてきて最後に思うさま、敵を叩きつけたけれども、敵の戦闘力は、さらに減少する模様はなく、軍隊の数も充実すれば、軍器のごときも、失うにしたがって補充されてゆく。これに加うるに「クロパトキン」は、このときに戦線を去り「リネウイッチ」が代わって、戦線に起《た》ったというときで、ロシア政府の意気ごみは、じつに非常なものであった。次に起るべき大会戦においては、日本軍を鏖殺《おうさつ》するとまで、豪語していたくらいである。

戦争のことに経験なき国民は、ただ引きつづく勝利の報道に酔うて、ほとんどロシアは、わが敵ではないかのごとき考えをもっていたが、しかし戦争を生涯の仕事として、この戦線に列していた智識ある軍将は、ことごとく今後の戦についての脅威を感じていたのだ。俗にいえば、満洲軍の総司令官なるものは、大山巌《おおやまいわお》であったが、その左右にありて、いっさいの作戦を立てたのが、松川敏胤《まつかわとしたね》、児玉源太郎《こだまげんたろう》のふたりであった。児玉は非常に戦いが上手で、松川が非凡の智将であっただけに、敵の実力はいつまで戦っても、減少するどころかかえってその反対に、兵力の充実しゆくありさまを見て、すこぶる不思議に思ったのである。

モスコーからシベリア鉄道を経て、軍隊および軍器の輸送さるる数量は、算盤《そろばん》の上に現われてくるのであって、これは誰しもその道の人ならば、みずからわかることであるが、ただひとつ不思議なのは、一列車に幾台の貨車と、客車を連結し、どれだけの補充ができるという算盤が奉天の戦いを経て、のちはいっそう不明瞭になってきて、敵の実力がなおますます増加しゆくということには、さすがの児玉も松川も、その意味を解することができなかった。わが国では挙国全力を傾倒し、もはやこれ以上は、国民のいっさいが、戦線に立つよりほかに、力の伸びようがなかったのであるにかかわらず、敗戦また敗戦を続けている。敵軍の力が、反対に充実してゆくことは、じつに恐るべき事実であると同時に、いかにしてかくも調子よく、補充ができてゆくものかとは、智将の頭に閃めいてきた疑問であった。

しかるに漸次事情の判明するにおよび、じつに驚くべき事実が発見されたのである。それはいかなる事実かというに、いうまでもなくシベリア鉄道は単線であったから、一列車に、何台の客貨車を連結し、軍隊及軍器を輸送せば、一日にどれだけの数量に達するか、ということは、算盤で出てくるが、それに折り合わない以上の充実は、いかにするかといえば、露国側においては、軍隊と軍器の輸送については、列車を送り放しとして、引き返しを、ひとつもおこなわなかったのである。複線にして往復するよりも、汽車を送り放しに輸送する力のほうが多大となることは、誰が考えても首肯することができるが、わが国のごとき、小さな台所から観た目から考えると、送り放しにした汽車を、打毀《うちこ》わして薪《たきぎ》とし、あるいは物資を容るる、物置の代わりに使ったなどという莫迦らしいやりかたは、とうてい想像のつくものでなかった。児玉や松川の算盤では、輸送を終った汽車が引き返し、それと入れ違えに、回避線を経て、次の輸送が始まるものと、算盤をしていたから、補充の力を、根本において見誤ったのである。

さて列車を送り放しにして、輸送するという内情が、判明した以上、今後における補充力はじつに恐るべきものがあって、とうていこのままに、戦争を継続することの危険を感ずることがすこぶる強くなってきた。聞くところによれば、その当時において児玉は「日本には全体、外務省があるのかないのか」というて、憤慨したということである。これはもっともな歎声《たんせい》であって、およそ昔から、外交のともなわぬ戦はなく、また戦いののちに、外交のともなわぬ、ということはない。まったく敵の力を叩き伏せてから、講和にかかる場合もあれば、戦いの最中といえども、潮合《しおあ》いを見て、外交の活動が起り、講和の帰結を見る場合もある。ただ必要なる軍器弾薬を送り、貴《たつと》き鮮血を流すことばかりが、戦争ではないのである。しかるに当時のわが外交は、少しもこの点について、活動していなかったので、児玉はいよいよ戦闘力の上において、とうてい及ばぬと見きわめがついたとき、この歎声を漏したのは、当然のことであった。

そののちまもなく、米国のローズベルトが突如として、わが国に講和を勧誘しきたり、同時にロシア政府に向っても、また同様の通牒を発したのである。これを喜んで受けたものは、敗れたるロシア政府にあらずして、勝ち誇っていた、日本政府であったことは、はなはだ意味深きこととして視るべきものである。

かくのごとき事情において、講和の下相談が、進捗したために、かの講和談判の際において、十分なる条約を、締結することのできなかったのは、はじめから決定していたのであって、あえて怪しむに足らない。なんとなれば、戦争に勝っていながら、講和の仲裁を待ちかまえていた、という国の力と、戦いには負けたが、渋々ながらその仲裁に応じた、という国の力の、その力の落ち合うところが、すなわち講和談判なのであったから、土地の割譲や償金のことに、その談判の力が及ばなかったのは、当然のしだいであって、小村が全権大使として「ポーツマウス」［ポーツマス」にゆく前に、すでにそれだけの覚悟をもっていた、という。いまから思えば同情に値する事柄である。

しかしながらその当時においては、かくのごとき事情は、さらにわからなかったのであるから、国民一般の意気ごみは非常なものにて、このとおり事実において、戦いに勝っていたのであるから、少くとも十億や二十億の償金を取らなければならぬ。また土地を割譲するとなれば、ただに樺太ばかりでなく、シベリアの半分くらいは獲得されるだろうなどという、そのだろう論がまことに盛んで、例の戸水博士のごときは、償金三十億論までも、唱えたくらいであった。一般国民の意嚮《いこう》は、かくのごとくであったが、それに対してはもちろん、政府当路者は、いちいち答弁すべきものでないに決まっているが、いっさい沈黙のあいだに、この交渉を進めてゆこうとした。政府当路者の苦心のほども、想像に値する。

小村が全権大使として、講和会議に行ったことについて、こういうおもしろい挿話があった。桂という男は、きわめて狡《ずる》い性質があった、戦争に勝った讃辞は、自分が受けることにし、講和談判の結果から起ってくる、国民の反感に対しては、巧みに切り抜けよう、と考えたのであった。ここにおいて、講和の衝に当るものは、現に政府に在るものでなく、閣外に立っているものを、推さすとの考えであった。さて閣外において、物色するとすれば、なんとしても伊藤博文のほかに、しかるべき人物がなかった。ことにロシアの代表者として、有名な「ウイッテ」が、任命されているのだから、人物上の対照からいっても、伊藤がこれに当るのが当然である、と考えて、桂は早くも伊藤を訪ねて、「このたびの講和会議に、大使の任に当ってもらいたい」と、巧みにもちかけたのである。伊藤という人は、非常に功利の念が深くあったため、桂の煽《おだ》てに乗り、「その任に就くも、あえてさしつかえない」との内意を漏したので、桂はいち早く、このことを新聞紙上に発表し、伊藤が、この大任を負うべく宣伝をさせたのであった。

しかるに伊藤の左右には、多くの乾分《こぶん》がついていたが、そのなかの伊東巳代治が、早くもこれを耳にして、いまだ病後で、外出を許されておらないにもかかわらず、衰弱した体を押して、伊藤を訪ね、この大任を引き受くることの不可を、説いたのである。「戦争に勝った栄誉は桂が握り、講和によって起る国民の反感を、貴下《あなた》が引き受けるということは、智者のなすべきことではない。かかる莫迦なことは、すみやかに辞退なさるがよい」と、非常な論争を交えた結果、伊藤も、ついに巳代治の言にしたがうことになった。巳代治は、すぐ桂を電話口へ呼び出して、ひどくきめつけてしまったから、さすがの桂も、これにへこたれて、ついに小村外相をして、講和全権の大任に、当らせることになったのである。

著者《わたくし》は当時、その秘密を聴いて思うた。もつべきものは善い乾分である。巳代治は桂によって作られた陥穽に陥るべき運命をもっていた伊藤を、かくして救い出したのであると、こう考えて巳代治のような智者を、乾分にもっていた伊藤は、きわめて幸福な人である、と深く感じたしだいである。

ポーツマウスの談判が、国民の希望に副わざるのみならず、戦勝の結果に比すれば、得るところはなはだ少なかったのは当然にして、これは小村の罪にあらずして、日本の国力が、ロシアの国力に、及ばなかったのに原因している。けれども、当時のわが国民はそれに考えの及ばず、憤慨のあまり、猛烈な講和否認の運動をはじめるものが、各所に起ってきた。明治三十八年九月五日、日比谷公園に、多数の群集が押し寄せ、いわゆる国民大会の大旆《たいはい》の下に、示威運動をなし警官と衝突した結果が、ほとんど三日間にわたりて、焼き打ち事件がおこなわれたのは、何人《なんぴと》もなお記憶していることであろう。河野広中、大竹貫一《おおたけかんいち》、小川平吉《おがわへいきち》、桜井熊太郎《さくらいくまたろう》らの論客が、盛んに煽《あお》り立て帝都はついに数日間、無政府の状態に陥り、戒厳令は布かれて、兵士の出動を見るに至り、さしもに激しかった騒擾も、かろうじて終結を告ぐるというがごとき、事態が突発したのである。

小村がこの講和談判を終って、帰朝したとき、船が横浜の岸壁に着くと、いまの外務省に、俊才として聞えている、悴の欣一《きんいち》が、まだ大学生の時代で、父の小村を迎え、握手を求めた。「オオおまえは、まだ生きていたか」と、父の小村は、沈痛の辞を以て、欣一の手を握った、ということである。小村は米国を出るときに、帝都に盛んな焼き打ちが起ったと聴き、自分の家族は、ほとんど鏖殺《みなごろし》に会ったものとの考えをもって、帰ってきたに違いない。それでなければ、伜の顔を見て、かような言葉の出ようはずがない。ただ見れば、かの繊細《かぼそ》い身体をしている、小村がよく、これまでの決心をしてあれだけの談判を終ったものだ。小村の功労は、長く忘れることはできない。

右様《みぎよう》のしだいにて、戦勝の割合に、講和条約は感心したものではなかったが、最初の考えからいえば、まずあのくらいのものとして、視るのが相当であろう。それにしても、これがために、朝鮮および満洲方面に対する、わが国力の進展せることは、非常なものであったのみならず、この戦いによって受けた、ロシアの兵力は、その完全なる充実を見るまでには、向う三十余年の日子を費やさざるをえなかった、ということは、まことに明確なる事実にして、たとえ講和談判の上においては十分なる結果を見ずとも、わが帝国の満蒙方面に対する、国力発展の基礎は、これによって築かれたと思えば、やや満足の感も起るのである。

明治疑獄物語

東京府市の疑獄

この稿を書きはじめるとき、東京市参事会は、田尻《たじり》〔稲次郎《いなじろう》〕市長はじめ、先般の疑獄について責任辞職をした、高級吏員に対し、十万円の慰労手当を支出すべきことを決議した。著者《わたくし》は、そのことを新聞紙によって知ったが、じつに乱暴なことをすると、思って驚いた。

東京市の疑獄は、田尻前市長らの曠職《こうしょく》［職務をおろそかにすること］によって起った事件である。疑獄の眼目たる、明治神宮工事はもちろん、瓦斯《ガス》料金の問題でもみな田尻前市長などが、職務に対する忠実の観念がなかったから、それに乗じて、市会議員などが、不正をはたらいたのであって、もしそれ、田尻前市長などに、一片の誠意があったなら、その不正行為を拒むになんらの難《かた》きことはなかったのである。してみれば、この大疑獄を惹き起したのは、主として田尻前市長などの責任といわねばならぬ。されば田尻前市長らも、その点に気がついて、ついに職を去ったのであろう。市民もまたまったく、さよう視ているのだ。

しかるに、東京市参事会は、それらの人に対して、在職中の慰労手当を支出する、というのであるが、全体なんのための慰労であるか、それがちょっとわからない。形の上からいえば、疑獄を醸すほど怠慢であったのに対する、慰労手当とも見える。天下の怪事、この上のものはあるまい。

市の吏員が定期の年限だけ、無事に勤めた、というのに対して、慰労手当を支出する、というのさえ、純理からいえば、無意義の報賞であるが、これはあとから職に就く人に対して、精神的の安心を与えるのであるから、まだ幾分か恕《ゆる》すべしとするも、過失怠慢のために、みずから責任を負うて、退職したものに対して、報賞的の慰労金を与えるのが、果して正当なことであろうか。まして、空前の大疑獄を惹き起すほど、市政の監督に怠慢であったのに対しての報賞金、それは全体、なにごとを意味するものであろうか。言語道断、ほとんど批評するのさえ、厭になるくらいだ。

この一事は、東京市政の内部に、どれほど情弊《じょうへい》のはなはだしいものがあるか、ということを、証明しうるものである。

田尻前市長は、みずから悪いことはしなかったろう。しかしながら、他の悪いことをするのに対して、毫《ごう》も阻止しえなかったのみならず、ほとんど傍観していたのである。ことに助役のうちには、被告扱いにされた人もある。そうでなくとも、いまなお疑われている人もある。それらの人に、たくさんの金を与えて、慰労してやらねばならぬ、というほどに、東京市民は、義務を負うべきであろうか。

彼らは、つねに手盛八杯《てもりはちはい》［自分で決めて自分に都合よくおこなうこと］の主義で、互いにこういうことをやりあっている。吏員として俸給を受け取りながら、特別の名義を附した役を兼ねて、それにいちいち報酬を取るようにしてある。年末賞与といったようなものも、下に薄くして上に厚くする。上に厚くするのは自分らが、多く取ることになるのだ。

これをやかましくいうべきはずの市会議員は、またそれぞれに委員の手当とか、乗らぬ馬車賃とか、いろいろの役徳があるから、吏員の不当は責められぬ。最近にも内務省の監察官から、この不都合を指摘されたのが、なによりの証拠である。

星亭中心の疑獄事件

こんどの市疑獄から回顧されるのは、明治三十三年の疑獄である。

それは、星亭を中心として起った、疑獄であるが、こんどの疑獄に比べたら、その範囲も狭く、根拠もこれほど深いものではなかったが、星のごとき人が、事件の中心人物として、世間から眼指《めざ》されただけに、その響きは、なかなかに大きかった。

星が、東京市政に関係したのは、明治三十年ごろからのことで、その前には、絶対に関係はなかった。それがどうして関係するようになったか、その原因と経路とを、書く必要がある。それを書く前に、東京府会の昔時《せきじ》に立ち戻って、少しくいうておきたい。

明治八年の大阪会議において、木戸孝允が、ふたたび入閣することになって、そのときに、木戸の要求した政綱の一として、府県会を設けることになった。

自分らの代表者をして、府県に関する、政治に参与せしむる、といったようなことがどういう理由であるか、そんなことはさらにわからないから、選挙法によって、議員の投票をさせるとしても、それに応じて投票に出かけるものは、ほとんどなかった。また議員になるべく、候補者になるべく、候補に立つ者も、容易に出てこない。これには当局者も、よほど困って、候補者を物色して、膝詰め談判をやったものだ。

当時は、いまの犬養木堂が、慶応義塾を出て、新聞を書いていたが、まだ家を成さず下宿住まいであった。芝の区長、奥平《おくだいら》某というのが、木堂を訪ねて「ぜひ候補者になってくれ」という。木堂は「そんな面倒なことは厭《いや》じゃ」と答えた。それを種々《いろいろ》に説いてついに承諾はさせたが、家をもたぬものを、議員にはできぬ。その他の資格にも、欠けるところがあるから、いっさいは奥平に任せるとなって、奥平は、まず木堂の住所として、三田の高台、慶応義塾の構内にいた岡本貞烋《おかもとさだよし》の家を、それにあてて、木堂の名札をその門柱にうちつけた。区役所のほうは、区長の手加減で、すべて資格を整えたのだから、公文書の偽造くらいはやったのだろう。演説はせずに戸別訪問もやらず、万事は区長の運動まかせで、三十二票を得て、府会議員に当選した。

これは、その一例を示しただけであるが、すべてそういう状態だから議員の選挙はおこなわれたのである。その代り、選出された議員は、ほとんど屑物《くずもの》はなかった。

福地源一郎　沼間守一　須藤時一郎　芳野世経　関直彦
角田真平　犬養毅　青木匡　尾崎行雄　山中隣之助
福沢諭吉　梅川忠兵衛　藤田茂吉　安田善次郎　大倉喜八郎

その他ひとりとして、つまらぬものは出ていなかった。いまの帝国議会を縮少したようなものが、当時の東京府会であった。

議長選挙に、福地・福沢が競争して、福地が勝ったら、福沢は、すぐ辞職してしまった。副議長には、沼間守一が当選した。

福地の勢力は、飛ぶ鳥を落すほどで、池之端《いけのはた》の御前《ごぜん》、または吾曹《ごそう》先生といわれて、東京日日新聞を機関とし、府会はもちろん、そのころの政界には、第一人者として、その盛名を走らせたが、沼間の一派とは、つねに軋轢していた。けれども沼間は、ついに福地を凌ぐことはできなかった。

上野公園へ、天皇陛下の行幸を仰いだとき、福地は、東京府民総代の肩書を用いたので、それを捉らえて、沼間が、攻撃演説をやって、さかんに府民を煽ってみたが、少しも反響はなかった。その福地が、十年のあいだ、府会に養った勢力は、議員を罷《や》めてからも、なお府会を動かす力があって、酒造税と貸座敷賦金《かしざしきふきん》の増加について、少なからぬ金をせしめて、府会を動かし、ついに増加案も叩き潰した。

このことが問題になって、福地は裁判所へ曳《ひ》かれた。武藤直中《むとうなおなか》その他の議員は、収賄罪として処刑されたが、福地は罪を免《の》がれた、それからの福地は、勢力も前のごとくならず、追々に堕落して、ついには新聞社の維持にも苦しみ、伊藤博文にすがって、政府の御用を承わることになった。これが御用新聞の元祖である。いまと違ってそのころは、まだ社会的制裁の力が強く、福地ほどのものも、この一事で、とみに信用を失い、その晩年は、はなはだ寂しく送ったが、もしこれが現代であれば、かえって腕のある人として、社会の尊敬を受けたかもしれぬ。

福地の失脚から、にわかに勢力を得たのは、沼間の一派であった。その人びとは、いずれも大隈の系統に属し、立憲改進党員であった。これがために、自由党は、どうしても東京に勢力を布《し》くことができず、政府は、改進党員の意のままにやられていた。

明治二十二年に、自治制が実施されて、市会が設けられても、あいかわらず東京は、改進党の勢力によって、勝手なことをされていた。そのあいだには、自由党のほうでも、ときどき手を出してみるが、どうしても取って代わることができなかった。この恨み十年、ついに星亨がみずからその衝《しょう》に当ることになって、トウトウ市会の勢力は、星の手に帰してしまった。

政党としては、自由党のほうが改進党よりもはるかに勢力があって、ただ東京府と市の政治には、自由党の手が及ばなかった。それを引っくりかえそうとするのであるからなみたいていのことではない。

明治三十年ごろと記憶する、麴町《こうじまち》区の一級に、市会議員の補欠選挙が執行された。星は全権公使として、アメリカへ行っていたが、一本の電報で、やすやすと当選した。区長の石塚某は、これに対して、当選無効の訴訟を起した。

「星亨は米国全権公使として、ワシントンに在ること、ほとんど二年に及ぶ。市制の条文にある、市住民たるの資格に欠くるところあり」というのが、理由であった。

星は、門人の横田千之助《よこたせんのすけ》を代理として、これを抗弁した。

「公使館は、本国の領土の延長と見るべく、かつ官命によって、国家の公務を果すべく出張中なのであるから、星亨は、依然として東京市住民たる資格において、欠くるところなし」

いずれの議論が正当であるか、私にはよくわからないが、とにかく、行政裁判所では、星亨を有資格者と決定して、市会議員の当選は確定したのである。横田は、この訴訟から男ぶりを上げて、ようやく弁護士としても、人に知られるようになったのである。

星の当選が確定すると、まもなく議長に挙げられた。かくて半年ばかりのうちに、議員の過半数は、星の味方になってしまった。いまと違って、その時分の議員は、相当に実力あるものがいて、なかなかむずかしかったのだが、星は片っ端から抑えつけて、みな子分と同様にしてしまった。しかし、少数派の強かったことも、またひととおりでない。中島行孝《なかじまゆきたか》、長谷川深造《はせがわしんぞう》の一派は、いつも星を苦しめるまで抗争した。

参事会員には、第一流の人物が、勢揃いしていて、市会の頭を抑えていた。

奥田義人　田口卯吉　渋沢栄一　鳩山和夫　宇川盛三郎
関直彦　大石正巳　楠本正隆
らの人びとも、一時は参事会の椅子に寄ったもので、当時の参事会は、じつに堂々たるものであった。

昨今の参事会と比較して、東京市民は、果してどんな感じがあるか、ただ馬鹿馬鹿しくなるほかはあるまい。

議長の椅子にいて、議員の半数以上を、撫《な》でつけた星は、議長を中島又五郎《なかじままたごろう》に譲って、みずから参事会へ乗りこんでいった。事ごとに衝突して、容易に屈しない。議論腰《ぎろんごし》の強い星は、渋沢や田口を逐い出して、自分の配下を引き入れた。それからのちは、なにごとも意のごとくふるまい、これに不平あるものは、みずから出てゆくほかはなかった。

いくばくもなく参事会は、星の参事会になってしまった。そこへ、いろいろの毒虫が喰いこんでゆく、それがため、星の身にも、災いをひくようになった。

星は、市政の上に勢力を布いて、その理想のごとく、東京市の改善を謀《はか》ろうとしたのだが、親の心子知らずで、その勢力の下に、集まってゆく有象無象《うぞうむぞう》は、かえって星の勢力を利用して自分の小さい慾を充たそうとした。聡明な星が、それを知らぬはずはないけれども、星は知らぬ顔をしていた。

清濁併呑《せいだくへいどん》とは、英雄の質《たち》なれども、泰平の世に、このことはすこぶる至難《むずか》しい。我慾《がよく》のほかになんの考えもない連中が、星が黙っているのを幸いに、手当りしだい、悪いことをやった。しかも、その悪いことは多くの場合、星の名を利用しておこなう。したがって星に対する非難の声は、ようやく高くなってきた。

世間の非難が酷くなるほど、星は平然として進んでゆく。人は人、己れは己れ、悪い奴でもひとり一疋《びき》だ。小さい悪いことはしても、大きな善いことをするときには、やはりついてくる。ひとりでも多いほど、仕事はなしやすいから、強いて除斥《じょせき》するには及ばない。というのが、星の考えであった。

星の心を知っているものは、時期が来れば、なんとかするに違いないから、あまり立ち入って、かれこれいうにも及ぶまい、と決めてそのなりゆきにのみ、注意していた。味方はそれで済むが、反対党は、けっしてそういうわけにゆかぬ。星には、多くの政敵があってつねに戦っているのだ。ことに、二十年来の地盤ともいうべき、東京府市の堅塁《けんるい》を打ち破られて、いまはまったく星の勢力圏となり、一指も染むることのできぬ、大隈系の人びと、昔の改進党、そのころの進歩党に属するものは、歯ぎしりして星を睨んでいたのだから、どうしてこの機会を逸してたまるものか、さかんに攻撃の矢を放ちはじめた。

毎日、報知はもちろん、いっさいの新聞は筆を揃えて、星の攻撃をはじめた。東京には、政友系の新聞がないから、それに対して、なんらの弁解もなしえぬ。攻めるものばかりあって、防ぐものがないのだ。

中央新聞があったけれど、これは大岡育造《おおおかいくぞう》が、その実弟力《ちから》というものに、やらせている新聞で、政友会の機関紙ではなかった。大岡は、はじめ改進党のひとりで、大隈系に属していたが、いつか伊藤博文に接近し、あたかもその乾分《こぶん》のごとくなっていた。伊藤が政友会をつくったので、大岡もついてきたがあまり重く用いられず、伊藤の政友会でありながら、じつは星の意のごとく、扱われているので、なんとなく不快の念に堪えぬ。それが原因《もと》で、中央新聞も、星の攻撃をはじめたから、いまや星は、四面皆敵というかたちになった。

政友会のはじめての内閣に星は逓信大臣であった。伊藤博文が、政党の組織を思い立ったことが政党嫌いの山縣有朋には、すこぶる疳癪《かんしやく》の種で、政友会に対する反感は、ほとんど極度にまで、登り詰めていた。伊藤内閣を倒すためには、手段を択ばず、滅茶苦茶に進んでいった。その結果は、貴族院の反対が、ようやく露骨になってくる。これにはさすがの伊藤も、すこぶる弱って、種々緩和策も施してみたが、さらにその甲斐はなかった。

ときに、市政腐敗の問題が起って、反政の空気は、漸次濃厚になってゆく。それを利用してまず星を逐い出すことに、その全力を傾ける。星が傷つけば内閣の運命にも、触れてゆくものと視たのであろう。

山縣系の政治家が、もっとも恐れたのは星であって、ウッカリ手を出すと、どんな目に逢うかわからない。よほど巧くやらないと、あとの反撃が恐ろしい。幸い大隈系の政党が星には仇敵のごとき思いで、反対しているから、この力を利用するにかぎる、と定めて遠くのほうから、しきりに煽り立てたものだ。

衆議院においては、政友会が多数であるから、これには大隈系の連中も、いささかへこたれていたが、貴族院は、まったく山縣系の力で、反星派が大多数らしい。それを唯一の頼みとして、ますます新聞や演説で、市政に対する、星派の腐敗を痛論する。その材料の幾分は、山縣系の手を経て、供給されていたものである。

そのころに、毎日新聞社の石川半山《いしかわはんざん》を、山縣系の政治家が、八官町《はちかんちょう》［いまの銀座八丁目の一部］の待合へ呼んで星を倒すことについて、提挈《ていけつ》の相談をもちかけたことがある。半山は内閣を倒し、星を傷つけることに、全力を注いでいたが、まさか官僚と相結ぶまでの覚悟はなかったものか、その相談に対しては、きッぱり断ってしまった。

こういう状況で、星の運命は、刻々に危うくなってゆくが、星はさまでに苦心もせず、その傲岸《ごうがん》不屈の態度は、さすがはこの人ならではと思わせた。

かかるあいだに、星は市に対する計画を、無頓着に進めてゆく。第一は築港問題、第二は市教育会の設置、第三は交通機関の整備、その他大きな問題を、片っ端からドシドシ始末する。その腕の凄さは、いまなお語り草になっているくらいである。当時市の顧問技師であった直木《なおき》［倫太郎《りんたろう》］博士は、いま大阪市の技師長を勤めているが、二三年前の大阪朝報《おおさかちょうほう》紙上において、大阪と東京の築港を比較して論じたうちに星を激賞している。

「東京湾築港に関する星氏の意見は、本職も跣足《はだし》で逃げるほどの卓見をもっていた。素人には理解しがたい技術上のことでも、すぐ呑みこんで計画を立てる調子は、当代得やすからざる人である。この人を失うた東京市は、非常な損失であった。築港のこともいまもってさらに運ばないがまことに惜しいことをした」

これが直木博士の星に対する批評であった。政争渦中の人でない博士は、公平に星を視ていた。

府の教育会がいつまでも旧套《きゅうとう》を逐うて、さらに開発的の働きをせぬから、星は市の教育会を新たに興し、その発会式の席上において、会長として演説したその辞《ことば》のうちに、

「従来の教育はどこまでも守旧的であって、わが邦《くに》の現在の位置をさらに認めておらぬ。これではとうてい世界の中央に立って、競争することはできない。ごく早い話が同じく人を教えるにしても、悪事をなすなかれというよりは、善事をなせといったほうがよい。消極的の人間をつくるよりは、むしろ積極的の人間をつくれ」

こういっていた。

そのときはこの演説を非難するものもあったが、昨今になって星のいうとおりの説が、ようやくおこなわれてきた。

当時の新聞記事によれば、星の収賄高はじつに素晴らしいものなるが、伝説のすべては反対党の讒構《ざんこう》であった。

星は明治三十六年の帝国議会において、除名決議をされたことがある。このときも取引所案につき、収賄したりとのことが除名の原因であった。しかるに星はその潔白を証するため、この風説の製造元ともいうべき改進新聞社を対手取《あいて》って、名誉回復の訴訟を起した。

裁判所では問題が大きいだけに、証人を百余人も召喚して、取引所の家宅捜索もおこな

い、新聞社側の弁護士十八人の申請による挙証の手続きは、すべて尽したけれど、ついにひとつも証拠は挙らず、かえって星の潔白を証すべきことのみ続々わかってきたので、改進新聞社の署名人は誹毀罪《ひきざい》［旧刑法にあった罪。現行刑法の名誉毀損罪にあたる］に問われて、星の名誉のために謝罪広告を、全国の新聞へ撮載すべしとの判決が下った。

新聞社では控訴上告までしたが、原裁判と同一の判決があって、事件は落着を告げた。しかし星はこの風説のために、議会から除名されたのである。

市政に関して星の悖徳《はいとく》を責めたのも、これと大同小異で、星の配下のものに、よくないものはあったに違いないが、星の身には少しも悪いことはなかった。それであるから、星は非常に強く出て、あくまでも反対党と闘ったのである。

貴族院との関係を視て、政友会内閣の安全を期するために、逓信大臣は辞職したが市会のほうは動かなかった。

萬朝報《よろずちょうほう》がもっともさかんに攻撃したのは、伊豆の石山事件であって、星が石山を買いこんで、道路改修を名として、これを市に売りこみ、巨万の利益を貪ろうとしたということを、書いたのであるが、その事実はまったく虚構であって、この石山は本所の青木庄太郎《あおきしょうたろう》という議員が、妻の弟の名で買い取り、これを市に売りこもうとしたのを、参事会員の多数は賛成したが、独り星は絶対にこれを肯《き》かなかったために、行き悩みとなっていたのがその真相である。

著者はその当時、星の邸においてこのことにつき、本人の青木が星の反対は、乾分《こぶん》を殺すに均しいというて酒の勢いで暴れこんできたのを、星から申しつかって、青木を戸外へ突き出したことがあるので、よくその事情を知っている。

しかるに新聞の伝うるところでは、星が石山を買い入れて金儲けを謀った、となっているのだから驚くほかはない。

その他の件についてはたいがいはこのとおりで、星の手をふれた事件はない。かりに関係の事件があったとしても、星の取るほど大金の関係はない。まさかに星が乾分と一緒になって、五百や千の端《はし》た金《がね》は取るとも見えぬ。

東京市の塵芥を一手に引き受けると、年に十万円以上も儲かるというので、その引き受けについて大競争が起った。このときには五六万円の運動費が、議員の頭上へふりかけられた。その関係者がなかなかに多かっただけ、競争の状況はじつに汚ないものであった。同一の目的によって競争出願をしているものから、ひとりの参事会員が、三方から収賄していたというような調子で、その汚なさは塵芥引受事件だけにすこぶる徹底したものであった。

この事件が直接の原因で大疑獄は起ったのであるが、請負い競争は利光鶴松《としみつつるまつ》の仲裁で、あるひとりに許すことになった。除外された出願人が事件の尻を割って疑獄がはじまった。

このときにも、星は利光を呼んで、

「君は塵芥問題に関係しているというが、それはよろしくない。かの事件のけっきょくは法廷を煩わすことになると思うからいっさいを手を出してはいかん」

と、戒めたのに対して、

「私もそのことはよく知っておりますが、これをこのままにしておくとなおさら紛糾して、結果はえらいことになると思いますから、私はいっさいの責任をもって解決に努めているわけで、どうもいたしかたがありません。後日のことは後日の分別として、私に任せておいてください。先生に累を及ぼすようなことは必ずいたしません」

利光はこう答えた。星は苦笑した、

「それならしかたがない。君の思うとおりにやれ、しかし問題は起るぞ」

と、いうたきり、星はその後なんともいわずになりゆきを視ていた。

果然、司法の手はこの事件に加えられた。ついには利光も入獄の身となった。一時は星も危ういといわれたが、立ち入って調べればすぐわかるから、星の身にはなにごともなかった。利光は予審で有罪の決定をうけて、出獄した日、星に贈った書面が、いまでも星家に保存してある。

「先生の勧告を容れず、事態は今日のごとく相成り、先生にまで御迷惑をかけて、なんとも申しわけがありませぬ。しかし私は無事を謀《はか》っていたしたことで、けっして悪い考えはなかったのであります。いままでに先生のため尽したこともありますから、この過失によって出入りを差し留めることだけは御勘弁を願いたい」

文意はこのとおりで、その手紙はじつによく書いてあった。けれども、利光はみずからを恥じて、星を訪ねることはしなかった。そのうちに星は難に遭うて斃れた。

利光はこんどの疑獄で目指《もくし》された。高橋義信《たかはしよしのぶ》と同じようにかのときの疑獄では、醜類の巨頭として、さかんな攻撃をうけたものだ。けれども、高橋と利光とは全然その性格を異にし、仕事のやりくちも違っていた。利光は法律という専門学を修めて、頭脳は明晰、議論もよく筋が立ち、計数上の分別があったので、事業の計画が巧かった。

高橋には利光の学問がなく、かつ利光のごとき組織的の智識はもっておらぬ。法律がわかると同時に、政治のこともよく理解していたのは利光で、高橋には法律も政治もわからぬ。利光は智を以て謀り、高橋は力を以て進む。乾分《こぶん》を愛する点はともに同じようであるが、利光には高橋のごとく思いきって金が撒《ま》けぬ。乾分を寄せるにしても、文字のあるものに限られている。高橋はそんなことに頓着なく、なんでも集まってくるものは、みな乾分にしてしまう。

市政の上の勢力を利用するにしても、利光は自分の智慧から絞り出した事業に向って、なんらかの便利を得るように謀る。高橋はすべて人のもちこんでくることに、その勢力を示そうとして焦る。

両者の相違はかくのごとく、したがって同じ疑獄でも、その性質はだいぶ違っている。ことに利光の引っかかったのは収賄でなく、その補助をしたというのであった。利光の受け取った四千円は塵芥事件の調停をしてやって、その礼金に受けたのであった。

疑獄の被告人は、

中島又五郎　利光鶴松　横山富次郎　稲田政吉　峰尾勝春
後藤亮之助　長谷川深造

などの連中であった。

中島は当時の市会議長で、かつては代議士にもなって、自由党以来の名士であったが、わずかに二百円のことからこの汚名をこうむったのである。横山は日本橋区選出の代議士、富有の家に生まれた人であったが、この事件から産を破って十年ののちには、兜町《かぶとちょう》で株屋の客引きをしていた。

稲田も代議士をやったことがある。京橋区内の勢力家で、ごく温厚な人であったが、やはりこの事件から晩年を寂しく送った。いちばんに質《たち》のよくなかったのは、牛込《うしごめ》の峰尾であった。なんでもかまわず掻っこんで、かなりに零細な金まで取っている。市会の空気を悪くしたのは主としてこの人であった。

後藤は割合によく発展して、犯罪の件数は多いほうであったが、平生は人の世話もするし、話のわかりも早く調法がられた人であったが、とうとう失敗した。

　この一列のうちで、長谷川は純な江戸ッ子の気風があり、柔道も強く、痩せてはいたが喧嘩もやれば議論もする。はじめはしきりに星派に対抗して、最後のひとりまで闘かっていたが、いつか魔道に踏みこんで、あたら俠骨の名を汚《け》がしてしまった。いまの時雨《しぐれ》女史［明治・大正期の劇作家、小説家］の父で、鵜沢《うざわ》［総明《ふさあき》］博士はその玄関から大学へ通っていたのだ。

　この疑獄を遠慮なく批評すれば、星を陥入れるつもりでかかった大網へ、星は引ッかからずして、小魚が引ッかかったとでもいうべきか。

　ここに不思議なことがある。こんどの疑獄で高橋と同じように、一部の人から疑いの眼を以て視られていた野々山幸吉《ののやまこうきち》は、前の疑獄のときにも種々の噂を立てられたが、こんどと同じようにけっきょくは無事に終った。そのくせ平生は、硬論を唱えてなかなか議論もするが、大きな事件が起ると必ず疑問の人となる。土木に智識をもっていて請負師の厭がるようなことをいうがそれで請負師に怨まれもせぬという、どう考えても私にはそれがわからない。

　いまは死んだが浅草公園の写真屋で、江崎礼二《えざきれいじ》という人は、野々山と同じように、平生は硬論を唱えて正義正義というていながら、いざというときにはいつか何物かを握って平然《すま》してござる。そのやりくちの巧妙であったために、市の疑獄には引ッかからなかったが、かえって例の日糖事件に連座して、保釈中に死んでしまった。

市街鉄道事件

疑獄は塵芥問題から起ったが、その実もっともやかましくいわれたものは、電車の問題であった。

日清戦争の済んだころから、東京市街鉄道株式会社なるものが、利光らの名によって出願された。その背後に星の在ったことはもとよりいうまでもないが、それと前後して雨宮敬次郎《あめみやけいじろう》らの一派、これを俗にいう甲州系の実業家を中心として、同様の出願をした。それと同じように、品川から浅草までの馬車鉄道が、電力使用に変更の願を出した。

要するに、三派競争の出願であった。これに対する内務省の方針は、どういう理由か知らぬが、三派にそれぞれ許すことは相成らぬ。三派はよろしく併合して、願い出ろというのであったから、これは容易にまとまるわけがない。三派は各自に利害の関係を異にし、発起者の立場が違っているから、それをひとつにすることは、たんに電力使用の目的を達したいというだけの理由では、とうていまとまりえないのである。

爾来長いあいだ、睨み合っていたが、内務省はどこまでも、最初の方針を曲げなかった。ここにおいて、雨宮は単独に星を訪ね、無条件にて全権を任かせた。雨宮は実業界の星といわれたくらいの人で、その胆は太く、事業に対する着眼はすこぶる慧敏《けいびん》であった。三派にわかれて、いつまでも睨み合っているのは、交通機関整備の上から視るも、また関係者の利害からするも、はなはだ不得策であると考えてこの果断に出たのであるが、星と雨宮の握手は、当時の人がすこぶる興味を以て視たくらいである。

雨宮は甲州に生まれて、甲州人の性格をそのままに露《さら》け出した豪放不羈《ごうほうふき》の実業家であったが、星の前にはとうとう頭を下げて、三派の合併を認め、その筋の認可を容易ならしめようとしたのである。

そのことの運びがつくと、内務省は認可の方針で、東京市会の意見を問うてきた。市会はこれに対してその可否を決し、内務省へ答申するまでのことで、市会がこれを認めれば、内務省はただちに許可の指令を下すのである。

市会の実権は星が握っている。参事会もやはり星の勢力圏に属するのであるから、まず参事会が多少条件を附して、認可の意見を基礎にその案をつくって、市会へ提出する。市会はこれに対して討議をするという段取りで、いっさいは決することになるのだが、それに少しの懸念はない。星の頤《あご》の動きひとつで決することは、誰《た》れにもわかっている。

そこで反政派の旗は動き出した。

「市内の交通機関は公益を主として、市みずからこれを経営すべし」と、いう美名の下に、大運動をはじめた。

大隈系の人や、山縣系のものは深く蔭にかくれて、表面の運動は重《おも》に三派と関係なき実業家、または星に対する個人的反感を有するものを以て、檄文を撒布したり演説会を開いたり、鉦《かね》と太鼓の囃し入りで大々的に騒ぎ出した。

当時反対運動をしているひとりが、星を訪ねておおいに議論をしかけた。星はそれに対して、

「公益を主とする市内の交通機関を、市みずから経営するということに反対はないが、わが輩の観るところでは、市の財政の状態がこれを許さぬと視ている。なお市としては他《た》になすべきこと多く築港問題をはじめ、大金を要する事業がたくさんにあるので、いまの場合電鉄を市営にするということは議論として反対はないが、しからば、どうしてこれをなすかという一段になると、誰れでも困る。君の説にしてもそれと同じで、しからばどうしてこれをなすかというたらやはり答弁はできまい。市債を募集してそれを始めるとしても容易にできまい。現在における交通機関の不備をなお数年のあいだ、もしくは十数年のあいだ、市民が忍んでおられると思うが、多少の議論があっても速くつくるのが利益であると思う。私設会社に対しては許可の年限を定め、かつ何時《なんどき》でも市の買収に応ずるという条件をつけて、一日も早くこれをつくらせて、市民に便利を与えたほうがかえって実際論として、理想よりも優っている」

と、答えたのでその人は、ついに星の議論に服して、反対運動をやめてしまった。

反対派は必死の運動を続けた。尾崎行雄や、谷干城《たにたてき》まで引っ張り出して演説させる。なお板垣退助を説きつけて、日本橋倶楽部に市民大会を開くなどのこともあって、その騒ぎは非

常なものであった。市内の新聞ははじめから星反対が多く、この問題からますます星に対する攻撃は酷くなってきた。

市会を開いた前後は、じつに物凄いほどの光景であった。新聞を観れば星を攻撃する記事や論説で紙面の大半を費やし、街上へ出れば星攻撃の演説ビラが到るところに貼られてある。四面楚歌のうちに立って参事会を押え、市会を操縦してゆくのであるから、星の苦心はたいがいでなかった。

浮き腰の議員を抑えるのには、どうしても利益の提供で、電鉄の権利株に羽根が生えて飛んだのはじつにこのときである。反対運動をしている人のうちには、右の手を以て市民を煽りながら左の手には権利株を握っていたのもある。

楠本正隆も、鳩山和夫も、丸山名政《まるやまなまさ》も、みな権利株を握った。その他にも市営論の名士で密かに権利株に触れていたものはたくさんにあった。

世間のことは多くこうしたもので、表面と裏面の相違はよくわかってみると、馬鹿らしくもなる。新聞記者のうちにも同様なのが少なからずあった。

こんどの疑獄でもよく証明している。現に瓦斯《ガス》会社から、市政記者のほうへ二万円という大金が出ている。その分配はどういう風になされたか知らぬが、それを手にした人の名は明白になっている。各新聞が競うて予審調書を掲載し、醜類の二字は大きな活字で人の眼をひいているが、新聞記者の金を取った事項だけは除かれてある。たまたまこれを掲げた萬朝報ですら、新聞社の名を○○○と［伏字に］してある。○○○○という新聞社がどこに在るか、予審調書にもまさか○○○とはしてあるまい。

いまの新聞のある点は信用を置けるが、ある点は信用が置けぬという人のあるのも、けっして無理ではないと思う。新聞はモー少し公明ならんことを望む。

市会においては最後までふみとどまって反対しきったのが、長谷川深造であった。その他二三はあっても、それは長谷川のあとからついていったにすぎぬ。壮士の威迫も、はた権利株も、長谷川を動かすことはできなかった。その長谷川がのちには他の問題で引っかかったのだから、じつに驚いた。しかし引っかかってからの長谷川は、やはり江戸ッ子肌で、少しも悪怯《わるび》れていなかった。著者《わたくし》はこの長谷川がなんとなく好きであった。いまでも当年の長谷川を思い出すと、胸が透《す》ッとなる。

電鉄の私営を市会が認めたときの光景は、ほとんど戦場のごとき状《さま》であった。壮士は短い鉄棒をもち、凄い眼をして出入りする。議員の控席には反対派が押しかけて、賛成の意見を翻えさせようとする。それを邪魔するものは賛成派の運動員で、喜劇もあれば、悲劇もあり、その混雑はひととおりでなかった。

賛成の代表演説は、星がみずからこれに当ることになって、その演説が終ると討論を用いず、ただちに決議してしまう策戦であった。

星の演説はじつに堂々たるものであった。世論の囂々《ごうごう》たるは問題の真相がわからぬからであるとの前提で、私営のやむをえざる所以《ゆえん》を論じた。傍聴席は賛否両様で、その紛争はほとんど極度に達し、擲《なぐ》り合いがはじまって、巡査が取り押えにはいるというわけで、喧々《けんけん》擾々《じょうじょう》、じつに騒がしいものであった。

さすがに星の演説のときには傍聴席も静まり、議場も寂々《せきせき》としていたが、長谷川の反対演説がはじまると、傍聴席よりはかえって議場のほうが騒がしく、ほとんどその演説は聞き取れなかった。

このとき、星の演説のうちに、

「いまの新聞の多くは嘘ばかり書く、それはためにするところがあって書くので、真の議論とはいえぬ」

と、いう一節があった。

私営は大多数で経過したが、この一節が問題になって、各新聞社では翌日から筆を揃えて星の攻撃をはじめた。いままでも攻撃していたが、このことからいっそうはげしくなった。

ことに、二六新報の勢いは猛烈をきわめた。全紙を赤刷りにして、

「わが社員、武装して立つ」

と題し、紙面の全部を星攻撃に費やし、血を視るまでやるという意気ごみで、それはそれは凄まじいものであった。

三井を虐《いじ》め、警視庁と闘い、吉原を苦しめ、二六新報の向うところほとんど敵なきの観が

あった。社長には秋山定輔《あきやまていすけ》を戴き、社員としては福田和五郎《ふくだわごろう》、佃斗南《つくだとなん》、桜井熊太郎《さくらいくまたろう》らの猛者《もさ》がいて、その活躍ぶりは当時の新聞界稀れに見るほどであった。

対手が星亨なら叩きつける価値ありと見て、全力をこれに傾倒したのであるから、一字一句、ことごとく血の結晶ともいうべき痛辣《つうらつ》をきわめたもので、世間の視目は、ことごとく二六新報に集まった。

その前から星攻撃をつづけていたのは、例の毎日新聞であったが、これは「白昼の公盗《こうとう》」と題して泥棒よばわりをしていた。星は逓信大臣を罷めると、社長の島田三郎に向って、挑戦状を送った。

畢竟《ひっきょう》、一騎打ちの勝負をやろうというのであるが、これに対して臆病な島田は遁辞《とんじ》を構えて逃げた。

「わが輩が悪事を働いているというなら、その証拠を挙げてこい。また足下《そっか》がみずから陣頭に立って争うのか、それとも片々たる配下の記者に責任を負わせるというのか、足下がみずから立ったというなら対手《あいて》になってやろう」

こういう意味の書面であったが、島田は辞《ことば》を左右に托して、自から陣頭に立つとはいいえなかった。

二六新報のほうはそれと違って、いっさいの責任は秋山はじめ幹部がすべて負うというのであるから、じつに正々堂々の戦いぶりであった。この前後において正岡芸陽《まさおかげいよう》が、『時代思想の権化』という書を著わして星の攻撃をした。文章で読ました書物であったが、書中に挙げたことは、多く新聞雑報の抜き書きで、それに批評を加えたものであった。激越な章句を用いて、全篇ほとんどなにごとかを煽動するかのごとく思われ、これを読んだものは敵味方となく、星の身辺、すこぶる危うきを感じたくらいである。

こうなってくると本人の星は、いかに泰然としていても、周囲のものは落ちついておられない。まずとにかく、二六新報との調停をしようというものが出てきた。菅原伝《すがわらつたう》は宮城県の代議士、日向輝武《ひなたてるたけ》は群馬県の代議士、このふたりはともに星の配下であった。長く米国にいて帰ってきてから、ハワイ移民のことで一時は巨万の富を有するに至った。それはみな星の賜《たまもの》であって、星のためにはいかなることも辞さぬというほどの関係になっていた。

このふたりがまず秋山に逢うて、星の性格を説けば、人となりも論じて、新聞云々の一条も、多少の誤解の伴のうていることを弁じた上、星との会談を求めた。

秋山は世間の疑惑を招く恐れありとして、はじめはこれに応じなかったが、ふたりの熱心な勧誘に動かされて、ついに会談することを承諾した。

会談の場所は帝国ホテルに選び、立会人を菅原、日向のほかに、森久保作蔵《もりくぼさくぞう》、江間俊一《えましゆんいち》と定め、あらかじめ二六新報には星と会見のことを公表し、その顚末は紙上にて報道すべきことを約した。

前後二回の会見にて、星に対する疑惑は解けた。星は市会において新聞のことをいうたのは、ある新聞の誤報を指したのであって、新聞そのものに対しては、なんらの敵対行為をなしたものでない、とのことを明白に証明した広告文を各新聞へ掲載した。

これに対して二六新報は、星に対する攻撃を中止する趣意を公けにした。同時にいままでの疑惑も解け、星の人物ということについては、おおいに敬意を表するとまで大胆なる告白をした。世間では意外の感にうたれた。二六新報は星に買収されたものとして、とみに声価を失墜するに至った。

秋山は智略あって、権謀を好むと同時に、血と涙をもっている多感多情な人である。智略を用い権謀を弄する人は、多く冷酷にして情愛に薄く、人を倒し、人を殺し、いやしくも敵と見たら、その血を吸い、骨を煮るまでゆく。しかるに秋山は、まったくこれに反して、一種の変態性格をもっている。されば時として、敵にも同情をもつことがあり、ひとたび己れの意に投ずれば、たちまちにして敵を扶《たす》けることにもなる。

星は殺すべき政治家にあらずして、援《たす》くべき政治家である。その手段の誤れるは糺《ただ》し、その方法の正しからざるは厳戒を加え、しかしてその後援者となりて、大事をなさしむべき底《てい》の人物である、とこう視たら、昨日《さくじつ》の敵は、たちまちにして今日《こんにち》の味方となったのである。

昨今の政治家の遠く星に及ばず、また秋山に及ばざるところは、すなわちこの一呼吸のあいだにあることを思い、当時を回想して、転《うた》た感慨に堪えざるものがある。

両雄の会見は、両雄互いに知るの端《たん》となり、秋山はついに二六新報を以て、星の機関紙となすべく、無償譲り渡しの約束が成立した。

明治三十六年四月［六月?］、両雄の約束は、近く履行されることになって、一二の打ち合せを要することあり、著者《わたくし》は星の命をうけて、桜田本郷町［いまの西新橋一丁目あたり］の桜田会館に、秋山とはじめて会見した。

著者《わたくし》は秋山に逢う前、その人となりを想像していたが、逢うてみてその想像のはなはだ誤れるに驚いた。秋山はいたずらに権謀を好む一個の才物である、とこう思っていたのだ。ところが逢うて話してみると、まったくその想像は裏切られてしまった。

世のいわゆる雄弁ではないが、吃々《とつとつ》として説くあいだに、一種の魅力をもっていて、談ずるところの憂国論は、情熱ある志士の昔を偲《しの》ばしむる。その意外の人なるに、著者《わたくし》は驚かされた。当時の面影と談論は、いまなお著者《わたくし》の記憶に残っているくらいだ。惜しいかな、星はこの翌日を以て、伊庭想太郎《いばそうたろう》の凶刃に斃れたのである。

著者《わたくし》は、たんに秋山の答えをそのままに報告しただけで、それを聞いた星は、ふたたび秋山に逢わずしてこの世を去った。人生如朝露《じんせいちょうろのごとし》、両雄と握手、わずかになって、さアこれからというとき、この凶事によって、両雄のおもしろき絡み合いを、絶対に視ることはできなくなった。

時は明治三十四年の六月二十一日、東京市参事会へ出席した星は、議事も終って、あとは雑談に時刻をうつしていた。午後三時四十分のころ、年齢五十歳くらいの紳士風のひとりが、ずっとはいってきた。

それに気のついたのは、市長・松田秀雄《まつだひでお》ほか一名の人のみで、星は左の手で頰を支え、卓子《テーブル》にもたれていた。その背後へ廻ったのがその人であった。

卓子を挟んで、星の前にいた西沢善七《にしざわぜんしち》が、変だなと思った刹那《せつな》、ピカリと光ったものがある。星は振り返りながら、

「なにをするかッ」と一喝した。

松田市長は立って「あッ」と叫んだ。その男が星の体から離れると、星は立ち上った。同時に、サッとほとばしる血潮、隣席の尾崎礼二《おざきれいじ》は、その血を浴びて腰を抜いた。

西沢は卓子を飛び越えて、兇漢の前から打ってかかった、伴親光《ばんちかみつ》は匕首《あいくち》をもつ、兇漢の右手《めて》を押えていた。西沢の鉄拳は兇漢の眉間《みけん》へ二つ三つ、つづけざまにあたった。

日本橋堀留《にほんばしほりどめ》の百万長者たる西沢に、この勇気と腕力のあったのにはみな驚いた。伴は元の海軍少佐［実際は陸軍軍人］であるが、ともに参事会員であった。取り押えられた兇漢は、伊庭想太郎というもので、幕末の剣客、伊庭軍兵衛の次男である。当時は四谷の区会議員であった。

星は肺部を刺されて即死。一世の巨人も不意を襲われては、この最後を遂ぐるほかなかった。池上の本門寺、日蓮上人の入寂《にゆうじやく》した寺の墓地に、巨人星は眠っているのだ。星霜の経つ

にしたがい、その死は多くの人から惜しまれている。一時は敵視したものでも、いまになれば、伊庭の暴挙を憎んでいる。伊庭は獄に入ってから、ひどくこのことを悔いて「われ人のために誤まられたり」と、いくたびか繰りかえしたと聞いているが、千万悔いても、この大なる過失を取り返すことはできぬ。伊庭はまもなく獄中で死んだ。

星の死を聞いていちばんに喜んだものは、山縣系の人びとであった。星の死によってもっとも損害をうけたものは、わが帝国であるが、もっとも幸福を得たものは原敬《はらたかし》であった。

市の疑獄に引ッかかったものは、多く有罪になって、長く醜類の名を留めた。門人のうちでは、横田［千之助］が法制局長官になって、そののち、原を亡《うしの》うて、なお政友会に重きをなしているものは彼である［一九二五年に急死］。利光は鬼怒川水電の社長として、その体面を維持している［一九二三年にいまの小田急電鉄を創業］。その他の入獄者は、みな凋落していまでは日蔭の人になっている。

帝国議会と疑獄

帝国議会に起った疑獄は、そのもっとも大なるものを日糖事件、海軍事件、大浦事件の三つとする。議会を中心として起った事件ではないが、例の教科書事件も、大きい疑獄のひとつとして、数えることができる。

いやしくも帝国の代議士が、その議会を背景として、賄賂を貪るほど性質の悪い犯罪は多くあるまいと思う。強盗、窃盗、殺人、詐欺、横領、いずれも善くないことには違いないが、代議士の賄賂を取った事件ほどは悪いこととは思われぬ。国民が信頼して自分らの代表者に選んだ、その人に悪いことをされては、政治が正しくおこなわれると思うことはできぬ。けれども、代議士の悪いことをするのは、ほとんど当然のごとくなって、いくたびか疑獄はくりかえされている。代議士も自省しないが、国民も存外に平気でいるから、どうも可怪《おか》しい。

代議士に言わせたら「幾万円の運動費を投じて、叩頭百拝《こうとうひゃっぱい》ののち、ようやくにして当選したのであるから、このくらいのことをしても、あえて不思議はあるまい。国民に、それを咎め立てする権利があるか」と言うだろう。これにもたしかに一理ある。古人が泥棒にも一分の理窟があるというたのは、まんざら無理でないような気がする。国民が代議士の非行に対して、さらに厳戒を加えず、ほとんど対岸の火災視しているのは、あるいはこの理窟を認めてからのことかもしれぬが、じつに馬鹿らしいことだ。

選挙が正当におこなわれず、代表者が人物本位でない以上、帝国議会に疑獄の起るは当然の帰結ともいえる。法律に定めた投票の方法は、その形式を教えただけのことで、投票の精神には縁遠いものと視るほかはない。

法律は形式を教え、人民は精神的に正しい投票をする。ここにおいて、議会の神聖は保たれるのだが、いまの選挙は概して形式のみで、人民の精神が、投票の上に現われていない。著者《わたくし》の経験からすると、精神的に投票を扱うものは下層の人に多く、中産階級のものは、その大半が情実因縁に囚われて精神的の投票をなしえぬ。上流社会の人と称される輩《はい》に至っては、ほとんど選挙のことを理解しておらぬ。

下層の人でも商人よりは職人のほうが、かえって負けじ魂があって、投票を精神的に扱う傾きがある。貧乏人がなんだというて、富者は威張っていても、この点は貧乏人のほうが偉い。無学者と卑《いや》しんでも学者よりは無学者のほうが、投票は正確におこなっている。しかしながら、これは大都会の選挙について、著者《わたくし》の経験からいうのであって、地方の小都会のことはよく知らない。村落の投票に至ってはまったく因襲と伝統に囚《とら》われて、とても正実な選挙など思いも寄らぬことだ。かかる状態の下に選ばれてきた代議士が、真に国民の代表たりえないのは、もとより当然のことであって、疑獄につぐに疑獄を以てするばかりでなく、疑獄にまでならずして、闇から闇へ送られている、秘密の悪事はどれほどあるかわからない。いままでに裁判所の手にかかった疑獄は、大小を併せて数十件の多きに上っているが、果して徹底的に綺麗さっぱりとやりつけえたであろうか、それには幾分の疑いもある。また裁判所でいかに徹底的にやりつけても、社会道徳の制裁がこれにともなわねば、裁判の効果ははなはだ軽少であるといわねばならぬ。日糖事件についていえば、荻野芳蔵《おぎのよしぞう》が頑強に突っ張ったので、ある一人《いちにん》はまったく罪を免れて、のちには文教の府に肩で風切って威張っているではないか。

臼井哲夫《うすいてつお》が同類を救うために、懲役の重くなるのを覚悟した結果は、ある政党の総務として天下の志士らしくふるまい、その談話は二号活字の見出しで、新聞を賑わしているある人があるではないか、しかも刑余の臼井はいつも大臣の会合に顔を出して、席上の周旋に例の豪傑ぶりを発揮している。懲役に行ったためいちだんと男ぶりを上げて、一種の豪傑になりすましたものは臼井のほかに多くあるまい。

日糖事件ばかりでなく、この前に起った明治三十五年の教科書事件についても、同様のことがあるのだ。

阿部《あべ》浩《ひろし》は千葉県知事として、この事件に引っかかりかけた一人《いちにん》であるが、その処刑を免れたのは、金の授受がふつうの貸借になっていたというのであった。その形式はどうなっているにもせよ、貸借関係の生じたのはやはり教科書のことからであるとすれば、刑法の制裁はしばらく措いて、道徳的批判の上からこれを正しい行為と視ることはできまい。ふつうの考えからいうも、この人がふたたび地方長官として、しかも東京府知事として現われてきたのが、そもそも奇怪千万なのである。

それであるから、またガス問題［東京市政疑獄のひとつ］で人に疑われるようにもなる。予審では熊谷《くまがい》［巌《いわお》］のみが悪者になっているが、阿部に対する疑いは、いまもなお世人の頭から絶対に除かれてはおらぬ。

それと同じことは大岡育造《おおおかいくぞう》の身にもある。ひとたびは議会の問題にまでなって、ちょっと世間を騒がせたが、その発言者に人を得なかったため、大岡は幸福を得たことになってい る。なにしろ蔵原惟郭《くらはらこれひろ》では、滑稽に落ちて物事が真面目に取り扱われない。蔵原と大岡の取組では、どうしても引き分け勝負なしに落ちつくのが関の山と思う。それでも検事局の手帳には ちゃんと上っているとのことである。大岡が司法大臣に擬せられたとき、平沼《ひらぬま》［騏一郎《きいちろう》］検事総長の凄い目玉が手帳の上に注がれたので、大岡のほうから引き下がったなどと口善悪《さが》なきものはいい触らしていたほどだ。その大岡は多数党の領袖の一人《いちにん》であるために、衆議院の議長を二度もやっている。

これを以て視れば臼井のことなど別に気にするにも及ばぬ。とかく、世間は押しの強い恥を忍ぶものが勝つということにもなるが、そうなってみると学校で修身や倫理を教えるのを廃《や》めたほうがあるいはよいかとも思われる。

教科書事件

教科書事件は、議会を中心としての疑獄ではなかったが、代議士の引っ張られたものも数《すう》においては少くなかった。地方へ広くゆきわたって、県会議員や地方官がたくさんに引っかかって、とにかく、大疑獄として取扱われた。

金港堂《きんこうどう》をはじめ、教科書を出版している書肆《しょし》が、地方の学校へ自店の書物を売りこもうとしての運動であるが、互いに競争のはげしくなるにつけ、ついには手段を選ばず、さかんに金を散んずるに至った。一県下の学校を手に入れると、五千や一万の金を散じても、あえてさしつかえはないほど、教科書は利益の多いものであるから、醜運動はなかなかはげしくなって、果ては県知事や県会議長にまで及んで、まとまった金がドシドシ使われるようになった。

明治三十五年に事件の内容が露見して、裁判所の手にかかった。著者《わたくし》はいま参考とすべきものをもっておらず、ただわずかに記憶をたどって書くのであるから、あまりくわしくないのみならず、引っかかった人の氏名も多くは忘れているが、その大要を記せば前のとおりであって、露見の経路は金港堂の番頭が電車のなかへ置き忘れた鞄のうちに手帳があって、それに贈賄の金額と人名がくわしく認《したた》めてあった、その遺失物が警視庁へ廻ってきて、それから検挙がはじまったのであるから、まるで小説のようであった。

知事が引っかかったのは、栃木県の溝部《みぞべ》某［惟幾《いいく》］と、新潟の柏田盛文《かしわだもりふみ》がもっとも人の注意を惹いた。溝部は新らしい知事として、かつ手腕ある人として、はた私立大学［慶応義塾］の出身として平生から嘱望されていただけに、一般の注意は惹いたが事件の進むうち、病を得て死んだ。柏田は地方官中の異彩で、その出身が昔の民権家で、ことに薩摩に生まれて、西郷の旗上げにも関係があり、自由党の創立のときは本部の幹事をしたこともある。代議士として議会においては屈指の人であった。

けっきょくは有罪になったが、柏田はその処刑に服さず、上告から再上告をする、さらに陛下へ奏文を捧げてその冤罪を訴えた。それがために柏田に対する事件のなりゆきは、ずいぶん人の注意を深くしたが、ついに無罪になったのだから偉い。そののち、四国辺の知事に再勤していたが［これは痴遊の勘違い。再勤はしていない］ついに病死した。

阿部［浩］のは、民事上の貸借関係になって罪を免れたのだから、収賄の妙技ともいうべく、柏田のは書店の帳簿に、たまたま自分の氏名が記載されてあったというて、これを唯一の証拠にされたのでは、いかにするも承服はできない。自分はさらに関係のないことであって、偏言を以て罪を断ずるのは怪《け》しからぬというのであった。贈賄したという帳面があっても、収賄したという証拠が備わらねばただちに有罪とはいえぬ。しかし、柏田のごとく最後まで堂々と争ったところから視れば、まったく収賄していなかったのに違いない。

県会のほうでは、愛知県の内藤魯一にかかわる収賄事件がもっとも人の注意を惹いた。内藤は古き自由党の一人《いちにん》で、その正直も評判であったが、腕力の強かったことは党中の屈指であった。板垣総理が岐阜の遭難のとき、兇徒を押えて投げつけたのがこの人である。教科書事件では金港堂から一千円を収賄したというのであった。しかるに内藤はその金を一文も私消せず、全額を東海新聞社へ送って社の危急を救ったというのだから、内藤に対する同情は非常なものであった。内藤はこれがために一年の刑を受け、県会議長の椅子は失ったが、まもなく代議士の補欠選挙があり、一人《いちにん》の敵として候補に立つものなく、まったくの独り舞台で一万票以上を得て当選した。

収賄は善いことではないが、同志の機関新聞に、その得た金を全部寄附したというのが内藤の信用を厚からしめたのである。いまでは教科書の出版は大きな会社の一手に収められて［日本書籍株式会社、東京書籍株式会社、大阪書籍株式会社］この弊はなくなったが、その代わり独占事業のごとくなって、代価の法外に高いことは、どれほど学生の親を苦しめているかわからない。

水道鉄管事件

帝国議会に触れていない疑獄では、教科書事件の前に、明治二十八年に起った東京市の水道鉄管事件というのがあった。

この疑獄に引っかかったのは、市の吏員のほかに浜野繁《はまのしげる》と雨宮敬次郎《あめみやけいじろう》がある、また疑獄の人としては取り扱われなかったが、渋沢栄一にも悪い噂さが立って壮士に斬られようとした。この三人の関係から事件はことに有名になった。渋沢を顧問として浜野と雨宮が経営していた鉄工会社から、市へ納入した鉄管に不正品のあったというのが問題の起るはじめであった。

いまでも市の水道鉄管がときどき破裂して、漏水のため附近の人家に迷惑をかけることがある。著者《わたくし》はいつも前年の疑獄を追懐して、そのときの鉄管ではないかと思う。会社で使っていた職工の一人《いちにん》、守田又七《もりたまたしち》という男が市へ納入している鉄管に、不正品のあることをその筋へ密告した。その前から鉄管については種々の取り沙汰があった。しかるにこの密告があってから、事件は著《いちじ》るしく発展して、まず社長の浜野繁が拘引された。浜野は相場師として名あり、その相場に対する一種の辣腕《らつわん》はいくたびか市場に大波瀾を捲起して、浜野は恐るべき人として取り扱わるるに至った。蠣殻町《かきがらちょう》の米穀取引所には、昔からこういう風の人が代わる代わる現われて、世間の問題に上る。株式の相場と米穀の相場と、その相場ということに違いはあるまいが、世間の問題になる人は、すべて蠣殻町から出る。兜町からこの種の人の出たことは、絶えてない。

兜町の人はつねにこれを誇りとして「株式は旦那衆の取り引きするもので、米穀のごとき空《くう》なものと違っているから、それでゴロツキ風の人があまり寄りついてこない。したがって業　々《ぎょうぎょう》しく世間に噂される人が出ない」というているが、著者《わたくし》の素人考えでは、米と株と、その物に相違はあっても、やはり相場に変りはあるまいから、兜町の人の誇りとしている理由も、あまり当てにはならぬと思うが、とにかく、事実はそのいう所のごとくなっている。古い時分に天下の糸平《いとへい》［田中糸八《たなかいとはち》］があり、また島慶《しまけい》将軍［島田慶助《しまだけいすけ》］があった。それから久しく経って、新宿将軍が現われた。

浜野の邸が、内藤新宿にあったので、いつとはなく人呼んで彼を新宿将軍と称した。最近に至って松谷天一坊《まつたにてんいちぼう》［元三郎］なるものが現われ、さんざんに蠣殻町を引っかきまわした。その魔手はついに通運会社［内国通運会社。日本通運の前身］におよび、一時はこの会社も松谷の手に渡ろうとしたが、それに加担したのは、多く政友会に縁故のある人であった。そこで松谷一派の来襲を防ぐ必要上、大浦兼武《おおうらかねたけ》の袖にすがった。大浦は会社派の哀請《あいせい》を容れて松谷派を叩きつけた。こういう連中にはそれぞれに秘密があって、その洗い立てをされたら、とてもたまらない。

大浦の声がかりで警視庁の干渉が起った。ことに大隈内閣のときであるから、警視庁は大浦の眼玉のとおり動いた。松谷派はこれがため陣を払って引き上げることになった。その余波をうけて共同銀行は破綻したのである。通運会社の乗っ取りには破れたが、松谷の名はようやく蠣殻町から離れて、実業界へ強く響くようになった。その暴れまわる範囲がようやく拡がってきたのだ。

果ては活動写真にも手を出し、証券取引所を興して株式取引所を虐《いじ》めにかかった。天一坊の名に恥じざるその怪手腕は、しきりに各方面へ延びてきたが、さすがの天一坊も病気には勝てず、このごろになってついに閻魔の庁へ呼びつけられてしまった。

物語は横へそれて天一坊のことになったが、近年の蠣殻町では前に浜野あり、のちに松谷現われてしばしば波瀾を捲き起したところから、その対照として天一物語に移ってみたのである。

さて、会社側にいわせると、守田の密告は会社に求むるところがあって、それの容れられざる結果であるというていたが、そんなことはどちらにしても守田の密告から鉄管に不正品のあることだけは確実になった。浜野が拘引されてこの事件は一大発展をなした。拘引されるものは追々ふえて、ついに雨敬《あめけい》危うしと伝えらるるに至った。

果然、検事局は雨敬の拘引を警視庁へ依嘱してきた。その夜、雨敬は芝の紅葉館でたくさんのお客をしていた。警視庁の伊東祐之《いとうすけゆき》は、みずから数十名の巡査を率いて、紅葉館を包囲した。雨敬は宴会をすませて出てきた。それを視ると、伊東はみずから進んで令状の執行をした。雨敬は素直に拘引されたから、数十名の巡査は手持ち不沙汰で引き上げた。

渋沢栄一はわが実業界の巨頭で、大蔵省を罷めてから、第一銀行に立て籠って、静かにその地歩を堅め、当時では三十幾会社の重役を兼ねて、その実務に与からず、重役の名義料だけでも、月に幾万という金を得ていた。その不誠実なやりかたが、鉄管事件にも現われてきた。浜野と雨敬の背後には渋沢が隠れて、この大仕事をしたのであると人はもっぱらいうている。対手が渋沢だけに憤慨する人も少なくなかった。三面六臂の魔神ではあるまいし、ひとりで三十幾つの会社重役が満足に勤まるはずがない。要するに自分の盛名を頼んで、その名義料を貪っていたのだ。

鉄管事件が起って、渋沢の誠意を疑うものの出てきたのは当然のことであろう。

一日《いちじつ》、渋沢が兜町の事務所から馬車で乗り出したところを、不意に襲うた壮士があった。三尺の秋水［鋭利な刀］は閃いて馬の前足を払った。けれども充分に延びが届かず、足を斬り落すまでには至らなかった。馬は足を斬られると夢中になって駆け出した。壮士は刀を提げて逐いかけたが馬の駈足には及ばなかった。

渋沢は馬車のうちに在って、ただ馬の駈けるに任すほかはなく、手を空しくして馬の留《とど》まるを待った。怜悧《れいり》な馬は、三井銀行の前に来て足を留めた。渋沢は辛くも生命を拾うた。それはまったく馬のおかげであった。壮士は石川県の盈進社《えいしんしゃ》に属する人で、小島某というたものだ。のちに捕われて一年の懲役に処せられた。

殺意を起した原因は、渋沢の無責任を憤ったからである。渋沢のほうでは、いろいろのことをいうているが、それにはなんの証拠もないから、本人のいうところを信ずるほかはない。それによると、鉄管事件について渋沢がすべて不誠意であるから、これを斬って他のものを戒める覚悟であったというのだ。

浜野と雨敬が処罰されて事件のけりはついたが、一時はどこへ行っても、この話でもちきりのありさまであった。

日糖事件

議会を中心として起った日糖事件は、代議士ばかりでも二十幾名、獄に繋がれたのであるから、ずいぶん大きい疑獄であった。

台湾に根拠を有して東京に本社を置いた日本製糖株式会社の社長は、大蔵省で生きた帳面といわれかつ人格者として同僚にも重んぜられた酒匂常明《さこうつねあき》であった。渋沢栄一が名誉顧問として、この会社は重きをなしていた。その渋沢が酒匂を無理に引張り出して、社長に押し据えた。酒匂も渋沢の推薦であるから、引き受けて就任した。しかしながら、社の仕事は磯村《いそむら》音介《おとすけ》と秋山一裕《あきやまいちゆう》の両人で切って廻していたので、社長はほんの看板にすぎなかった。

台湾の砂糖業は、政府の監視が厳重であったから、どうしても代議士の味方をもつ必要がある。例の累税の一条でも、代議士に睨まれて議会の問題にされると、面倒が起るから、代議士を取りこんでおく必要がある。そこで、各党の代議士にその渡りなるものがついていた。どこの政党にも、こういう問題についてもっぱら奔走するものが必ず幾人かある。その代議士を中心として、それからそれへ渡りをつけるのが、この種の会社は常のことである。

大同倶楽部の臼井哲夫、政友会の荻野芳蔵、進歩党の西村真太郎《にしむらしんたろう》、その他にもあったがまずこの三人が、賄賂分配掛《がか》りといった格で、そのほうの元締を務めていた。会社側では秋山がその衝に当り、磯村は参謀の役で、秋山の蔭にかくれていた。酒匂はそれを知っていたのみでそのことには直接の関係をもっていなかった。渋沢も全然それを知らぬとはいえぬ。こういうしくみで一部の代議士が不義の金を得ていたのは長いあいだであった。

明治四十二年になって、会社は欠損つづきでやりきれぬから、会社を政府へ売りつけようとなって、秘密の運動がはじめられた。もちろん、政府へ売りつける以上、不相当の高価を以てしたいという希望が、会社側に抱かれていたことはもとよりいうまでもない。成功謝金の割り付けを視れば、その計画のいかに大げさであったかということも推定ができる。

政友会へ三万円、大同倶楽部へ二万円、運動費を支出している。成功謝金は政友会が三十万円、大同倶楽部が十万円、さらに進歩党へは、一万一千円の運動費、ただし進歩党の分は謝金の額について、折り合いがつかなかったようにも伝えられていた。

政友会の代議士では、荻野と松浦五兵衛《まつうらごへえ》が、もっぱらこの役廻りを引き受けた。進歩党は西村真太郎、大同倶楽部は臼井たること、いうまでもない。ところがどこの政党にも多くの不正議員があると同時に、少数ながら純潔な議員もいるので、いつかこのことを聞き出してその不正を訐《あば》き、問題の通過を妨げにかかった。

新聞社のほうへも手を廻して、その非難を遁れようとしたことは、こんどの瓦斯《ガス》疑獄と同じように、充分やっておいたのだが、金の力でのみ動くものばかりではない。ある社で日糖会社に向って、攻撃の火蓋を切れば、ほかの社でも黙っておらぬ。そこで各社が競うて、会社の内情を暴露しかけた。それがきっかけになって問題は大きくなった。ついに議会へ飛火して会社と議員の関係をさかんに訐きはじめた。株主のあいだにも、物議は起って重役の態度を非難するものがあり、会社はいっさいの会計を株主の前へ提示することになった。

ついに問題は検事局に移って、司法権の活動となった。調べれば調べるほど、醜怪な事実が現われてくる。ここにおいて、検事局では断然たる処置を取ることになって、秋山がまず引っ張られた。厳重な訊問に秋山はいっさいの泥を吐いてしまった。これがために、会社と代議士の醜関係は残らず判明した。臼井も、荻野も、西村も、松浦もみな捕えられた。臼井と荻野は頑強に突っ張ったが、他の代議士は、ヘロヘロになって、秋山と同じようにいままでのことを白状した。あたかも芋の蔓を引くようにズルズル牽かれたものが、二十幾人の多きに及んだ。

磯村もついに入獄した、会社の前途はほとんど見こみがつかず、株券は暴落して無価のようになった。社長の酒匂はみずからの不徳を恥じて令状を執行される前、ついに自殺してしまった。社会の同情は酒匂の一身に集まった。その反対に渋沢を非難するものは、ようやく多くなってきた。

この事件に引っかかった議員のうちで、誰れも意外の感にうたれたものが三人あった。横井時雄と村松愛蔵、もう一人《いちにん》が栗原亮一、この三人については今日に至るまで、同情しているものがある。

横井は小楠先生の遺子、時敬《ときよし》博士の弟であるが、基督《キリスト》教の信者としてかつ学者肌の人として社会的信用ももっとも厚かっただけに、事件中の一人《いちにん》であると聞いたときは、何人《なんぴと》もその意外なるに驚いたのである。この人とともに、ただに同人間の信用が厚かったばかりでなく、他党の人にも、その人格を認められていたのが村松であった。三州田原《たはら》の出生で、古き自由党の一人《いちにん》、かつては飯田国事犯の巨魁として、五年の刑に処せられた経歴のある志士の風格を備えた純潔な性質の人であったが、この事件に連座したのは、同人のあいだでも不思議に思ったくらいである。横井は検事の訊問に対してこういうことをいうている。

「私はいまさらに、恥かしいことをしたと思っております。あまりに功を急いだために、汚い金に手をふれました。私はこれで自分の政治的生涯は終ったものと思っております。今後はまったく、功利の念から遠ざかり、神に事《つか》えて残る生涯を終りたく存じます。したがって、いっさいのことを少しも包まず申し上げます」

選挙費に窮して、会社から金を受け取ったことを、綺麗に申し立てている。村松も横井と同じように、

「私が古い政党員として、かつ党の幹事としてこういう不正の金に手をふれたことは、許すべからざる大罪を犯したものと、自分から思っております。当時、選挙の費用にさしつかえて、非常に苦しんでいたところへ、会社から金を送られたので、ツイ手を出してしまいました。そのときから、悪いことをしたと思っていましたが、どうも苦しいときでやむをえず受け取りました。私のほかの人は私が受け取ったので、幹事でさえ受け取るくらいだからというので、みな受け取ったものであります。もしこれらの人を罰するにしても、私が悪い手本を見せたのでありますから、私を厳刑に処して、他の人びとはお許しを願いとう存じます」

というて、いっさいの罪を自分ひとりで引っかぶろうとしている。

たとえ悪いことはしても、この心があれば許してもいいと思う。法律の上からは免かれることはできぬとしても、道徳の上からはもう罪を犯しておらぬも同様である。市の疑獄の人びとのように罪を犯しても悔ゆるところなく、あるいは免れて恥を知らざる輩《はい》に比べたら、

人間と犬ほどの相違がある。

横井はこの事件からまったく隠退して、神に事えているかたわら、著述にのみふけっている。村松は長いあいだの政治的歴史を抛《なげう》って、いまは救世軍の一将校として、夏の暑い日も冬の寒い日も、街頭に立って、神の心を以て己れの心とし、一生懸命に誤れる人を救い、詐《いつわ》れる人を諭している。

このふたりとは、やや性格も異り、犯罪の事情も違っているが、栗原亮一の末路は、じつに悲惨なものであった。議会においては予算委員長を引きつづき勤めていた。中村敬宇《なかむらけいう》［正直《まさなお》］先生の門人で、はやく板垣総理［党首のこと］に知られて、その秘書役を引き受け、自由党中の古参の人であった。相当に学問があっても、さらに識者ぶらず、性質は淡泊で、生活は質素、どこまでも昔の書生風で押しとおしたから、党員間の評判はすこぶるよかった。

予算委員長をやっていたので、会社はこの人を味方にする必要があった。そこで会社の顧問を頼みたいと申しこんで、栗原は心やすく承知した。重役の秋山は、党員でもありかたがた懇意な人であるから、無頓着な栗原は別に深い考えもなく、これを引き受けた。会社からはしばしば金を送られたのを、栗原は平気で受け取っていた。そのころ栗原は著者《わたくし》に向ってこういうことを語った。

「わが輩も長いあいだの貧乏で、すこぶる弱ったが、このごろは日糖会社から、顧問料が来るので食うだけには困らなくなった」

著者《わたくし》に語るくらいだから、誰れにも言うていたに違いない。これが犯罪になるものとは、いつも少しも思っていなかったのだ。公判で有罪になってからも、著者《わたくし》は二度ほど逢ったが、いつもこういうていた。

「わが輩のようにはじめから顧問で、その報酬を得ていたのに、それが悪いとは、じつに意外千万だ。これはわが輩が法律に暗いためで、まことに残念なことをした。しかしこれが罪になるとはどうしても思えない」

栗原は、さっぱりした気合いの男であるから、まったくこう思いつめていたに違いない。小石川の同人社から出て、漢詩は長篇が巧く、巴里《パリ》懐古や波蘭《ポーランド》滅亡の詩は、どんな書生でも朗吟して歩いたほどである。法律をしらべてなにかするというようなことは絶えてなかった。こういう事情で栗原は、裁判に不服を申し立てているうちに病死してしまった。

進歩党の安田勲《やすだいさお》は、正直な人として通っていたが、二百円ほどで引っかかった。たいした学問もなく、あえて智者というのでもなく、ただまっすぐに改進党以来、脇目もふらずやってきて、初期のときから議員であったが、これで失脚して、晩年は気の毒なほど寂しく送った。奥野市次郎《おくのいちじろう》もたった三百円、これがために溝口〔旧姓〕という時代から、ようやく堅め上げた三重県の地盤も滅茶滅茶になって、わずかに政友会の遊説掛《がか》りでその生涯を終った。事件のときは、京都市選出の代議士であったが、晩年は三重県から出るつもりであったらしく、その準備中、俥《くるま》から落されて「実際は自動車から」、それが原因で死んだ。

かくのごとき不幸な人もある代わり、松浦五兵衛のような幸福なものもある。この事件があってから、松浦の地盤はいよいよ堅く、毎回の選挙に最高点で当選している。思うに選挙区民は松浦が収賄疑獄の中心人物となったことを、豪《えら》い人であるくらいに考えて、その慰労のつもりで投票しているのだろう。

この疑獄について、松浦以上に幸福な人は、政友会の吉植庄一郎《よしうえしょういちろう》と、憲政会の安達謙蔵《あだちけんぞう》である。なにゆえかといって、そんなことは説明の限りにあらずだ。強いて知りたくば、臼井と荻野に聞いてみなさい。その他にも幸運な人はたくさんにあった。山川善太郎がこの事件の起ると、まもなく死んだ。もし山川が生きていて、その手帳を召し上げられたら、ぞろぞろと引っかかるものは、五人や十人ではなかった。

山川は古い有志家で、栗原と同窓のひとり、文章も上手であったし、演説も拙《つたな》くはなかった。代議士などに出たことはないが、いつも蔭で仕事をしていた。会社に頼まれて議員の買収には相当に尽力した。山川の家が、著者《わたくし》の家の前で、著者《わたくし》はもっとも古き友人として、親しくしていたので、山川がよく著者《わたくし》にこういうた。

「わが輩もこれから十年ぐらいはまず贅沢に暮せる。それは砂糖のおかげだ。そのほうが駄目になっても、わが輩の手にかかったものがたくさんあるから、それだけでも小使い銭に困るようなことはない」。この自慢話のうちに、いっさいの事情が想像される。そのころ山川の家へ、しばしば出入りしていたのは小久保喜七《こくぼきしち》であった。

シーメンス事件

シーメンス事件を、裏から視るとすこぶるおもしろい。裁判所の手にかかった以上の裏があるものかという人もあろうが、それは司法問題としての事件で、政治問題としての事件は、いっそうのおもしろみがある。けっきょくは裁判の手にかかったけれど、これを単純な司法問題とのみ視るのは、間違っている。かえって政治問題として扱ったほうが適当であるのみならず、問題の真相は、それでなければわからない。

明治天皇御崩御ののち、西園寺《さいおんじ》〔公望《きんもち》〕内閣は朝鮮の二個師団問題が、累《るい》をなして倒れた。それに代わったのが桂〔太郎〕内閣であった。その前後の事情に無理がおこなわれ、軍閥の跳梁《ちょうりょう》がことに目立ったので、国民の一部に反感が起った。桂が内大臣の椅子から、総理大臣の椅子へ移ったのも、はなはだ不合理であった。ここにおいて、まず交詢社《こうじゅんしゃ》の硬骨連が、元老と軍閥の専横に憤った。その鋒鋩《ほうぼう》は時事新報の上に閃いてきた。

政友会の策士はその機会を捉えてにわかに蹶起《けっき》した。東京市長の椅子から離れて、懊悩煩悶《おうのうはんもん》していた尾崎行雄はこの機会において、復活の道を求め得た。はじめは政友会が一本立ちでやっていたが、どうしても物にならぬ。その主張には国民も共鳴しているが、いまさらに政友会が他の専横を罵るとはなにごとぞ、というていっこうに対手《あいて》にしようとせぬ。ここにおいて国民党を引き出す必要がある。その交渉は密かに開始されたが、国民党は容易に応じなかった。

「政友会が最後のどん底まで連れ立ってゆく、というなら格別、いままでのように自分の都合によってのみ、進退するというのでは、危なくて道伴《みちづ》れにはならぬ」と、いうのが、国民党の言い分であった。それにはいちおうの道理もあるので、政友会はこの一事について苦しんだ。

岡崎邦輔《おかざきくにすけ》はいくたびか犬養木堂を尋ねた。けれども木堂は動きそうにもしなかった。岡崎は交詢社の老人連を説きにかかった。そのあいだにも政友会の運動はさかんに続けられていた。元老と軍閥を叩きつけるに、このくらいの機会はないと視ている連中は、しきりに国民党を動かしにかかった。交詢社の老人連もついに動き出して、木堂を口説きはじめた。そこで木堂の意《こころ》も動いて、いよいよ出馬と決した。

政友会は松田正久《まつだまさひさ》を陣頭に押し立て、尾崎には演説を受けもたせることにした。松田は古い党人で、ごく真面目なその歴史も自由民権で堅めてある。内外の信用も厚く、人を陥穽《かんせい》するようなことはなさぬ人である。

築地の精養軒を聯合本部として、大活動は始められた。歌舞伎座と新富座の国民大会と、桂内閣の不信任を決議し、元老と閥族の根絶を宣告した。

関西においては中之島の空地に、天幕《テント》張りの大会を開き、十万の民衆に向って決議と宣言を示し、その同意を求めた。それから全国にわたって大遊説がおこなわれた。その勢いは、あたかも遼原の火のごとく、凄まじきありさまであった。大正二年の春、帝国議会は開かれたが、民衆の大群は議会を包囲して騒擾をきわめた。果ては焼き打ちの暴挙をさえ、あえて辞さぬとまでになった。

これに先立ち、桂は総理大臣の権威を笠にして、政党の創立を試みた。けれどもそのやりくちの陋劣《ろうれつ》なるを怒って、真の国民は寄りつかなかった。ただわずかに政権が近づかんとして、それのみに懊悩している卑しい連中が走《は》せつけたばかりで、立憲同志会も存外に力なきものであった。国民党中の不純分子は、いちはやく脱党して桂の靴紐を結びに出かけた。それらの人は議会の内外で、民衆のために酷《ひど》い辱めを受くるに至った。新政党を造ったところで、民心に離叛してその政党になにごとができる。桂にニコポンの妙手はあっても、堅実な思想をもっている人を動かすことはできまい。

政国聯合の発企《ほっき》で、国技館に最後の国民大会は開かれた。六万の民衆が潮のごとく押し寄せてきた。その翌日は、大正二年の二月十二日で、桂内閣不信任の上奏案を議決すべき、議会が開かれるのであった。民衆の桂内閣に対する憤慨は、もう抑えきれぬまで上りつめていた。果然、翌日から市内は騒擾の巷と化した。焼き打ち、流血、格闘、到るところに官憲と民衆の衝突は演ぜられるに至った。議会の大勢は、三分の二以上の多数を以て、不信任案の通過を視るべく、民党聯合の結束はいよいよ堅くなった。さすがの桂もついに辞職のやむなきに至った。議会を解散して総選挙に訴えんか、全然その勝算なきをいかん、退いて内閣を守らんか、議会多数の不信任案をいかん、桂内閣は、まったく行き詰まりとなって、見苦しき瓦解をするに至ったのである。

桂内閣の倒るる日、山本権兵衛《やまもとごんべえ》は政友会を訪ねた。その用談は、

「桂内閣をこのままに持続せしめては、時局の紛糾をますますはなはだしくするゆえ、自分は桂に勧告して、すみやかに辞職をせしめようと思うが、時局収拾の責任を政友会が引き受けてくれるかどうか」

というのであった。その心の底を打ち割れば「自分があるいは引き受けるやもしれぬが、そのときは政友会が援けてくれるか」ということになるのだ。

政友会の最高幹部は、これに向って時局の収拾を引き受ける旨を答えた。山本はただちに桂を訪ねて、時局紛糾の責任を難詰《なんきつ》したので、桂は「わが輩はすみやかに責任を負うて、職を退くかわり、足下《そっか》はわが輩にかわって、時局収拾の任に当ってくれるかどうか」というた。

政友会の了解を得てきた山本は、ただ一言《いちごん》、

「諾《うん》」と答えた。

慧敏《けいびん》な山本は巧みにこの機会に乗じて、政権の獲得を謀ったのだ。桂はフラフラと乗りこんで山本の思う壺にはまったのである。

桂は辞して山本は、大命を拝することになった。政友会の最高幹部はただちに割りこみの

仕度にかかった。

木堂は遠くからこれを視て「また、やられた」かと、いって苦笑した。

政友会の人びとは最初の誓約もあり、かたがたムゲに木堂を置き去ることを憚かり、松田も行けば、床次《とこなみ》［竹二郎《たけじろう》］も出かけて、木堂の入閣を慫慂《しょうよう》した。けれども木堂は断乎としてはねつけた。

国民党と政友会の提携はここに断絶して、山本内閣は成立した。政友会はついに天下を欺《あざむ》いて政権に接したのである。尾崎はついに脱党して、政友倶楽部を起した。岡崎は木堂を引き出した関係上、政友会を去るのほかなかった。

山本に陥《おとしい》れられた桂は、歯噛みをして口惜しがったが、いかんともいたしようがなかった。国民党を売り、天下を欺いた政友会の人びとは、独り有頂天になって喜んだ。桂の同志はこの怨みを忘れがたく、なにかの機会を見つけ出して、山本に一矢《いっし》酬《むく》ゆべく、弓弦《ゆみづる》張って待ちかまえたが、その乗ずべき機会は容易にこなかった。

山本内閣の持続二年、軍人にして政治家の質に富める山本は、巧みに政治を取り扱っていた。いままでにいずれの内閣もなしえなかったことをしている。

行政整理を遂げて、一億二千万円の大金を打ち出した。山本の評判は存外に善い。政友会の悪評も日の進むにしたがって薄れゆく。独り焦心して懊悩の極、桂は病を得て斃れた。これがためにせっかくの立憲同志会［正しくは「桂新党」］は滅茶滅茶になってしまった。

後藤新平《ごとうしんぺい》や、仲小路廉《なかしようじれん》は、はやくも離れて別に画策をはじめた。残る同志は新たに憲政会〔正しくは立憲同志会。やがて憲政会となる〕を起してそれに集まった。

桂の残党が山本に怨みを抱く以外、いっそうの弊を以て山本を睨んでいたものがある。それは山縣を中心とする軍閥と、政治に没頭する長州流の人びとであった。災害はこの連中の手から送り出さるべく、山本の頭上に黒い雲は掩われていたのである。

軍艦の製造についてたくさんのコンミッションが、請負者から注文人に対して贈られることは、かねて風説に聞えている。それが外国においては、一般の商習慣として別に不思議なこととはされていないが、わが国の習慣からいうと、外国で取り扱われているほどそう簡単なものではなく、ことにその収受者の軍人であるという一段になると、それが容易ならぬ問題として、非常に面倒なことになる。軍艦の製造元たるドイツから問題が起ってきただけに、すこぶる変なものだ。プーレー〔アンドリュー・プーレー。ロイター通信特派員〕というのが、シーメンスシュッケルト会社の秘密書類を手に入れて、莫大な金を強請したことが問題になる発端で、とうとう日本へ飛び火して大きな騒ぎになった。その材料の大部分は、陸軍の側からとも伝えられているが、とにかく、桂の残党は手に唾して立ち上った。例の島田三郎がその秘密を暴露して、海軍の腐敗に痛撃を加えた。政友会が多数の勢力を恃《たの》み、その演説を妨害したのでかえって問題は大きくなった傾きがある。

長いあいだの疑問になっている海軍の秘密が暴露されたのであるから、世人の注意も、いちだんと深くなったのは当然のことで、ついに司法上の問題とまでなった。

電報通信社の権藤震二《ごんどうしんじ》が、この書類を材料にひと芝居打とうとしたが、警視庁の手入れとなり、事件はますます進展してきた。

山本総理大臣は議会の演壇に立って「われに疚《やま》しきところなし」と、いうたが、無根なりとして打ち消すことはできなかった。

斎藤《さいとう》［実《まこと》］海軍大臣の弁疏《べんそ》も、いたずらに自分の潔白を保証するに過ぎずして、事の無根は明白に言いえなかった。

検事局に問題が移ると、三井物産会社の秘密が訐《あば》かれて、重役数名は検挙さるるに至った。引きつづいて海軍中将の松本和《まつもとかず》、同［機関］少将の藤井光五郎《ふじいてるごろう》、同［機関］大佐の沢崎寛猛《さわざきひろたけ》の三人が、ついに収監せらるるに至った。

松本は生粋《きっすい》の江戸ッ子で、夙《はや》く海軍に入りて山本と深交あり、日露の役には抜群の功を現わして、海軍部内でも屈指の人であった。軍艦金剛《こんごう》を、シーメンス会社へ注文して［正しくは英ヴィッカース社に対して］、そのコンミッション四十万円を、私《わたくし》したというのである。その取次ぎを、三井物産会社でしたというのが問題になって、三井の重役も捕われた。謹厚《きんこう》の人として知られた岩原謙三《いわはらけんぞう》、一種の辣腕家たる山本条太郎《やまもとじょうたろう》、その他みな法廷の人となりて、三井家の面目は丸潰れとなった。

藤井は無線電信に関して四十万円、沢崎はわずかに一万円、収賄の金額には相違はあっても、罪は同じくそれぞれに処罰せられた。日本一の三井家は、謝罪状のごときものを公表して、今後はこの種の請負をなさず、とのことを誓った。犯罪の蔓は山本総理大臣に絡めるごとく見えて、しかも容易に検挙の手は下らなかった。

山縣系の人びとおよび憲政会の目的とするところは山本にあるのであって、松本や藤井はもとより目指す敵でない。なんとかして山本を窮地に逐いこまねば死んだ桂の仇討ちにならず、憲政会の焦りかたはひととおりでなく、演説会や国民大会、新聞論調の猛烈なること、いままでに例のないほどであった。その背後から山縣系の人びとが巧みに隠れてこれを煽りつけるので、火の手は、いよいよ熾《さか》んになった。

議会の問責演説に対して、山本は必死の抗弁をする。政友会はまるで自分のことのごとく心得てこれを援護した。憲政会がどれほど焦っても、多数で決する議会の制度はいかんともすることができない。衆議院は政友会の力で不信任案を叩き潰してしまった。

著者《わたくし》の視るところでは山本を悪い人とは思わぬ。他のことは知らぬ、少なくもシーメンス事件には触れておらぬように思われたが、しかし国論がすでに山本を曲者《くせもの》とした以上、みずから責《せめ》を負うて、潔よく勇退すべきである。まして衆議院の状態があれまでになった上は、男らしい態度に出ずるのが当然である。ただ多数で押し通したのみでは国民が承知せぬ。剛情も時にこそよれ山本の態度ははなはだよろしくなかった。衆議院が山本の信任を決したとき、みずから謹慎するという意味で高踏勇退《こうとうゆうたい》すれば、そこに国民の同情は起ってくる。その人心の機微を捉え得なかったのは、かえすがえすも惜しむべきことである。それというのも、政友会の人びとがあまりに政権に恋々《れんれん》たりし結果、どこまでも山本を押し立ててゆこうと謀っての過失である。

衆議院は政友会の力で押し付けたが、貴族院はなかなかそんなわけにゆかぬ。世間の手前は貴族院のほうでもなんとかせねばなるまい。

貴族院の性質からすれば、衆議院のごとく不信任案をひっさげて争うこともならぬから、他に適法の手段を取ることにする。

海軍の予算に対して、懲戒的の大削減を加えることになった。これはなによりの痛手で、さすがの山本もすこぶる苦しんだが、性来の強情はここにも現われた。山本は貴族院の演壇に立って、しきりに弁疏《べんそ》したので、それがまた貴公子連の疳癪《かんしやく》に触ったのである。水産王と綽名された村田保《むらたたもつ》が、猛烈に山本の攻撃をして、ほとんど完膚なきまでにやりつけた。

山本の顔を指さして、

「こういう顔は監獄へ行くとよく視ることがある」と、嘲罵を加えた。村田は演説が終ると、すぐ議員を辞した。貴族院にあるまじき悪口をついたのは、まことに恐縮の至りであるというのであった。当時の風聞によると、村田の演説は大隈と了解を得てやったのであるとのことである。それは少し想像が過ぎているようだ。

山本はこの演説を聞かされた上、予算の大削減をやられたのでは、とてもたまったものでない。ついに辞表を、闕下《けっか》に奉るのやむなきに至った。どうせ罷《や》めるものなら衆議院のとき罷めればよかった。事ここに至って罷めたのでは恥の上塗りをするのみならず、国民の怒りはおさまらぬ。悧巧《りこう》な山本は、自分の力を恃《たの》みすぎて知らず知らず深みへ陥ったのである。いったん泥田へ、ふみこんだ足は力を入れるほど深くはまりこむ。これを知らずに力を入れていた山本は、諺にいう「悧巧で馬鹿の剝《は》ぎ身売り」であった。

山本内閣が倒れて大隈内閣が起きた。さてこれから大浦事件の幕が開く。

大浦事件

山本内閣が倒れると、後継内閣が行き悩んだ。人心が非常に険悪であったため、したがって後継内閣はすこぶる面倒であった。

東京府知事宗像政《むなかたただす》が、清浦奎吾《きようらけいご》を担いで新内閣を組織すべく運動をはじめた。政党の背景はなくとも衆議院に多少の味方はある。貴族院は清浦が多年威を振るいしところ、議会を切り抜けるにはおのずから成算がある。それに清浦も長いあいだ、その希望をもっていたので、親分の山縣も強いて否むこともできず、清浦の乗り出しを認めることになった。形勢はすこぶる有利で、清浦内閣はできそうであった。ところが海軍大臣に人を得ないで、これがために行き悩みとなった。かろうじて加藤友三郎を得たが、海軍計画について条件を出してきた。それはかねての主張を申し出たまでのことでその当時としては過大の要求とはいえないが、正直者の清浦は海軍が火を出して、山本内閣の倒れたあとだけに、清浦にはその要求を受け容れる勇気がなかった。なんでもかまわず引き受けて内閣を組織してからのちに、その折り合いをつけるというようなことは清浦にはできなかったのか、ついにこれがために清浦内閣は、半途にして沙汰やみとなった。

それからまた例によって、なくもがなの元老会議は始まる。互いに押しつけあいの逃げ足で、相談するのだからいつまでもきまらない。世間の非難は高くなるばかり、清浦内閣は半産《はんさん》になっただけ、いっそう面倒になった。ところへ三浦〔梧楼〕将軍が、ヒョッコと顔を出した「権兵衛が火事を出したあとは、早稲田の蒸気ポンプにかぎるよ」と喝破した。それが原因で大隈内閣の説がそろそろ頭を擡《もた》げだした。

大隈が政権に離れてからだいぶに長くなる。責任のない位置にいて、大言壮語していたら、天下無敵の大隈、なんとつかぬ人気の集合点になっていたので、大隈内閣の説は非常な勢いで迎えられた。けれども、元老は苦い顔をして「大隈は後先かまわず、なにをしでかすかわからない。そんな危ないものはごめんである」という。それにもいちおうの道理はあるが、いつまでも内閣なしでいるわけにはゆかぬ。また三浦将軍が飛び出して「なアに、かまうものかやらせてみるがよい、蒸気ポンプの役目がすんだら、罷めさせるまでのことじゃ、長くて半年か一年、そのくらいの堪忍《かんにん》ができきんでどうする」

百万陀羅の理窟より、片言隻語の警句は、大きな問題を解決するにかえって力のあるものて立ち会うた。ついに大隈を呼んで、山縣、大山、松方、井上の会見となる。むろん元老は産婆役として立ち会うた。朝鮮の二個師団増加がその条件たること、いうまでもなく、種々《いろいろ》の注文もあって、大隈内閣はここに成立することになった。

大隈が内閣を組織するとなれば、憲政会を率うるのほかはない。加藤高明、若槻礼二郎《わかつきれいじろう》、大浦兼武の入閣はむろんのことであるが、それではあまりに平凡すぎる。大隈は平凡が大嫌い、なんでも奇抜なことが好きだ。この三人のほかに世間の人が「あっ」というくらいのものを引き出そうと、その考えはあの頭の動くとおりに動き出した。

由来、大隈の配下には小さな智慧を揮うものが多い。大隈の内閣と決するや、たちまちにして大隈後援会なるものが現われた。憲政会にはちょっとゆきかねるが、なにかの機会があったらと隙を狙っていた連中は、後援者を名として、そこから集まってきた。大隈ほどの政治家、しかも八十にもなった老人を、後援するというのも可怪《おか》しいが、その可怪しいことが、世間の人気に投ずるもので、なお浪花節《なにわぶし》語りが、ひとつの後援会は必ずもっているのと同じことだ。

国民党はこの影響をうけて脱党者が頻出した。犬養についていたのでは政権にありつくことは至難《むず》かしいが、世間の思惑に遠慮して、ちょっと出かけかねていた連中が、このときにゾロゾロ脱党して、国民党は滅亡するだろうと誰れも見ていたが、さすがに犬養は偉いところがあって、半分で喰い留めた。その出ていった顔触れを視ると、いつでも自分の都合によっては出てゆきそうな連中ばかりだから、かえって国民党はこれで小さいなりに、堅まったようなものだ。

海軍に八代六郎《やしろろくろう》を引っ張りこんで、司法に尾崎行雄を据えつけた。大隈の頭のなかには、もうひとりほしいものがある。それは例の犬養であった。三浦も、そのあいだに往来して、斡旋の労を取ったが頭の堅い犬養は、ついに承諾を与えなかった。加藤〔高明〕との折り合いは、無理にもつけるとして、大浦との協和がどうして取れよう。犬養と大浦、このふたりが同じ内閣に並んで、椅子にかかれるはずがない。もし大隈との義理尽《ず》くから、仮りに入閣するとしても、それがために内閣は瓦解のときを、はやめるにきまっている。聡明な犬養は、これを知っているから、なんとしても入閣はしなかったのである。大隈は、未練がましくも内相の椅子を、半歳のあいだ空けておいたが、いよいよ犬養も駄目と見切って、その椅子は大浦へ渡した。

尾崎がこの内閣へはいったくらい、無意義なことはない。また不合理千万な入閣であった。尾崎は世間に対して、

「大隈さんには、若いときから世話になっている。その大隈さんが老後の思い出として立てたから、援ける気になった」と、弁明しているが、それほどに大隈を思う人が、伊藤の政友会へ大隈を出し抜いてなにゆえ行ったかといわれたら、尾崎はなんと答えができる。

資本家を背景にしている、三菱の婿さんたる加藤と、民衆的政治家を以て任ずる尾崎と、

どうして協調がとれてゆく。普通選挙で衝突したのはもとより当然のことで、はじめからきまっている。官僚の権化《ごんげ》、警察政治の本家ともいうべき大浦と、尾崎が同じ内閣に並んでいるのさえ、すでに怪訝《かいが》のことであるが、ふたりの思想やりくちが、すべて政策の上で折り合いのつくべきはずはない。

二個師団の問題で議会を解散したから、総選挙の幕は開いた。警察力による大浦と、法相の椅子にある尾崎と、子分の候補者を保護することから、まず衝突をはじめて、ついに大浦事件の起るまで互いに嫉視反目《しっしはんもく》、それが原因《もと》となって大隈内閣はついに倒れてしまった。

表面には種々《いろいろ》な口実はあっても、それは世間体をつくろう口実であって、真の原因は尾崎と大浦の争闘が、内閣倒壊の原因であったに違いない。

内閣の機密費を議員買収費に使ったというのだから、大浦のやりかたもはなはだよろしくない。しかしそのことが高等政策の遂行にあるとしても、議員を買収してよいという道理はない。まして内閣の機密費をそんなことに使われてはたまらない。

総選挙には干渉もおこない、金も使い、あらゆる手段を用いて政友会の叩《たた》き毀《こわ》しをやった。さしも全盛をきわめた政友会の代議士は、百名内外に蹴落されてしまった。政友会の憤慨はじつに非常なものであった。同時に憲政会の跋扈《ばっこ》は、政友会以上にははなはだしきものがあった。

議会が開《あ》けると、この感情がぶつかって、火を出すほどの争い、事ごとに喧嘩がはじまる。大隈総理の演説にさえ、あらゆる妨害を加えて果ては腕力にまで、訴えることになった。そこで大隈は、「それほどこの内閣に不都合のことがあるというなら、裁判所へ訴えたらよかろう」というた。それを聞いて、村野常右衛門《むらのつねえもん》は「よしお望みとあるなら、訴えてやろう」と、ただちに大浦内相を告訴した。その代理人は、塩谷恒太郎《しおやつねたろう》と今村力三郎《いまむらりきさぶろう》の両弁護士であった。村野の人格者たることは、すでに人の知るところ、両弁護士の人格者たることも広く世に知られていた。

政争の結果として、起った事件でも、この三人の人格に対しては、ウヤムヤに葬ることはできない。検事局の取り調べは漸次進んでいったが、どうも充分の証拠が出てこない。被告人が大浦だけに、警視庁は少しも動かないから、検事の働らきは思うようにならぬ。

事件が不起訴らしい風向きになると、村野の手から平沼検事総長へ、一通の親展書が届いた。それは動かすべからざる証拠が挙げてあった。三十間堀《さんじつけんぼり》〔現在の歌舞伎座から三原橋交差点周辺〕の待合藤村屋で、板倉中《いたくらなかば》と本出保太郎《ほんでやすたろう》の喧嘩したこともあり、白川友一《しらかわともいち》から大浦の手へ、三万円の買収費を出したこともあり、いろいろの事実が明白に記されてあった。

ここにおいて、検事局の活動となり、取り調べの進むにしたがい、証拠は着々挙ってゆく。代議士の拘引さるるもの、踵《きびす》を接して大疑獄の本舞台は展開された。検事の手は衆議院の書記官長、林田亀太郎《はやしだかめたろう》の身に及んだ。事ここに至っては大浦といえども免《まぬか》れることはできない。麻布《あざぶ》の大浦邸には二度までも検事と予審判事が出かけた。大浦ももはや免《のが》れがたしと視て、いよいよ辞職の決意をした。

大正四年六月二十八日の閣議で、まず八代海相から連帯責任論が出た。加藤と若槻はこれに賛意を表したが、尾崎は「相談をうけざる事件に対しては、責任なし」と突っ張り、議論の末が三人の辞職となり、大隈は勅語の蔭にかくれて居座りを言明し、尾崎は無責任論でふみとどまった。

大浦は現職を抛《なげう》ち、かつ隠居して華族は嗣子にゆずるというたので、たちまち公訴を猶予されて入牢問題を免がれた。これを名づけて刑事政策と称した。けれども、騒ぎ者は代議士であった。事件の張本たる大浦は免がれて、代議士はすべて有罪となった。

尾崎は先きに朝鮮の二個師団に反対し、それがために桂内閣を倒すまでいった。しかるにこんどは大隈内閣にはいると、二個師団の増置に賛成した。識者はその矛盾に驚いていると、昨今はまた極端なる軍備制限論で歩いている。尾崎の千変万化は真に神のごときものがあって、容易に知ることができない。いまでは憲政会と離れてまったく孤立になってしまった。

事件の張本人、大浦は死んで参謀の林田は代議士として、衆議院の椅子によっている。白川はいまなお満洲地方で活動をつづけているが、日向輝武《ひなたてるたけ》は発狂して死んだ。美しい未亡人［林きむ子。舞踏家、作家］は若い薬剤師［林柳波《はやしりゅうは》。詩人でもある］と夫婦になった。

相馬家の騒動

華族の相馬《そうま》家は、奥州中村の小藩ではあったが、きわめて富裕に暮らしていた。明治になってからも、子爵として華族のうちではもっとも富める家であった。衆議院の正門前にその本邸があって［当時、帝国議会は内幸町にあった］、富み百万と称されておった。昔は足尾銅山の経営などもやって、小さいながら大名といわれるものが、銅山の採掘をやるくらいだから、貨殖《かしょく》の道にはなかなか抜け目がなかったらしい。古河市兵衛《ふるかわいちべえ》は相馬家から譲り受けて、かの銅山で大きな身代を起した。明治二十四年から二十六年にまたがり、一時は世間を騒がした事件で、その関係者には知名の人がたくさんにある。

当時の子爵誠胤《ともたね》が、時発性の精神病に罹《かか》って、治療に手を尽したが、容易に本復せぬのみならず、日に増し重るばかりであるから、邸内に座敷牢をつくって、それに入れておいた。

そのころはまだ旧藩時代の君臣の情誼《じょうぎ》が残っていて、国元の旧臣がこのことを聞いて、追々と上京して見舞いに行ってみると少しも病気らしいことはない。

「どうもこれは変だ」と、ひとりがいい出せば、十人が倶《とも》に「なにか事情があるのではないか」と、疑惑をもつようになって、それから種々《いろいろ》な風説も伝えられてくる。

相馬家にもし百万の資産がなかったら、けっして騒動は起らなかったものが、なにしろたくさんの資産があるだけに疑惑や邪推も起ることになる。旧臣のうちに錦織剛清《にしごりたけきよ》というものがあった。多少の文筆もあり、口舌に巧みな風采のよい人であった。これが旧臣の代表と称して、相馬家へ乗りこみ、談判を開いたものがそもそも事件の発端であった。志賀直道《しがなおみち》［志賀直哉の祖父］、青田綱三《あおたつなぞう》をはじめ、相馬家にも昔からの家臣で、引きつづき家扶《かふ》や家令をつとめている人があって、錦織の応接をしたが、その話はついに折り合わなかった。

錦織は誠胤に面会を求めた。相馬家ではこれを拒絶した。喧嘩の火蓋はこれによって開かれ、それからの争いは、日一日とはげしくなるばかりであった。いつか誠胤は巣鴨《すがも》の癲狂《てんきよう》院《いん》へ入れられて、厳重に監督されていた。錦織はここにも押しかけたが、面会は許されなかった。壮士を引き連れて本邸へ乗りこみ、大騒ぎをやったこともある。

この時分に後藤新平がドイツから帰ってきて、内務省の衛生局長になっていた。錦織は後藤をしばしば訪ねるうちに、とうとう味方に引き入れてしまった。

一夜、錦織は癲狂院へ忍びこんで、誠胤を背負い出してゆくえを晦《くら》ました。相馬家よりは警視庁へ、その取り押さえかたを願って出た。誠胤を盗み出したについては、後藤がその尻押しであると伝えられた。錦織はまもなく抑えられて、誠胤は相馬家へ引き渡された。ここにおいて、錦織は裁判所へ廻されて、その取り調べをうけることになった。裁判の結果は、重禁錮の刑に処せられてようやく一段落ついた。

錦織はこの事件から世間に知られて、多少の信者もできていた。出獄するとまたも騒ぎはじめて事件はようやく拡大された。その味方に宮地茂平《みやじもへい》を得て、事件の扱いかたがすこぶる上手になって、人気を取ることに努めた。まず各政党の本部を訪《と》うて、その救援を求めた。「司法省の大官が相馬家から賄賂を収めて事件を曖昧にして困る。警視庁のほうも同様であるから、なにとぞ政党の力を以てこれを摘抉《てっけつ》し、公正の取り扱いをして、主人の誠胤の危急を救うてくれ」と、いうのであった。さらに事件の内容としては、「相馬家に百万の富があるため、悪臣どもが打ち寄って妾腹の子を押し上げ、誠胤を排斥して、その富に手をかけようとする。それがために発狂者の取り扱いをして、誠胤を苦しめている」との説明であった。

錦織の弁明はきわめて巧みで、聞くものはみなその忠義に感激したが、さればとて天下の政党が、華族の御家騒動に立ち入ることもできまいということになって、この方面の運動はまったく失敗に帰した。

政党の本部を訪問すると同時に、各新聞社を歴訪して、その応援を求めた。このときに萬朝報の黒岩周六《くろいわしゅうろく》［涙香《るいこう》］が錦織に逢うて、一夕《いっせき》の会談をすると、ただちに共鳴して錦織を援けることになった。その裏面にはこういう事情があったから、それをいちおう紹介する。

黒岩は寺家村《じけむら》某［逸雅］と謀って都新聞に得意の探偵小説を掲載し、西洋物を巧みに翻訳して、日本人に向くように書いたのであるが、それに一種の天才をもっていた黒岩のことであるから、都新聞はこれがために売れ出した。しかるに黒岩には道楽が多い。球突《たまつき》、相撲、カルタ、将棋、五目並べ、いやしくも勝負を争う遊戯はなんでも好きであった。それがために交際費を要することが非常に多く、かつその家庭には暗い雲が蔽《おお》うていて、これにもたくさんの贅費《ぜいひ》を要するところから、社に向って求むる金はなかなかの額であった。ついに寺家村と争いが起って、黒岩は都新聞から離れてしまった。けれども都新聞の売れ行きは、少しの影響も受けず、渡辺黙禅《わたなべもくぜん》の卑近な探偵小説がかえって評判よく、社運はますます盛んになるばかりであった。

負けじ魂の強い黒岩は、これに対抗すべく別に新聞を起すことになって、明教社《めいきようしや》の宏虎堂《こうこどう》と組み合う約束ができて、元の絵入自由新聞をそのままで継承して［実際は吸収合併］、萬朝報と改題し、黒岩一流の筆を揮って、論説も書けば小説も書く、その奮闘はじつに目覚ましかったが、どうしても都新聞には及ばず、萬朝報の社運ははなはだ振るわなかった。ちょうど、このときに錦織に逢ったので、黒岩はこれを材料に使って社運の挽回を謀った。黒岩の筆を以て相馬事件を書くのであるから、錦織は古今稀なる忠臣ということになって、その義捐金《ぎえんきん》が盛んに集まってくる。それらの事務まで萬朝報社で取り扱うことにし、しきりに軽佻な江戸ッ子を煽り立てたので、萬朝報の評判はにわかによくなって、読者の範囲も日を逐うて拡がってゆく。かくて相馬事件はようやく世間の耳目を引くほどに大きいものになった。事件屋の宮地は、その智慧袋を逆さにして、さかんに活動した。果ては告訴状という名義で、要路の大官が相馬家から収賄しているということを大々的に発表した。人名も金額も明白に書いて出したのだから誰れも疑うようになった。しかして相馬家の役員に対しては、不法監禁財産横領の訴えを起してきた。相馬家はこれに対して、誣告《ぶこく》の反訴を起すことになったが、その代理を引き受ける弁護士がない。錦織のほうには角田真平《つのだしんぺい》、岡野寛《おかのかん》、青木《あおき》八重八《やえはち》をはじめ、とにかく、有名な弁護士がついているのだから、相馬家としてはまた相当の人を選ぶ必要がある。けれども知名の弁護士ではそれに応ずるものがなかった。弁護士もやはり人気商売であるから、評判のよい錦織を相手に法廷で争うのが厭だというて、事件を引き受けない。名の知れない弁護士ならいくらでもあるが、それは相馬家でも欲しない。福島の国事犯で知られた愛沢寧堅《あいざわやすかた》という人が、自由党の代議士であった。相馬家の旧臣であった関係から愛沢に頼みこむと、愛沢はこれを星亨の事務所へもちこんだ。星は衆議院議長をやっていて、弁護事務はほとんど休んでいたときで、その依頼を断わったが、愛沢は、

「先生が引き受けてくださらねば、もうほかに頼む人がないのですから、ぜひお願いをいたしたい。なにぶんにも錦織の評判がよいところから、名ある弁護士は、すべて避けているようすで、この難件を依頼する人は先生のほかにないときめてきたのですから、せめて名義だけでも貸していただきたい」

これを聞いた、星は、

「いやしくも弁護士が正当の理由なく、世間の人気を憚かって事件を受けないというのははなはだ怪しからん、そういうしだいなら引き受けてやろう。ただし、わが輩は非常に多忙であるから、法廷には門人を立たせるかもしれぬ。それさえ承知ならよろしい」――というた。

愛沢はそれにも満足の旨を答え、それからいっさいの書類を差し出した。星は、すっかり調べた上、錦織を誣告として訴えた。そのときにこの訴状を書いたのは、門人の斎藤二郎《さいとうじろう》であった。のちに宮城県の代議士になって死んだが、斎藤が人に知られたのはこの事件からである。

星が、相馬家の代理人になったというので、反対党の新聞は、さかんに攻撃をばはじめた。一般の人気も、星は弱い者虐めをするというてはなはだ悪かったのみならず。なかには錦織のような忠臣を訴えるとは怪しからぬとあって、脅迫状を送り、石を邸内へ投げこむものなぞがあった。けれども裁判所はこの訴状を受理し、錦織を誣告の犯人として取り調べをすることになった。

この前後において、誠胤はついに病死した。錦織はこれに故障をつけ、毒殺であると主張して告訴の手続きを履んだ。

哀れ死したる誠胤は、裁判医の解剖を受けることになった。解剖の結果は毒殺でないということになり、それがために誣告の審理は急に進展して、錦織はいうまでもなく、後藤［新平］も同時に被告人として入獄させることになった。

予審は両人ともに有罪と決定されて、ついに公判へ廻された。多数の弁護人もついて、公判は長引いたがけっきょく五年の重禁錮に処せられた。

検事の論告によれば「錦織はまったく虚偽のことをいい触らして、俗人を欺き、世間を騒がしているが、相馬家には錦織のいうごときことは断じてない。誠胤は真に病死であり、相馬家では親戚立ち会いの上、万事を処理し、誠胤を冷遇しているとか、財産に手をかけんとしているものがあるというようなことはさらにないのである。これに反して錦織のために欺かれ、すでに産を破ったものもあり、貞操を汚された婦人もある。じつに錦織のごときは、憎むべき詐欺師であるがゆえに、なるべく厳刑に処するを至当とするが、重禁錮の極度は五年をもっとも重しとしてあるから、やむをえず錦織には五年の刑を加えるようにいたしたい」というのであって、その論告は辛辣をきわめた。これによって裁判長は、五年の刑を言い渡し、後藤は無罪の言い渡しをうけて青天白日の身となった。

相馬事件の結末はそれでついたが、星に対する非難は容易にやまなかった。錦織は昨年末に死んで、後藤は東京市長になっている。関係のあったものは大半はこの世を逝《さ》って、はなはだ寂しい感じがする。

井上馨と藤田組の疑獄

明治五年に尾去沢《おさりざわ》［鉱山］事件が起って、井上の疳癪玉はブリブリしていた。そのときに財政上の問題が湧いて出て、井上はそれがために大蔵大輔を辞することになった。

大蔵卿の大久保利通が、洋行から帰ってきて、内治の上に大改革を施す考えを以て、財政の組み立てを一変することになった。井上にまずその意見を糺《ただ》すと、井上はかねての消極主義で、日本の財政はいままさに危険の絶頂にあるという意見を書いて出した。つまり内治改革に反対したのである。大久保はさらに同省の事務総裁をやっている大隈重信の意見を求めた。これは井上と違って、どこまでも積極主義の人とて、まったく正反対の意見を書いて出した。

両者の意見を折衷して、大久保はいよいよ内治の改革に着手しかけた。井上は自分の意見のおこなわれざるを憤って、一篇の財政意見書とともに、辞表を差し出してついに民間へ下ってきた。渋沢栄一と益田孝《ますだたかし》〔鈍翁《どんのう》〕は同時に辞職して井上に尾《つ》いてきた。表面は堂々たる財政論で辞職したことになっているが、じつは尾去沢事件で役人に厭気がさしていて、この機会を捉えたにすぎぬ。このときから井上は政治生活を離れて、実業界に入るべく大阪へ乗り出してきた。

先収会社〔三井物産の前身〕たるものを起して、官庁の請け負いと海外貿易をはじめた。大阪鎮台の請け負いが主なる目的であった。井上が社長で、重役には藤田伝三郎《ふじたでんざぶろう》、富永冬《とみながふゆ》樹《き》、吉富簡一《よしとみかんいち》、木村正幹《きむらまさもと》の四人が当り、さかんに商売をはじめたが、なにしろ井上の会社というのであるから、官庁のほうは充分に引ッ掻き廻すことができた。

そのうちに、明治八年になると、局面が回転して、井上はまた政府にはいる事になった。七年の征韓論に反対して、木戸孝允が辞職して、長州派は政府部内の中心人物を失なった。これに反して、薩派は大久保を中心として、その勢力はますます振るうばかりであった、ここにおいて、長州派の人びとは必死となって、木戸の再起を促がした。その説客《ぜいかく》を引き受けたのが、伊藤と井上であった。木戸も、ついにこの二人に動かされて、政府へ復帰することになった。

西郷が去って大久保の勢力は振るい、木戸の去るに及んで、大久保の勢力は政府を圧するのありさまであった。けれども、大久保はなんとなく寂寥《せきりよう》を感じていた。ことに西郷の一派が恐い眼をして睨んでいる。大久保の立場はじつに至難《むずか》しいことになっていた。伊藤が説いて木戸の復帰に大久保を同意させたのも、つまりは大久保の孤立につけこんだのである。大阪の中之島、いまの日本銀行支店のあるところが、五代友厚《ごだいともあつ》の邸宅であった。そこへ大久保と木戸がやってきて、会見した結果、木戸の要求を容れて木戸はふたたび内閣へ入ることになった。同時に木戸の意見で、板垣退助を誘い出した。板垣も国会開設を条件として、入閣することになった。世間からはこれを大阪会議と称して、なかなかに評判の高いものであった。その周旋役であった井上は、伊藤に説きつけられて、これも政府へ帰ることにきまった。木戸の要求条件のひとつたる元老院が設けられたら、その議官としてはいることの約束ができた。その結果、井上は先収会社から離れねばならぬので、これを解散して「その一部は」藤田伝三郎に譲り、名称は藤田組と改め、その実際はやはり井上の監督を受けることになっていた。

元老院が成立して、井上は議官になった。まもなく洋行の命が下ったので、藤田組の全権は伝三郎の手に移った。人間の運はどこに引っかかってくるかわからぬ。井上の手から離れて藤田組が伝三郎の専有になると、明治十年の西南戦争が起って、藤田組は人知れぬ金儲けをした。官軍の山縣有朋をはじめ、長州派の軍人政治家は、藤田の邸宅に起臥していた。大阪府知事渡辺昇《わたなべのぼり》は、ほとんど藤田の執事に等しきものであった。軍機も政機も藤田はすべてこれを知るの便宜を得ていたので、それを利用して非常な金儲けをやった。大阪における藤田組の基礎は、このときにいっさい築かれたのである。

戦争が終ると大阪を中心にして、関西九州の方面へかけて、二円の贋札《がんさつ》がさかんにおこなわれていることを発見した。この疑いの焦点は藤田組へ集まった。ただひととおりの戦事請負で、あれほど大きくなるはずはない。どうせ贋札でもつくらねばというのであった。大警視の川路利良《かわじとしよし》が、陛下に扈従《こじゅう》して京都へ来ていた。造幣局の役人から贋札のことを聞いて、私《ひそ》かに取り調べをはじめた。どうも藤田組が怪しい、世間の風説ばかりでなく、そこになんとなく、疑えば疑える点もあって、川路はいろいろ証拠を集めて東京へ帰ってきた。

贋札の証拠は充分でなくとも、当路《とうろ》の大官と結んで、政府の仕事を請け負うた事実はたくさんに証拠もあって、さらに疑う余地がない。そのうちに民間の論客が、だいぶやかましくいうようになってきた。川路もいまは聞き流しにならず、中警視の安藤則命《あんどうのりみち》に、その取り調べをさせることになった。安藤は大警部の佐藤志郎《さとうしろう》に命じて、大阪へ急行させた。敏腕の探偵は、同時に変装して大阪へ下った。

警視庁の機密費に限りあって、思うようの活動ができないので、これを大蔵卿の大隈に謀ると、大隈は承諾してひそかに三万円を廻して出した。

元、藤田組の支配人であった木村真三郎《きむらしんざぶろう》を買収して、藤田組の秘密を捉えた。木村は不平があって辞職したのであるから、無遠慮に藤田組の秘密を語った。木村の証言のうちに、贋札にふれた点もあり、かたがた引っ捉えて厳重に取り調べたら、証拠も挙るに違いない。それが間違ったところで、大官と謀って政府の請け負いをした不正事は、充分に証拠もあって明白なのであるからとにかく、伝三郎を捕縛しろとなって、別府《べっぷ》［景通《かげみち》］権少警視が多くの巡査を率いて、大阪へ乗りこむことになった。大阪の巡査はもちろん、すべて大阪のものは使用せぬ方針であっただけ、この捕物は至難であった。

明治十二年九月十五日、高麗橋《こうらいばし》通りの藤田組へ、天明《てんめい》にふみこんで、伝三郎を捕縛した。同時に、新山陽次《にいやまようじ》、藤田鹿之助《ふじたしかのすけ》、中野梧一《なかのごいち》らを捕えると同時に、泉州堺へ送り、いちおうの訊問がすむと、すぐ東京へ押送《おうそう》した。じつに迅雷疾風のごとき勢いで、何人《なんぴと》もほとんど知らぬ間にことは運ばれてしまった。

藤田らが警視庁へ送られてからは、ずいぶんひどい目に逢ったということだ。中野は山口県令まで勤めた男で、井上の片腕ともいうべき立派な人であったが、藤田組の顧問であったためにこの渦中のひとりとして捕えられたのである。

　井上の憤怒、山縣の驚愕、長州派の藤田と深縁あるものは、みな戦々兢々の状であった。独り伊藤だけは悠々として少しも驚かなかった。伊藤は藤田を同国人として、懇意には交際しても、その事業には関係なく、金銭の交渉もないから他のものと違って平気であった。

　突如、川路に洋行の命が降《くだ》った。警察制度取り調べのため、ドイツへ留学を命ずるとのことであった。あとに残った安藤は、管轄外の大阪へ、上司の許可を得ず、みだりに手入れをしたのは怪しからぬ所為《しょい》であるとの点で、職を免ぜられ、その他の係官もすべて変った。藤田らは証拠不充分で放免の申し渡しをうけ、木村は偽証罪に問われて懲役に処せられた。

　贋札は、神奈川県高座《こうざ》郡の医者、熊坂長庵《くまさかちょうあん》というもの［正しくは愛甲郡の教育者、絵師］の所為であるとなって、終身懲役になったが、その後、熊坂の身はどうなったか知るものはない［北海道の樺戸《かばと》集治監《しゅうちかん》に収監されたのち、獄死］。大山鳴動して鼠一疋とはこういう場合をいうのであろう。

　けれども、藤田組に対する疑惑は、永久に解けるときはない。事件の内容には、多くの疑いが残されてある。

　中野は放免されて大阪へ帰ると、自殺してしまった。なんのための自殺か、それを知るものなく、いまに至るも疑いの死となっている。

　川路が洋行帰りの途中、病を得て急死したというのも、すこぶる疑いの雲に蔽われている。

解説

伊藤痴遊『明治裏面史』の世界

奈良岡聰智

本書は、明治期から昭和初期にかけて講釈師・政治家として活躍した伊藤痴遊《いとうちゆう》（仁太郎《にたろう》、一八六七〜一九三八年）の著書『隠れたる事実　明治裏面史　続編』（星文館、一九二三年）を文庫化したものである。同書は『隠れたる事実　明治裏面史』（星文館、一九一六年、講談社文芸文庫、二〇一八年、以下正編と表記）の続編にあたる。正編が江戸幕府の崩壊から萩の乱、神風連の乱など不平士族の反乱がおこった明治九（一八七六）年頃までを扱っているのに対して、明治十（一八七七）年の西南戦争以降の歴史を描き出している。痴遊がこれらを著した意図は、維新前後から明治にかけての歴史を「人物本位」に、「言文一致」のスタイルで書くことにあった（「自序」『隠れたる事実　明治裏面史』）。一読すれば分かる通り、本書の叙述はきわめて分かりやすい。痴遊は自らの見聞に裏打ちされた「政治講談」の創始者であり、同書の分かりやすさ、面白さには彼の類まれな講釈師としての力量が遺憾なく反映されている。両著を通読することで、読者は痴遊のユニークな視点から明治史を追体験することができる。

伊藤痴遊とは何者か

痴遊は、慶応三年二月（一八六七年三月）に横浜で生まれた（以下、痴遊の経歴については、「半生の回顧」『伊藤痴遊全集　続第一二巻』平凡社、一九三二年、「伊藤仁太郎年譜」『痴遊雑誌』第四巻第一一号、一九三八年十一月に主に依拠）。父親は越前国（福井県）出身の井上八之助で、薬種商をしていた。痴遊の本名は井上仁太郎といったが、長じて父親の本家の名字である伊藤を使用するようになった。痴遊は横浜で小学校を卒《お》えた後、学校へは通わずほとんど独学で通し、明治十四（一八八一）年に弱冠十四歳で創立されたばかりの自由党に入党した。翌年から星亨《ほしとおる》に師事した彼は、関東や愛知県で遊説を行うなど、自由民権運動に従事した。この間、加波山事件、静岡事件、秘密出版事件などに関係し、検束されたり、軽禁錮などの刑を受けたりした。

明治二十（一八八七）年、痴遊は政治活動の一環として講談を開始した。きっかけは、政府の言論圧迫があまりに激しく、政治演説を行うのが難しいため、講談によって政治知識を人びとに吹き込むようにしてはどうかという板垣退助《いたがきたいすけ》の示唆にあった。当時自由党では、植《う》木枝盛《えもり》、栗原亮一《くりはらりよういち》、龍野周一郎《たつのしゆういちろう》（いずれものち衆議院議員）など多くの者がこれに従って講談を始めたが、痴遊の熱心さは突出しており、寄席をまわって噺家から話術を学び、やがて正式に遊芸稼人《ゆうげいかせぎにん》（芸人）の鑑札を受けて「双木舎《なみきや》痴遊」の名で講釈師として活動を開始した。以後痴遊は、政治史と人物論を中心に庶民的・啓蒙的講談を行うことを自己の生活の糧《かて》とした。痴遊と親交のあった作家の村松梢風《むらまつしょうふう》が、明治以後の「話術の世界」で「名人」と言えるのは、落語家の三遊亭圓朝《さんゆうていえんちょう》と痴遊の二人だと述べているように、明治期から昭和初期にかけて痴遊は最も高名な講釈師の一人であった（村松梢風「名人痴遊を憶ふ」『東京朝日新聞』一九三八年九月二十七日）。大正政変時に対立する立場となった原敬《はらたかし》も、痴遊の幕末の井上馨《いのうえかおる》についての講談を聞いた際、「多少事実の相違もあ」るが、「仲々興味あるを覚えたり」と日記に書き残しており（原奎一郎編『原敬日記』第三巻、福村出版、一九六五年、一九一〇年三月三十日の項）、その腕前に一目置いていたようである。

痴遊の講談は、西郷隆盛《さいごうたかもり》・大久保利通《おおくぼとしみち》・木戸孝允《きどたかよし》など幕末維新期の偉人伝、陸奥宗光《むつむねみつ》・星亭・東郷平八郎《とうごうへいはちろう》など同時代の政官財界の大物を素材にした人物論、自らの見聞を交えた政界内幕物などに大別される。彼の講談は講釈場で人気を博したのみならず、講談の速記本が多数出版されたため、非常に伝播力があった。大正十四（一九二五）年以降は黎明期のラジオに進出し、東京放送局（ＪＯＡＫ）、大阪放送局（ＪＯＢＫ）で多くの番組を担当したこと、昭和初期に『伊藤痴遊全集』（平凡社、一九二九～三一年）正続三十巻が刊行されていることも、彼の実力と人気を裏づける。端的に言えば、痴遊は、明治期から昭和初期にかけて講談や初期のラジオ放送における「人気タレント」の一人であった（二村一夫『労働は神聖なり、結合は勢力なり――高野房太郎とその時代』岩波書店、二〇〇八年）。

このように芸能活動に勤しむ一方で、痴遊は政治活動も継続した。明治四十四（一九一一）年には東京府会議員、大正三（一九一四）年には浅草区会議員・東京市会議員に選出されている。この間所属政党は自由党系政党（自由党・憲政党・立憲政友会［以後、政友会と略記］）で一貫していたが、大正政変後に政友会が山本権兵衛《やまもとごんべえ》内閣の与党になると、これを批判して脱党し、立憲国民党に加入した。以後同党およびその後進の革新倶楽部に所属した後、大正十四（一九二五）年に政友会・革新倶楽部が合同したのに伴い、政友会に復帰した。昭和三（一九二八）年には、挑戦五回目にして衆議院議員に初当選した（選挙区は日本橋区・京橋区・浅草区にまたがる東京第三区、『東京朝日新聞』一九二八年二月二十二日）。その後昭和五（一九三〇）年の総選挙では苦杯をなめたものの、昭和七（一九三二）年の総選挙では再び議員に返り咲いた。このように痴遊は、総じて自由党・政友会系（の傍流ないし左派）の政治家として活動したと言える。

晩年痴遊は、月刊誌『痴遊雑誌』を創刊した。痴遊の素志は「話術研究」にあり、当初雑誌名も『話術』を予定していたが、安倍季雄《あべすえお》（童話作家）らの意見により『痴遊雑誌』になったという（伊藤痴遊「編輯後記」『痴遊雑誌』第一巻第一号、一九三五年五月）。発行主体が「話術倶楽部」となっていることから分かるように、痴遊の話術に関する論考が掲載され、講釈師や噺家が寄稿するなど、同誌は当時も今も珍しい話術研究の雑誌として機能した。他方で同誌には、著述家（小松緑《こまつみどり》、長谷川伸《はせがわしん》、蜷川新《にながわあらた》、鷲尾義直《わしおよしなお》、前田蓮山《まえだれんざん》など）、（元）政治家（尾崎行雄《おざきゆきお》、小泉三申《こいずみさんしん》、小久保喜七《こくぼきしち》、津崎尚武《つざきなおたけ》、大口喜六《おおぐちきろく》など）、元外交官（中《なか》田《た》敬義《たかのり》）などが毎号幕末維新期以降の政治に関する記事を寄稿し、同誌の誌面は歴史雑誌のような様相も呈した。執筆メンバーや各記事の内容からは、痴遊の交遊歴や創作活動の背景も窺い知ることができる。同誌は彼の没後、第四巻第一一号（一九三八年十一月発行）を「伊藤痴遊追悼号」として終刊した。同号には右記の執筆者をはじめとする多数の知友が寄稿すると共に、痴遊の主要経歴や出演番組を記載した「伊藤仁太郎年譜」が掲載された。これは、不完全なものではあるものの、現在のところ痴遊の活動に関する最もよくまとまった基礎資料となっている。

本書の構成と叙述の特徴

痴遊が版元の星文館から本書の執筆を依頼されたのは、大正十一（一九二二）年四月のことであった。彼は快諾したが、六月の東京市会議員選挙、その後の満韓視察、米国視察と多忙が続き、原稿は渡米の船中で仕上げることになり、校正も編集者に一任された（本書「序文に代えて」）。ちなみにこの時の米国視察については、「あめりか物語」『伊藤痴遊全集　続第一二巻』に詳しい）。そのためであろう、本書は形式面での不体裁が目立つ。すなわち、本書は「西郷隆盛の挙兵と最期」以下十五の見出しに分けられているが、そのうち十一番目の「自由党の国事犯」、十二番目の「特殊の国事犯」、十五番目の「明治疑獄物語」については、さらにそれぞれ七、一、十一の小見出しが付けられている。各見出し・小見出しのページ数はバラバラで、全体構造は一見かなり分かりにくいが、内容・分量を勘案すると、本書は以下の五部構成になっていると見ると理解しやすいように思われる。

第一部　西南戦争：「西郷隆盛の挙兵と最期」から「三菱会社の勃興」まで
第二部　自由民権運動：「国会開設の請願運動」から「朝鮮事件の内秘」まで
第三部　政府の自由党に対する弾圧：「自由党の国事犯」と「特殊の国事犯」
第四部　日清・日露戦争：「日清戦争の表裏」と「日露戦争の顚末」
第五部　疑獄事件：「明治疑獄物語」

以下では、各部の主な内容と叙述・解釈の特徴について概観していく。第一部では、西南戦争期の政治を、西郷隆盛・大久保利通・木戸孝允という「維新の三傑」を中心に考察している。痴遊はこの三者の中で、特に西郷に強い関心と共感を抱いており、既に明治四十三（一九一〇）年に大著『西郷南洲』正編・続編（東亜堂書房）を刊行していた。痴遊は同書を史論として位置づけており、その凡例で「本書は、些か維新史を研究する人の為めに資する所あるを信じて疑はず、世間有触れたる講談本として読まれることは御免蒙る」と述べている。実際第一部では、根拠不明な会話を含んだ講談調の文章はきわめて少ない（本書四八～四九頁、八七～八八頁ぐらい。以下、頁数は本書のもの）。また、西南戦争当時痴遊はまだ十歳で、自ら直接見聞したことは基本的になかったため、純粋な史論として書かれている部分が多いのがこの部の特徴となっている。

明治期以来西郷の評伝は膨大な数が出版されているが、西郷を高く評価するあまり、大久保を批判的に描いているものが少なくない。しかし痴遊は、大久保の政治指導力も高く評価し、木戸についても府県会の設置を彼の提案によるものとする（三三頁、一六四頁、三三六頁）など、その力量を評価していた。それと同時に、薩長史観からも距離を取り、佐幕は一概に「悪い」と断ずることができないとして「勤皇佐幕」の立場への理解を示している（七五頁）。また、自由党時代に対立する立場であったにもかかわらず、西南戦争期の大隈重信《おおくましげのぶ》大蔵卿や同戦争で成長した三菱についても客観的に記述し、不公平な批判は行っていない（「三菱会社の勃興」など）。全体として第一部の記述は、西南戦争期の政治の優れた概説になっているとまとめることができる。

これに対して第二部は、自由民権運動期の政治を客観的に叙述しつつも、当時自らが直接経験・見聞したことをふんだんに盛り込んだ、いわば回顧談を交えた史論といった趣となっている。西南戦争後の国会開設運動の隆盛から説き起こされ、明治十四年の政変、自由党・

立憲改進党の創立、甲申事変などが説明されており、この部でも講談調の文章はあまり見られない（一五八〜一六〇頁くらい）。

早熟だった痴遊は、この時期十代で自由党の闘士として活動を開始しており、民権運動側の動きには通じていたが、政界中枢の状況を自ら直接知る術《すべ》はなかったはずである。そのため、明治十四年の政変に関して、北海道開拓使官有物払い下げ事件をめぐる新聞の動向を詳しく説明する一方で、憲法構想をめぐる参議間の対立についての叙述はやや精彩を欠くなど、記述にかなり精粗がある。もっとも、自らの経験を踏まえた記述は痴遊ならではと言え、板垣退助、大井憲太郎《おおいけんたろう》、尾崎行雄、犬養毅《いぬかいつよし》、原敬のエピソード紹介や人物評は大変貴重である。とりわけ、痴遊が師事した星亨についての記述は、間近《まぢか》で接した経験に基づいているだけに信頼性が高いと思われる（なお痴遊は、帝国議会開設以前の星の政治活動を描いた評伝『巨人星亨』［東亜堂書房、一九一三年］を既に刊行しており、本書の叙述は基本的に同書と同様である）。この他、国会開設運動を普通選挙運動と同じものであると説明する一方（一〇〇頁）、監獄の状況や演説の仕方は当時と今（出版当時）では全く異なるとするなど（一〇三〜一〇四頁、一二一〜一二四頁）、明治期と大正期の政治文化の比較も興味深い。

第三部は、明治十年代半ば以降自由民権運動が激化する一方で、政府の自由党に対する弾圧が厳しくなっていた様子を、当時自由党に在籍し、弾圧を受けた側の視点から描いている。いわゆる「激化事件」が発生した背景や三島通庸《みしまみちつね》など地方官吏の動向についても説明されてはいるが、痴遊はいくつかの事件に関係し、入獄した経験を持つ当事者であり、この部の記述の多くは、客観的な史論というよりは当事者的視点に基づく回顧といった趣になっている。その意味で、この部の叙述は他の部とはやや性格を異にすると言える。

端的に言えば、この部のみ中央政界で影響力を持った政治家への言及が少なく、登場人物に「小物」が多い。例を挙げると、痴遊が「政談演説の開祖」と評する栃木県の民権運動家・荒川高俊《あらかわたかとし》、高田事件で刑死した赤井景韶《あかいかげあき》、静岡事件に連座し、獄死した湊省太郎《みなとしょうたろう》、名古屋事件で無期徒刑に処せられ、のちに大逆事件で刑死した奥宮健之《おくのみやけんし》など、「激化事件」に関係した闘士たちのエピソードが多数綴られている。痴遊は「福島事件」の項で「いまから当時を追懐するとまるで夢のようなものである」と記しているが（一七三頁）、全体としてこの部は、亡き同志への万感の思いを込めて書かれたと見ることができる。講談調の叙述が他の部に比べて比較的多いのも、そのためかもしれない（一八〇～一八五頁、一九五～二〇四頁、二〇九～二一〇頁）。ちなみに痴遊は、第二部・第三部に記した内容を、のちに「半生の回顧」（『伊藤痴遊全集　続第一一巻』）でより詳細に説明している。

第四部は、日清・日露戦争期の政治を考察している。この部の叙述の仕方は第二部に近く、自らの回顧談を交えつつ、政治状況を史論的に叙述した内容となっている。この時期痴遊は壮年に達し、政治活動を続けていたものの（明治二十三年以降、何度か政変に関係して検挙され、明治三十七年には衆議院議員選挙に立候補して落選している）、まだ議員ではなく、中央政界との関係は限定的であった。そのため、政界中枢に関する記述の多くは、第三部までと同様新聞報道や自由党関係者の間に伝わった噂話に基づいていたと思われる。講談調の叙述は、第二部と比べて多くなっている（二八二～二八三頁、二八九～二九〇頁、三〇一～三〇二頁、三〇九～三一一頁、三一五～三一八頁）。

この部の叙述には、陸奥宗光外相の外交指導や当時の外務省幹部の陣容についての説明など、的確だと感じられるものが多い一方で、清国のお雇い外国人デットリングを米国人と誤記し（実際はドイツ人、二八二頁）、日清戦争の賠償金が明治天皇の意向によって二億両から一億両に減額されたとするなど（実際の賠償金額は二億両。下関講和会議の第五回会談で日本側が賠償金額を三億両から二億両に減額する譲歩案を示しているが、明治天皇の意向は不明。三〇二頁）、明らかな間違いもある。日清講和に際して李鴻章《りこうしょう》があえて「国際法のなんたるかさえ少しも知らぬような顔をし」たという解釈（二八五頁）なども、斬新で大変面白いが、根拠が示されているわけではなく、鵜呑みにはできない。他方で、李鴻章を襲った小山豊太郎《こやまとよたろう》が自分のところの書生だったため、痴遊が大迷惑を被った（二九一頁）、日露戦争前に河野広中《こうのひろなか》が川上操六《かわかみそうろく》参謀総長との懇談を経て軍拡賛成に転じた（三一一～三一二頁）、対外硬派のリーダーの一人であった神鞭友常《こうむちともつね》は「国士の典型」で「まったく立派な人物」であった（三一四頁）など、当事者ならではの記述や解釈も多数ちりばめられている。

第五部は、明治期（一部は大正初期）の政治疑獄事件について考察している。痴遊はこのテーマに強い関心を持っており、『隠れたる事実 明治裏面史』正編でも山城屋和助事件や尾去沢銅山事件について詳細に分析しているが、本書でも東京府市疑獄事件、日糖疑獄事件などについて立ち入って検討している。いずれの事件も当時政界を揺るがし、裁判の様子などが新聞で詳しく報じられたものである。痴遊は各事件についての基本的事実を説明しているが、記述の重点は明らかにそれを超えて、個人的に知り得た情報をもとにした事件の深層の考察にある。特に星亨に関連する部分は、『巨人星亨』にも記していない貴重な証言を含んでいる。

多くの疑惑を受け、最終的には暗殺されるに至った星であるが、痴遊は星が潔白であったと強く主張している（三四五〜三四六頁）。星批判が盛り上がる中、『中央新聞』の大岡育造《おおおかいくぞう》、『東京毎日新聞』の石川半山《いしかわはんざん》、『二六新報』の秋山定輔《あきやまていすけ》らジャーナリスト、星の門人である弁護士横田千之助《よこたせんのすけ》（のち衆議院議員）らがどう動いたかが詳述されており、星暗殺の経緯を考える上で興味深い事実が多数紹介されている。また、柏田盛文《かしわだもりふみ》（新潟県知事時代に教科書疑獄事件にかかわり、無罪を勝ち取るも失脚）、阿部浩《あべひろし》（教科書疑獄事件で無罪となったが、のち東京府知事時代に東京市疑獄事件で有罪となり失脚）など、疑獄事件の当事者となった政治家・官僚の人物像についても立ち入った考察が行われている。シーメンス事件については、やや穿った見方（山縣系と同志会系が事件を煽ったとする）を提示しつつ、事件の真相には迫り切れていない感があるが、この部は政界の事情通でなければ知り得ない記述に満ちている。大浦事件については、大浦兼武《おおうらかねたけ》内相、尾崎行雄法相の言動について掘り下げた分析を行っている（痴遊の尾崎に対する評価はかなり辛辣で、三九七頁には、かつて軍拡を主張していた尾崎が第一次世界大戦後に軍縮論に転じたことを揶揄し、その「千変万化」を皮肉る記述もある）。各疑獄事件の真相は、史料的制約からいまだ不明なものが多いため、本書の記述はきわめて価値が高いと言える。なお、この部には会話が少なからず引用されているが、講談調の叙述はごく少ない。

このように本書は、仔細に見れば史論、回顧談、講談など多様な要素が組み合わされている。記述の密度や信頼性にもかなり濃淡があり、本書で書かれていることが事実かどうかを慎重に見極める必要がある点には注意を要する。しかし、本書の最大の魅力は、数々の政治経験と高座で鍛えられた痴遊の語り口そのものにあり、圧倒的な分かりやすさと面白さを楽しむのが本書の正しい読み方であるようにも思われる。実際本書は、大正末期から昭和初期にかけて多くの読者を獲得した模様である。国立国会図書館に残っている蔵書を見ると、本書は大正十三（一九二四）年に成光館出版部から再刊された（この文庫版の底本）後、少なくとも十四版まで版を重ね、その後昭和十四（一九三九）年にも大同出版社から再刊されている（正編は、戦後も昭和四十九［一九七四］年に中央出版社、平成二十五［二〇一三］年に国書刊行会、平成三十［二〇一八］年に講談社からも再刊されている。続編の再刊は今回が戦後初めてとなる）。

明治史研究史上における位置づけ

今日伊藤痴遊の名は、一般ではほとんど忘れ去られている。学界の状況も同様で、管見の限り、痴遊の評伝は一冊も刊行されておらず、痴遊を主題とした専論（学術論文）も皆無である。戦前屈指の講釈師にしては、現状は寂しい限りである。本稿で見てきたとおり、痴遊は多数の著作を残しており、その中には貴重な証言を含んでいるもの、史料的価値を持つものも少なくない。また、講釈師・政治家という肩書で長年活動した人物は痴遊を除いてはなく、その意味で唯一無二の存在だと言える。こうした痴遊の独自性を的確に表現した文章として、晩年に至るまで痴遊と親交を結んだ小泉三申（衆議院議員、著述家）の評言を紹介しておこう（小泉三申「小生の思ひ出」『痴遊雑誌』第一巻第五号、一九三五年九月。句読点を若干あらためた）。

勿論、老兄（痴遊のこと）は、講談を以て政治に代へたのではなく、政治家たるを本領とし、講談師たるを余技とする所以は、よくわかつてゐるが、さてその余技がうま過ぎる。過ぎたるは猶及ばざるがごとし、余技の過ぎたる所が、本領の及ばざる所となつて、議会に本領を発揮する機会が、後進の小生よりずつと後れた因であることに、小生の不満がある。

代議士としての伊藤仁太郎よりは、講談の名人たる痴遊の方が、寧ろ意義ある存在だとする見解もあると思ふ。いかにも老兄の講談は、古今無類の至芸である。痴遊の前に痴遊無く、痴遊の後に痴遊無し。この定論には、小生も亦固より同感にして、その入神の至芸を聞きたいことは言ふに及ばず。（中略）願くは久しぶりで本ものの痴遊講談を拝聴したい、同時に家族にも友人にも楽しみを分ちたいと万望するが、小生本来の素願は、議会の演壇に立ち、右の手の平を下に向け、あたりに並み居る有象無象のあたまを撫でまわ《ママ》して、小泉少年の血を沸かした丸竹（小泉が若い頃痴遊の政談演説を聴いた寄席の名前）伝来の意気に燃ゆる、自由党の志士、伊藤仁太郎君の政論を聴きたいことである。

小泉が評するように、痴遊の世界は政治、芸能にまたがり、両者は分かちがたく結びついていた。それのみならず、痴遊の講談や著作物は、ジャーナリズム、歴史研究の世界にも広がっており、その生涯自体が興味深い研究対象たり得るように思われる。

最後に少々視野を拡げて、痴遊の著作の明治史研究史上における位置づけについて考えてみたい。明治末期から昭和初期にかけて、行政府、立法府では、文部省維新史料編纂会（明治四十四［一九一一］年設置）、宮内省臨時編修局（のち臨時帝室編修局に改称、大正三［一九一四］年設置）、憲政史編纂会（衆議院内に昭和十二［一九三七］年設置）、貴族院五十年史編纂掛（昭和十三〔一九三八〕年設置）などにおいて明治史の調査・研究や歴史書編纂事業が進められた。これらの事業が果たした役割はきわめて大きいが、その成果ですぐに公表されたものが少なかったため、社会への影響力は限定的であった。

これに対して、一般における明治史のイメージ形成においては、むしろ在野の歴史家の方がより大きな役割を果たしていた。学問的手法に則《のっと》って組織的に調査・研究を進めた団体としては、大正十三（一九二四）年に吉野作造《よしのさくぞう》（元東京帝国大学教授）によって組織された明治文化研究会を挙げることができる。個人で膨大な著作を発表した歴史家としては、徳富蘇峰《とくとみそほう》、三宅雪嶺《みやけせつれい》、山路愛山《やまじあいざん》、白柳秀湖《しらやなぎしゅうこ》、竹越三叉《たけこしさんさ》などが挙げられる。彼らの活動した時代は痴遊と重なり、西郷隆盛、岩崎弥太郎《いわさきやたろう》など、彼らが共通して取り上げた人物も少なくない。彼らの著作を比較検討することで、大正・昭和戦前期に明治史の通説的イメージがいかにして形成されていったのかを深く理解することが可能になると思われる。本書の刊行が、今後痴遊研究や明治史学史研究の呼び水となることを期待したい。

本書は、『続 隠れたる事実 明治裏面史』（大正十三［一九二四］年六月、成光館出版部刊）を底本とし、講談社文芸文庫版として大幅に再編集したものです（なお、底本は国立国会図書館デジタルコレクション https://dl.ndl.go.jp/ja/pid/1899876/1/1 で閲覧できます）。

再編集にあたり、以下の方針で臨みました。

・引用文以外の本文を現代かなづかいに改めた。

・常用漢字以外の漢字も使用し、音訓表以外の音訓も使用した。

・極端な宛て字と思われるもの及び代名詞、副詞、接続詞、また補助動詞や形式名詞等のうち、かなにしても原文を損うおそれが少ないと思われるものは、講談社の規準を準用して、全面的にかなにひらいた。また、それ以外も読みやすさを考慮して適宜ひらいた。送りがなについても講談社の規準を適宜準用して統一した。

・句読点を文意にしたがって適宜変更し、補ったり削ったりした箇所がある。

・底本は総ルビであるが、難読、あるいは創意あるルビのみ残した。

・本文中明らかな誤植と思われる箇所、人名や書名、地誌や日時、引用について明らかな事実誤認等があると考えられる箇所についてはこれを適宜正した。底本では人名に有職読みのルビ（例・徳川慶喜《けいき》）を付している場合があるが、それは採らなかった。

・本文中に適宜、編集部で説明を補足した。おぎなった説明的箇所は［　］で示した。

なお、底本にある表現で、今日の人権意識に照らして不適切と思われる職業や身分についての表現、女性観、対外認識において差別的な記述がありますが、作品の語られた時代背景、著者が故人であることなどを考慮し、底本のままとした箇所があります。よろしくご理解のほどお願いいたします。

Kodansha Bungei bunko

続《ぞく》 隠《かく》れたる事実《じじつ》 明治《めいじ》裏面史《りめんし》
伊藤痴遊《いとうちゆう》

2023年8月10日第1刷発行

発行者……高橋明男
発行所……株式会社 講談社
〒112-8001 東京都文京区音羽2・12・21
電話 編集 (03) 5395・3513
販売 (03) 5395・5817
業務 (03) 5395・3615

デザイン……水戸部 功
印刷……株式会社KPSプロダクツ
製本……株式会社国宝社
本文データ制作……講談社デジタル製作

ISBN978-4-06-532684-8

講談社文芸文庫

青木 淳選—建築文学傑作選　青木 淳——解
青山二郎—眼の哲学|利休伝ノート　森 孝——人／森 孝——年
阿川弘之—舷燈　岡田 睦——解／進藤純孝——案
阿川弘之—鮎の宿　岡田 睦——年
阿川弘之—論語知らずの論語読み　高島俊男——解／岡田 睦——年
阿川弘之—亡き母や　小山鉄郎——解／岡田 睦——年
秋山 駿——小林秀雄と中原中也　井口時男——解／著者他——年
芥川龍之介-上海游記|江南游記　伊藤桂一——解／藤本寿彦——年
芥川龍之介 谷崎潤一郎-文芸的な、余りに文芸的な|饒舌録ほか 芥川vs.谷崎論争　千葉俊二編　千葉俊二——解
安部公房—砂漠の思想　沼野充義——人／谷 真介——年
安部公房—終りし道の標べに　リービ英雄-解／谷 真介——案
安部ヨリミ-スフィンクスは笑う　三浦雅士——解
有吉佐和子-地唄|三婆 有吉佐和子作品集　宮内淳子——解／宮内淳子——年
有吉佐和子-有田川　半田美永——解／宮内淳子——年
安藤礼二—光の曼陀羅 日本文学論　大江健三郎賞選評-解／著者——年
李良枝——由熙|ナビ・タリョン　渡部直己——解／編集部——年
李良枝——石の聲 完全版　李 栄——解／編集部——年
石川 淳——紫苑物語　立石 伯——解／鈴木貞美——案
石川 淳——黄金伝説|雪のイヴ　立石 伯——解／日高昭二——案
石川 淳——普賢|佳人　立石 伯——解／石和 鷹——案
石川 淳——焼跡のイエス|善財　立石 伯——解／立石 伯——年
石川啄木—雲は天才である　関川夏央——解／佐藤清文——年
石坂洋次郎-乳母車|最後の女 石坂洋次郎傑作短編選　三浦雅士——解／森 英——年
石原吉郎—石原吉郎詩文集　佐々木幹郎-解／小柳玲子——年
石牟礼道子-妣たちの国 石牟礼道子詩歌文集　伊藤比呂美-解／渡辺京二——年
石牟礼道子-西南役伝説　赤坂憲雄——解／渡辺京二——年
磯﨑憲一郎-鳥獣戯画|我が人生最悪の時　乗代雄介——解／著者——年
伊藤桂一—静かなノモンハン　勝又 浩——解／久米 勲——年
伊藤痴遊—隠れたる事実 明治裏面史　木村 洋——解
伊藤痴遊—続 隠れたる事実 明治裏面史　奈良岡聰智-解
伊藤比呂美-とげ抜き　新巣鴨地蔵縁起　栩木伸明——解／著者——年
稲垣足穂—稲垣足穂詩文集　高橋孝次——解／高橋孝次——年
井上ひさし-京伝店の烟草入れ 井上ひさし江戸小説集　野口武彦——解／渡辺昭夫——年

▶解=解説 案=作家案内 人=人と作品 年=年譜を示す。 2023年8月現在

井上靖——補陀落渡海記 井上靖短篇名作集　曾根博義——解／曾根博義——年
井上靖——本覚坊遺文　高橋英夫——解／曾根博義——年
井上靖——崑崙の玉|漂流 井上靖歴史小説傑作選　島内景二——解／曾根博義——年
井伏鱒二—還暦の鯉　庄野潤三——人／松本武夫——年
井伏鱒二—厄除け詩集　河盛好蔵——人／松本武夫——年
井伏鱒二—夜ふけと梅の花|山椒魚　秋山 駿——解／松本武夫——年
井伏鱒二—鞆ノ津茶会記　加藤典洋——解／寺横武夫——年
井伏鱒二—釣師・釣場　夢枕 獏——解／寺横武夫——年
色川武大—生家へ　平岡篤頼——解／著者——年
色川武大—狂人日記　佐伯一麦——解／著者——年
色川武大—小さな部屋|明日泣く　内藤 誠——解／著者——年
岩阪恵子—木山さん、捷平さん　蜂飼 耳——解／著者——年
内田百閒—百閒随筆 Ⅱ 池内紀編　池内 紀——解／佐藤 聖——年
内田百閒—[ワイド版]百閒随筆 Ⅰ 池内紀編　池内 紀——解
宇野浩二—思い川|枯木のある風景|蔵の中　水上 勉——解／柳沢孝子——案
梅崎春生—桜島|日の果て|幻化　川村 湊——解／古林 尚——案
梅崎春生—ボロ家の春秋　菅野昭正——解／編集部——年
梅崎春生—狂い凧　戸塚麻子——解／編集部——年
梅崎春生—悪酒の時代 猫のことなど —梅崎春生随筆集—　外岡秀俊——解／編集部——年
江藤淳——成熟と喪失 —“母”の崩壊—　上野千鶴子-解／平岡敏夫——案
江藤淳——考えるよろこび　田中和生——解／武藤康史——年
江藤淳——旅の話・犬の夢　富岡幸一郎-解／武藤康史——年
江藤淳——海舟余波 わが読史余滴　武藤康史——解／武藤康史——年
江藤淳
蓮實重彥—オールド・ファッション 普通の会話　高橋源一郎-解
遠藤周作—青い小さな葡萄　上総英郎——解／古屋健三——案
遠藤周作—白い人|黄色い人　若林 真——解／広石廉二——年
遠藤周作—遠藤周作短篇名作選　加藤宗哉——解／加藤宗哉——年
遠藤周作—『深い河』創作日記　加藤宗哉——解／加藤宗哉——年
遠藤周作—[ワイド版]哀歌　上総英郎——解／高山鉄男——案
大江健三郎-万延元年のフットボール　加藤典洋——解／古林 尚——案
大江健三郎-叫び声　新井敏記——解／井口時男——案
大江健三郎-みずから我が涙をぬぐいたまう日　渡辺広士——解／高田知波——案
大江健三郎-懐かしい年への手紙　小森陽一——解／黒古一夫——案

大江健三郎-静かな生活　伊丹十三──解／栗坪良樹──案
大江健三郎-僕が本当に若かった頃　井口時男──解／中島国彦──案
大江健三郎-新しい人よ眼ざめよ　リービ英雄-解／編集部──年
大岡昇平──中原中也　粟津則雄──解／佐々木幹郎-案
大岡昇平──花影　小谷野 敦──解／吉田凞生──年
大岡信 ──私の万葉集一　東 直子──解
大岡信 ──私の万葉集二　丸谷才一──解
大岡信 ──私の万葉集三　嵐山光三郎-解
大岡信 ──私の万葉集四　正岡子規──附
大岡信 ──私の万葉集五　高橋順子──解
大岡信 ──現代詩試論|詩人の設計図　三浦雅士──解
大澤真幸──〈自由〉の条件
大澤真幸──〈世界史〉の哲学 1　古代篇　山本貴光──解
大澤真幸──〈世界史〉の哲学 2　中世篇　熊野純彦──解
大西巨人──春秋の花　城戸朱理──解／齋藤秀昭──年
大原富枝──婉という女|正妻　高橋英夫──解／福江泰太──年
岡田睦 ──明日なき身　富岡幸一郎-解／編集部──年
岡本かの子-食魔 岡本かの子食文学傑作選 大久保喬樹編　大久保喬樹-解／小松邦宏──年
岡本太郎──原色の呪文 現代の芸術精神　安藤礼二──解／岡本太郎記念館-年
小川国夫──アポロンの島　森川達也──解／山本恵一郎-年
小川国夫──試みの岸　長谷川郁夫-解／山本恵一郎-年
奥泉光 ──石の来歴|浪漫的な行軍の記録　前田 塁──解／著者──年
奥泉光
群像編集部編-戦後文学を読む
大佛次郎──旅の誘い 大佛次郎随筆集　福島行一──解／福島行一──年
織田作之助-夫婦善哉　種村季弘──解／矢島道弘──年
織田作之助-世相|競馬　稲垣眞美──解／矢島道弘──年
小田実 ──オモニ太平記　金 石 範──解／編集部──年
小沼丹 ──懐中時計　秋山 駿──解／中村 明──案
小沼丹 ──小さな手袋　中村 明──人／中村 明──年
小沼丹 ──村のエトランジェ　長谷川郁夫-解／中村 明──年
小沼丹 ──珈琲挽き　清水良典──解／中村 明──年
小沼丹 ──木菟燈籠　堀江敏幸──解／中村 明──年
小沼丹 ──藁屋根　佐々木 敦──解／中村 明──年

講談社文芸文庫

折口信夫	折口信夫文芸論集 安藤礼二編	安藤礼二―解／著者―年
折口信夫	折口信夫天皇論集 安藤礼二編	安藤礼二―解
折口信夫	折口信夫芸能論集 安藤礼二編	安藤礼二―解
折口信夫	折口信夫対話集 安藤礼二編	安藤礼二―解／著者―年
加賀乙彦	帰らざる夏	リービ英雄―解／金子昌夫―案
葛西善蔵	哀しき父|椎の若葉	水上勉―解／鎌田慧―案
葛西善蔵	贋物|父の葬式	鎌田慧―解
加藤典洋	アメリカの影	田中和生―解／著者―年
加藤典洋	戦後的思考	東浩紀―解／著者―年
加藤典洋	完本 太宰と井伏 ふたつの戦後	與那覇潤―解／著者―年
加藤典洋	テクストから遠く離れて	高橋源一郎―解／著者・編集部―年
加藤典洋	村上春樹の世界	マイケル・エメリック―解
加藤典洋	小説の未来	竹田青嗣―解／著者・編集部―年
金井美恵子	愛の生活|森のメリュジーヌ	芳川泰久―解／武藤康史―年
金井美恵子	ピクニック、その他の短篇	堀江敏幸―解／武藤康史―年
金井美恵子	砂の粒|孤独な場所で 金井美恵子自選短篇集	磯﨑憲一郎―解／前田晃―年
金井美恵子	恋人たち|降誕祭の夜 金井美恵子自選短篇集	中原昌也―解／前田晃―年
金井美恵子	エオンタ|自然の子供 金井美恵子自選短篇集	野田康文―解／前田晃―年
金子光晴	絶望の精神史	伊藤信吉―人／中島可一郎―年
金子光晴	詩集「三人」	原満三寿―解／編集部―年
鏑木清方	紫陽花舎随筆 山田肇選	鏑木清方記念美術館―年
嘉村礒多	業苦|崖の下	秋山駿―解／太田静一―年
柄谷行人	意味という病	絓秀実―解／曾根博義―案
柄谷行人	畏怖する人間	井口時男―解／三浦雅士―案
柄谷行人編	近代日本の批評 Ⅰ 昭和篇上	
柄谷行人編	近代日本の批評 Ⅱ 昭和篇下	
柄谷行人編	近代日本の批評 Ⅲ 明治・大正篇	
柄谷行人	坂口安吾と中上健次	井口時男―解／関井光男―年
柄谷行人	日本近代文学の起源 原本	関井光男―年
柄谷行人 中上健次	柄谷行人中上健次全対話	高澤秀次―解
柄谷行人	反文学論	池田雄一―解／関井光男―年
柄谷行人 蓮實重彥	柄谷行人蓮實重彥全対話	